ESSAI

SUR

LE MANDAT

EN

DROIT ROMAIN ET EN DROIT FRANÇAIS

PAR

CONSTANTIN G. JONNESCO

DOCTEUR EN DROIT

AVOCAT AU BARREAU DE BUCAREST

> S'il y a quelque témérité à écrire sur des sujets déjà traités par les maîtres, il y a faiblesse à ne pas tenter l'épreuve de ses forces. La vraie modestie consiste seulement à ne pas se constituer juge de son mérite.
>
> (M. LABBÉ, *Ratification des actes d'un gérant d'affaires.*)

OUVRAGE **retenu** PAR LA FACULTÉ DE DROIT DE PARIS

PARIS

TYPOGRAPHIE N. BLANPAIN

7, RUE JEANNE, 7

1878

ESSAI

SUR

LE MANDAT

EN

DROIT ROMAIN ET EN DROIT FRANÇAIS

PAR

CONSTANTIN G. JONNESCO

DOCTEUR EN DROIT

AVOCAT AU BARREAU DE BUCAREST

S'il y a quelque témérité à écrire sur des sujets déjà traités par les maîtres, il y a faiblesse à ne pas tenter l'épreuve de ses forces. La vraie modestie consiste seulement à ne pas se constituer juge de son mérite.

(M. LABBÉ, *Ratification des actes d'un gérant d'affaires.*)

OUVRAGE **retenu** PAR LA FACULTÉ DE DROIT DE PARIS

PARIS

TYPOGRAPHIE N. BLANPAIN

7, RUE JEANNE, 7

1878

L'ouvrage que je livre aujourd'hui au public est la Thèse que j'ai soutenue devant la Faculté de droit de Paris pour obtenir le grade de Docteur.

Il a été RETENU *par la Faculté comme ouvrage remarquable.*

C'est cette distinction dont l'ont honoré mes éminents professeurs qui m'a fait croire que sa publication pourrait ne pas être inutile.

DROIT ROMAIN

DU MANDAT

CHAPITRE PREMIER

ORIGINE, DÉFINITION, FORME ET CARACTÈRES ESSENTIELS

§ 1. — *Origine.*

Le mandat puise son origine dans la religion, l'amitié, l'affection, dans le désir de rendre à autrui le service qu'on voudrait recevoir soi-même, service auquel on ne met aucun prix que le plaisir même de le rendre : « Originem ex officio atque amicitia trahit, » dit Paul (1, § 4, Dig., *Mand.*).

Noodt tire l'origine du mot *mandatum* de la main donnée, *manus data*, symbole de la foi promise. En effet, Plaute nous représente le mandat accompagné de ce rite, de cette forme stipulatoire d'où est tirée l'étymologie de son nom, en disant(1):

« Hæc per dexteram tuam, te dextera retinens manu
Obsecro..... »

et Térence reproduit la même donnée, en disant(2):

« Cedo dextram : porro te oro idem ut facias..... »

On voit de là que, dans les premiers temps de Rome, alors que les principes juridiques se traduisent par des démonstrations extérieures, le mandant et le mandataire, au moment où se formait entre eux le contrat, se donnaient la main droite en témoignage de la confiance de l'un et de la fidélité que lui promet l'autre ; et en effet quel moyen auraient-ils pu trouver pour exprimer les sentiments qui donnent naissance au contrat de mandat, que la main, symbole de fidélité, gage de foi ?

Les causes qui donnent le plus souvent naissance au contrat de mandat, sont indiquées par Domat : « Les absences, les indispositions et plusieurs autres empêchements, dit-il, font souvent qu'on ne peut vaquer soi-même à ses affaires, et, dans ces cas, celui qui ne peut agir choisit une personne à qui il donne le pouvoir de faire ce qu'il ferait lui-même s'il était présent. » (*Lois civiles*, p. 124.) C'est ce que Cicéron avait dit plus éloquemment avant lui : « Quibus in rebus ipsi in-

(1) *Captiv.*, acte 2, scène 3, vers 82.
(2) *Heautontimaur.*, acte 3, scène 1, vers 84.

teresse non possumus, in his, operæ nostræ vicaria, fide amicorum componitur. Non enim possumus omnia per nos agere, id circo amicitiæ comparantur, ut commune commodum mutuis officiis gubernetur. » (*Pro Roscio Amerino*, 38.) On voit bien de là que le mandat n'est qu'un échange de devoirs et de services, par lequel on corrige l'inégalité d'intelligence, d'aptitude et de force que la nature a établie entre les hommes. « Par le mandat on fait faire par une main officieuse, ce qu'on ne peut accomplir par soi-même ; la foi d'un ami supplée à notre insuffisance. .....Le mandat emprunte le zèle, la capacité, le bon vouloir d'autrui ; il fait tourner ce dévouement au profit des affaires du mandant ; à la place de celui qui ne pouvait ou ne savait agir, il substitue une personne apte qui pourvoit par sa gestion à des intérêts compromis » (Troplong, *Mandat*, n° 1). Ainsi le mandat est une condition essentielle des relations qui doivent exister entre les hommes, et une conséquence nécessaire de ce devoir de s'entr'aider qui est une loi de nature. Aussi est-il vraisemblable, comme le conjecturent Noodt (*Probabil. juris civil.*, lib. 4, c. 12) et Heineccius (*Antiq. rom.*, III, 27, 19) et après eux Troplong, qui tire un heureux argument de la l. 14, Dig., *De precario*, qu'une pareille convention resta longtemps dans le domaine intime et privé des bons offices, n'ayant pour sanction que la flétrissure morale qui s'attache au mépris de la foi jurée. Puis, quand cette sanction parut ne plus suffire, le droit vint armer le mandat, et donner aux contractants le moyen de se contraindre réciproquement à l'accomplissement de leurs obligations. Il se trouve donc de bonne heure consacré par le droit civil et est même, à cause de la prédilection qu'il inspire aux Romains, étendu à certains faits, qui paraîtraient, au premier abord, ne pouvoir être réunis par des principes communs.

Mais le cachet de son origine lui reste en trois points bien marqués : la gratuité, l'obligation pour le mandataire d'apporter en sa mission les soins du père de famille le plus diligent, plus de soin qu'il n'en apporte même à ses propres affaires, et enfin l'infamie qui le note s'il est condamné par l'action de mandat.

§ 2. — *Définition.*

Le mandat est défini par Pothier de la sorte : « Mandatum est contractus quo quis negotium gerendum committit alicui gratis illud suscipienti, animo invicem contrahendæ obligationis. » Cujas caractérise ainsi le contrat de mandat : « Mandatum igitur est conventio quâ is qui rogatur, procuratoris animo, id se recipit gratuito daturum, facturumve. » (Parat. Code, *Mand.*)

Cependant Doneau pense que le mot *mandatum* ne signifie que l'ordre donné par le mandant, et qu'à lui seul il n'indique pas un contrat parfait et une obligation contractée : « Mandati obligationem duarum rerum conjunctione contrahi : mandato et mandati susceptione. » (*Com.*, *de jure civili*, lib. 13, c. 10, n° 3.) Cette idée me paraît trop étroite, et, quoique souvent le mot mandat soit pris en ce sens (ex. : § 11, Inst., *Mand.*), je crois la définition de Pothier de beaucoup plus exacte.

Celui des contractants qui confie à l'autre la gestion de l'affaire, est appelé mandant, *mandans*, *mandator*, souvent aussi *dominus* ; celui qui s'en charge, nous l'appelons mandataire ; les Romains emploient, pour le désigner, le mot *procurator*, ou bien ils se servent d'une circonlocution : « *qui mandatum suscepit*, *cui mandatum est*, le mot *mandatarius* ne se rencontre pas dans les sources.

§ 3. — *Formation du contrat de mandat.*

Le mandat prend naissance sans aucun écrit, sans même que la présence des parties soit nécessaire : « neque scriptura, neque præsentia omnimodo opus est, sed sufficit..... consentire. » (Inst., lib. III, tit. 22 pr.) ; ce qui est indispensable, c'est le consentement : « obligatio mandati consensu contrahentium consistit, » dit Paul (L. 1 pr.).

Ce consentement n'est assujetti à aucune forme ; il peut être donné : 1° par la parole, qu'elle sorte de la bouche du mandant, ou de celle d'un tiers chargé par celui-ci, « per nuntium », comme dit Paul (L. 1, § I) ; 2° par lettres, comme dit Gaius

(L. 27, pr.) : « Si quis alicui scripserit, ut debitorem suum liberet, seque eam pecuniam, quam is debuerit, soluturum, mandati actione tenetur ». Les paroles, prononcées ou écrites, n'ont rien de sacramentel : le mandat prend naissance, quelque terme que l'on ait employé, pourvu qu'il exprime l'ordre : « sive *rogo*, sive *volo*, sive *mando*, sive *alio quocumque verbo* » (l. 1, § 2). Il y a cependant des termes employés de préférence suivant les cas. Ainsi le mot *mando* est consacré plus spécialement quand le mandant charge de l'affaire quelqu'un qui n'est pas en sa puissance; le mot *jubeo* est réservé aux ordres donnés aux fils de famille et aux esclaves : il implique, en effet, une obéissance passive, contraire à la liberté du mandat : « mandatum non suscipere cuilibet liberum est » (Inst. *de Mandato* ; V. Heineccius, *Mand.*, § 954, n° 5) ; 3° les gestes seuls suffisent même à former le mandat : « annuens capite vel humeris censetur mandare, » dit Balde (conseil 250).

Le consentement peut même être *tacite*, l'ordre peut s'induire de la tolérance, *ex patientia mandantis* ; alors, il suffit que le mandant ait laissé faire, comme le dit la loi 6, § 2 : « si passus sum aliquem pro me fidejubere, vel alias intervenire, mandati teneor » (Ulp., lib. 31, *ad Edict.*). C'est même surtout à propos du mandat que les textes relèvent la possibilité d'un consentement tacite (l. 60, Dg., *Reg. Jur.*), et c'est là, en effet, qu'il se comprend le mieux, car, comme le dit fort bien le président Favre « quid interest an verbis an facto voluntatem tuam declarasses ? » Le mandat tacite, induit de la simple tolérance du *dominus*, aura la même force que le mandat exprès.

Il n'en serait naturellement pas de même si c'est contre le gré du *dominus* et malgré sa défense que l'on intervient dans ses affaires; il n'y aurait certainement pas là mandat, car on ne peut dire qu'il y ait eu consentement, même tacite, quand c'est tout le contraire qui a eu lieu. Mais y aurait-il, dans ce cas, lieu à l'action *negotiorum gestorum ?* La question divisait les jurisconsultes. Les uns, comme Gaius (L. 39, Dig., *Neg. gest.*), et Papinien (L. 53, *Mand.*), voulaient qu'au cas de défense de la part du maître, le gérant eût, ou l'action *negotiorum gestorum*, ou du moins une action utile contre celui que sa gestion avait enrichi. Et Cujas, en commentant la loi 53 (lib. 9, *Quæst.*, Papin.), est plus explicite encore : « Si quis mandatu alterius, dit-il, fidejusserit pro invito, vel ignorante, non habebit actionem mandati in eum pro quo fidejussit, sed habebit negotiorum gestorum. Nam ea etiam datur iis qui recusantium et contradicentium negotia gesserunt, modo ea utiliter gesserint. » En effet, dit Gaius, qu'est-ce que la gestion d'affaires, sinon un agissement exécuté sans mandat ? Or, il est évident qu'il n'y en a pas ici ? Qu'importe l'opposition du maître ? Est-ce qu'on ne peut pas améliorer la condition d'une personne malgré elle ?

« Naturalis *simul* et civilis ratio suasit alienam conditionem meliorem, quidem ignorantis *et inviti*, nos facere posse. » (39, Dig., *Neg. gest.*) ; et si l'on soutient que les raisons pour lesquelles le préteur accorde l'action *negotiorum gestorum*, n'existent pas ici, à défaut de cette action, on sera obligé de lui accorder l'action utile pour le bénéfice que le maître aura retiré de cette gestion, conformément à la règle posée dans la loi 206, Dig., *Reg. Jur.* D'autres jurisconsultes, au contraire, comme Paul (L. 40, Dig., *Mand.*) et Pomponius qu'il cite, ainsi que Julien, cité par Justinien (L. 24, C., *Negot. gest.*), soutenaient que le gérant n'avait, dans cette hypothèse, ni l'action *negotiorum gestorum*, ni l'action utile, encore que l'affaire eût été bien gérée ; leur sentiment est adopté par Justinien, qui veut que la défense de s'immiscer dans les affaires d'une personne, rende absolument non recevable celui qui ne l'a pas suivie. Cette décision, critiquée par presque tous les anciens docteurs (1), et même par Pothier (2), fut défendue par Doneau (3), par ce motif que : « culpa est immiscere se rei ad se non pernineuti. » (L. 36, *Reg. Jur.*) ; et cette faute, dit-il, devient inexcusable quand le gérant s'est mêlé de l'affaire de quelqu'un, malgré la défense formelle de celui-ci ; comme cette im-

(1) Automne, sur la loi fin., C., *Neg. Gest.* ; Groenewegen, sur la même loi ; Voët, *Neg. Gest.*, n° 11.

(2) *Mand.*, 182.

(3) Comm. IV, p. 193, n° 2.

mixtion, du reste, ne peut avoir pour raison de gêner l'administration du *dominus*, elle ne peut laisser supposer que l'intention, de la part du gérant, de gratifier le *dominus*, en faisant les dépenses que celui-ci lui avait défendu de faire.

Ulpien (L. 60, *Reg. Jur.*) dit que la ratification équivaut au mandat donné; « si quis ratum habuerit quod gestum est, obstringitur mandati actione, » d'où l'on a tiré le brocard : *Ratihabitio mandati æquiparatur* (L. 12, § 4, *in fine*, Dig., *Solut.*). D'autre part, dans les lois 6, § 9 et § 10, L. 9, Dig., *Neg. gest.*, Julien, Scævola et Pomponius, qu'il cite, supposant la ratification des actes d'un gérant d'affaires, disent que c'est l'*actio negotiorum gestorum* qui est en jeu et non celle de mandat.

La question n'est pas sans intérêt, car il y a des différences assez importantes entre le mandataire et le *negotiorum gestor* : ainsi les obligations de ce dernier ne sont pas aussi étendues que celles du mandataire (L. 20, C., *Neg. gest.*), mais sa responsabilité est quelquefois plus grande (L. 36, *Reg. Jur.*, II, Dig., *Neg. gest.*, § 1, Inst., 3, 27), quelquefois aussi elle est moindre (L. 3, § 9, Dig., *Neg. gest.*).

Or, Julien, Scævola et Pomponius donnent des solutions tout à fait contraires à celle que donne Ulpien dans la loi 60, *Reg. Jur.* En effet, la ratification n'a lieu d'intervenir que pour les actes gérés à l'insu du maître, car si celui-ci avait vu et su la gestion, il y aurait mandat tacite; et partant, ou bien la ratification équivaut complétement au mandat et alors on doit donner l'action *mandati*, ou elle n'y équivaut pas et alors c'est l'action *negotiorum gestorum* qui sera appliquée.

Cette question a été prévue par Accurse, qui, au dire de Cujas, s'est arrêté devant la difficulté provenant de la divergence de ces textes.

Cujas (*in* lib. III, Dig. Juliani) trouve la solution très-simple ; et, ne voulant même pas s'attarder plus longtemps *in re facillimâ*, émet, à propos de la loi 6, § 10, Dig., *Reg. gest.*, l'opinion suivante : La ratification n'équivaut pas, d'une façon absolue, au mandat ; c'est une question d'intention : le maître a-t-il voulu contracter un mandat, la ratification engendrera l'action *mandati* entre les parties; le maître a-t-il seulement voulu rendre *suum*, le *negotium gestum* qui n'était pas *suum* du commencement, ou qui était *suum*, mais *malè gestum*, une telle ratification ne pourra donner naissance à l'action *mandati*. En définitive, « non semper ratihabitio mandati comparatur, spectandus est animus ejus qui ratum habet. »

Si facile que la trouve Cujas, cette question a beaucoup exercé les commentateurs : Voët, Favre, Doneau, s'y sont longuement arrêtés.

Voët (*ad Pandect.*, n° 14) expose que de son temps la question est encore discutée, et il ajoute: « videndum arbitror, quâ mente ratihabitio interposita est. Si enim eo animo, ut in mandatum abiret negotiorum gestio, actio mandanti haud deneganda foret; at, si illud defuerit propositum, non aliud competeret, quam, quod ab initio natum fuit, negotiorum gestorum judicium. » Je ne vois aucune différence entre cette opinion et celle de Cujas.

Je préfère de beaucoup la solution donnée par Favre sur cette question. La ratification ne transforme pas une *negotiorum gestio* en mandat. Il n'y a pas de fiction qui puisse avoir cet effet : il n'a jamais pu y avoir, dit-il en examinant l'espèce de la loi 9, Dig., *Neg. gest.* qu'une *Negotiorum gestio* et, par conséquent, il n'y a lieu qu'à l'action correspondante. La ratification porte non sur la nature, mais sur les effets de cet acte, sans valeur *ab initio* dans l'espèce, puisqu'il s'agit d'une mauvaise gestion, mais que la ratification a rendu capable d'engendrer une action. Il faut assimiler la ratification au mandat, en ce sens qu'une fois le fait approuvé, le *dominus* ne peut pas plus le désavouer que s'il avait donné mandat de le faire : « Ratihabitio æquiparatur mandato, quantum ad hoc ne is quod ratum habuit quod ipsius ignorantis nomine gestum fuit improbare id unquam possit, non magis quam si id ipsum fieri mandasset. At non etiam quantum ad hoc ut mandati obligatio contrahatur : exigit enim illa præcedens mandatum. » Voilà l'opinion que j'ai cru devoir adopter. Inutile, après cette explication, de rechercher avec Cujas et Voët, si celui dont l'affaire a été gérée et qui a ratifié, a eu ou non l'intention de donner un mandat. Son intention a été bien claire à mon avis : approuver ce qui a été fait, quoique mal fait !

Le mandat n'est pas un de ces *actus legitimi* qui ne comportent aucune modalité. et sont viciés par l'adjonction d'un terme ou d'une condition. Il est, au contraire, susceptible d'être différé jusqu'à une époque quelconque ou d'être fait sous condition : « et in diem differri et sub conditione fieri potest. » (Inst., § 12, et Dig., L. 1, § 3.)

Avant les innovations de Justinien en cette matière, il était de principe que ni un droit ni une obligation ne pouvaient prendre directement naissance dans la personne d'un héritier, avant qu'ils n'eussent reposé, ne fût-ce qu'un seul instant, sur la tête du défunt : « generaliter placuit, dit Gaius, ab heredis personâ obligationem incipere non posse, » (III, § 158), et en application de ce principe, il pose la règle que : « si quid post mortem meam faciendam mandetur, inutile est mandatum. »

C'est pour obvier aux inconvénients qui résultent de l'application de ce principe, qu'on avait imaginé l'*adstipulatio*. L'*adstipulator* stipulait la même chose et du même débiteur que le créancier principal ; il ne stipulait pas *post mortem suam*, mais *post mortem alterius*, ce qui était parfaitement licite.

Cependant Ulpien (L. 12, § 17) valide un mandat dont l'exécution ne doit avoir lieu qu'après la mort du mandant, et Gaius lui-même (L. 13) accorde l'action de mandat « si mandavi tibi ut post mortem meam heredibus meis emeres fundum. » En donnant ainsi deux décisions qui paraissent se contredire, Gaius a parfaitement raison des deux côtés. La règle qu'un mandat peut être donné *post mortem mandantis* est vraie sous deux conditions.

La première, c'est que l'action *mandati* puisse naître du vivant même du mandant, qu'elle existe ainsi virtuellement, comme s'explique, pour l'action directe, Gaius lui-même : « si servum ea lege tibi tradidero, *ut eum post mortem meam manumitteres*, consistit obligatio : potest autem in mea quoque persona agendi causa intervenire, veluti si, pœnitentia acta, servum reciperare velim » (L. 27, § 1) et pour l'action contraire Ulpien, dans la loi 12, § 17, dit : « Marcellus scribit, si, ut post mortem sibi monumentum fieret, quis mandavit, heres ejus poterit mandati agere : illum vero, qui mandatum suscepit, si sua pecunia fecit, puto agere mandati, si non ei ita mandatum est, ut sua pecunia faceret monumentum : *potuit enim agere etiam cum eo, qui mandavit*, ut sibi pecuniam daret ad faciendum : maxime, si jam quædam ad faciendum paravit. »

La deuxième condition, c'est qu'il ne faut pas que l'objet du mandat soit une chose *ad heredem pertinens post mortem mandantis*. C'est ainsi que j'explique qu'on refuse l'action *mandati* dans l'espèce suivante : « si cui funeris sui cure testator mandaverit, et ille, accepta pecunia, funus non duxerit, de dolo actionem in eum dandam Mela scripsit : credo tamen, et extra ordinem eum a prætore compellendum funus ducere »(L. 14, § 2, Dig., *Relig.*). Quel que soit l'adoucissement d'Ulpien, il ne donne pas l'action *mandati*, parce que le soin des funérailles appartient à l'héritier (L. 12, § 4 *in fin.*, Dig., *Relig.*), tandis que l'on valide le mandat de bâtir un mausolée au mandant après sa mort, car ce n'est pas là un devoir de l'héritier : « is funus curare debet, nihil amplius, » dit Doneau (sur la loi 15, C., *Mand.*).

Justinien efface complétement cette prohibition et le mandat *post mortem* fut dès lors permis à l'égal des autres (Lois 11 et 15, C., VIII, 38).

§ 4. — *Caractères et conditions essentielles du contrat de mandat.*

Après ce que j'ai dit de l'origine du contrat de mandat, il est presque inutile d'ajouter que c'est là un contrat de bonne foi par excellence.

Ce n'est pas un contrat spécial à la législation romaine, pas plus qu'à telle autre ; par son utilité il est de toutes les nations ; et s'il emprunte, en passant dans les lois des Romains, certains caractères particuliers au génie de ce peuple, du moins a-t-il été considéré par tous les grands jurisconsultes de Rome, comme un contrat ouvert à tous, comme un contrat du droit des gens.

Une conséquence qui découle tout d'abord de ce caractère remarquable, c'est que les parias du droit civil (*jus Quiritium*), les pérégrins, étaient aptes à contracter un mandat. Ils pouvaient se charger de la gestion des affaires d'autrui, ou charger quelqu'un de leurs affaires, c'est-à-dire être mandants ou mandataires. Toutefois, cette aptitude de droit devait être singulièrement restreinte dans la réalité des faits. Le pérégrin, en effet, ne pouvait, par le mandat, être habilité à faire pour autrui les actes de pur droit civil, pour lesquels son incapacité subsistait complète, absolue. Le mandat est un des quatre contrats qui se forment en droit romain par le seul consentement des parties, il est consensuel par excellence, comme je l'ai dit à l'occasion de la formation du contrat. Il est de la classe des contrats synallagmatiques comme les trois autres contrats consensuels (vente, louage, société), c'est-à-dire qu'ils engendrent des obligations réciproques, mais il importe de faire une distinction entre la vente, le louage et la société d'une part, et le mandat de l'autre. La vente, le louage et la société produisent, dès leur formation, des obligations réciproques : il ne peut y avoir obligation d'une partie, sans que l'autre soit immédiatement tenue d'une obligation concomitante. Dans le mandat, au contraire, au début une seule partie est obligée, le mandataire. Il est obligé d'exécuter le mandat et de rendre compte de sa gestion ; aussi l'action du mandant contre lui s'appelle-t-elle *actio mandati directa;* c'est, en effet, celle qui résulte naturellement, directement de la convention. Mais si, à l'origine, le mandataire est seul obligé, il arrive très-souvent que la gestion entreprise ait induit le mandataire en frais, déboursés, pertes, et dès lors la bonne foi veut qu'il ait un recours à exercer contre son mandant pour se faire indemniser. En conséquence, l'*actio mandati contraria* lui est ouverte pour recourir *in id quod interest* contre le mandant ; cette action ne naît pas avec le contrat lui-même, mais par la suite, *ex post facto.* Le contrat de mandat est donc ce que nos anciens auteurs appelaient un contrat synallagmatique imparfait. Mais les Romains n'avaient pas admis cette sous-distinction, et le mandat était dans leur législation un contrat synallagmatique pur et simple.

De la définition donnée plus haut, il résulte qu'il y a trois conditions essentielles pour l'existence du contrat de mandat. Ces conditions sont : 1° une affaire à faire, *negotium gerendum ;* 2° de la part du mandataire l'intention de la faire gratuitement, et 3° de la part des deux contractants, l'intention réciproque de s'obliger.

J'examinerai séparément et rapidement ces trois éléments essentiels du mandat en commençant par la gratuité comme le plus curieux et le plus caractéristique, et la condition la plus spéciale au contrat qui m'occupe.

§ 5. — *Gratuité.*

Il résulte de ce que j'ai dit sur l'origine du mandat, que c'est un contrat de bienfaisance, basé sur l'amitié et les devoirs des humains les uns vis-à-vis des autres. De part et d'autre, du côté du mandant comme du côté du mandataire, il y avait confiance entière ; à l'origine, nulle garantie que la bonne foi des parties; aucune idée de lucre, aucun esprit de spéculation.

La gratuité n'est pas seulement de la nature du contrat de mandat, mais elle est de son essence. La chose ne fait point de doute en droit romain, et le principe de la gratuité du mandat est formulé de la manière la plus expresse par Paul : « *Mandatum nisi gratuitum nullum est* » (L. 1, § 4.).

Dans les premiers temps de Rome, les affaires étaient peu nombreuses, les voyages, les absences peu fréquentes chez un petit peuple encore attaché au sol ; par suite, les occasions de recourir à des mandataires se présentaient rarement ; les charges du mandat étaient le plus souvent légères et peu onéreuses. On comprend dès lors ce désintéressement facile des personnes amies qui servaient de mandataires.

Mais, quand la nation romaine prit ces développements gigantesques, qui finirent par la mettre au premier rang des nations, les affaires, les transactions, les pérégrinations, les besoins de se substituer des représentants se multiplièrent. Il dut être malaisé de trouver des amis disposés à gérer, en pure perte, pour ne bénéficier que de la reconnaissance platonique de leur mandant, des affaires nombreuses, absorbantes et difficiles à administrer.

Dès lors, dans l'intérêt même des mandants qui eussent souffert de la pénurie de mandataires, il fallait apporter un tempérament logique, équitable, au principe rigoureux de la gratuité du mandat. Aussi la règle de Paul (1, § 4), toujours vraie en principe, n'était pas, dans la réalité des faits, aussi absolue qu'elle semblait devoir l'être. La gratuité du mandat n'existait plus, dans de nombreux cas, qu'à l'état de principe abstrait, et des rémunérations en argent pouvaient être octroyées à certains mandataires, sans que la nature du mandat fût altérée, sans que le mandat devînt un louage de services. De sorte que les paroles de Paul : « Mandatum, nisi gratuitum, nullum est;... contrarium est officio merces; interveniente enim pecunia res ad locationem et conductionem potius respicit » (1, § 4, Dig., *Mand.*), trouvent, pour ainsi dire, une contre-règle dans ce texte d'Ulpien : « Si remunerandi gratia honor intervenit, erit mandati actio. » (6 pr., h. t.)

Que devient, après cela, la gratuité du mandat? Quand donc une somme d'argent, promise en échange d'un service rendu, constituera-t-elle des honoraires, quand, une *merces?* quand le contrat intervenu sera-t-il un mandat, quand un louage de services? Certainement on ne peut pas, pour déterminer la nature du contrat, s'attacher au nom dont les parties ont décoré la somme payée et dire que c'est un mandat si la somme est un honoraire et que c'est un louage de services si les parties ont appelé la somme du nom de *merces*, prix.

Certains commentateurs, parmi lesquels Troplong (*Mand.*, 156-157), disent qu'il y a mandat quand la somme promise forme une récompense promise *ex post facto*, après l'acceptation du mandat désintéressé et sans l'arrière-pensée d'un bénéfice à en tirer. Qu'il y a, au contraire, louage, quand la promesse a eu lieu *ab initio*, et que le salaire a été ainsi la condition de l'acceptation.

Cette opinion est séduisante, et sa subtilité la ferait volontiers juger romaine. Néanmoins, je ne la crois pas exacte : des textes, et notamment la L. 6, § 7, *de Mand.*, supposent que l'honoraire est promis *ab initio*, sans que le contrat ait cessé de former un mandat.

L'explication de la difficulté se trouvera dans la distinction que faisaient les jurisconsultes romains entre l'honoraire (*honos*), et le prix (*merces*) et Ulpien, qui fait allusion à l'honoraire dans la L. 6 pr., *Mand.*, en donne nettement le caractère dans la loi 1, Dig., *Si mensor* : « Non crediderunt veteres inter talem personam locationem et conductionem esse; sed magis operam beneficii loco præberi, et id, quod datur, ei ad remunerandum dari et inde honorarium appellari ».

Ainsi l'honoraire n'est pas le prix d'un service : « non æquamentum operæ est, ut merces; nec animo æquandæ aut compensandæ datur, sed duntaxat remunerandæ, » dit Contius. (*L. contract. de Reg. jur.*, D.) C'est l'échange d'un bon office contre un bon office. L'acte en lui-même reste gratuit; on ne le paye pas, on le reconnaît, et cette reconnaissance se manifeste par un don : il y a là pour le mandataire un honneur mérité plutôt qu'un gain. En général ces honoraires sont même très-modiques, surtout quand les services sont inappréciables en argent et qu'ils sont de telle nature que, le salaire acquitté, celui qui a profité du service reste encore débiteur; ce n'est pas, en effet, l'argent qui paye le dévouement et l'affection: or, le mandat repose sur ces deux idées! Je m'attacherai maintenant à rechercher dans quels cas on rencontre les honoraires, dans quels cas la somme payée devra être considérée comme une récompense plutôt qu'un prix. Ces cas se présentent dans deux hypothèses: *a*) quand il s'agit d'actes non susceptibles de louage; *b*) quand il s'agit de professions libérales.

a) Si le fait à accomplir est tel qu'il ne puisse pas faire l'objet d'un louage. Paul (lib. V, *quæstionum*) établit positivement la distinction entre les faits qui sont ou ne sont pas susceptibles de louage : « si tale sit factum, quod locari solet, puta ut tabulam pingas.... si tale est factum, quod locari non possit » (L. 5, § 2, *Præscr. verb.*).

Et dans cette même loi, il donne deux exemples de faits qui ne sont pas susceptibles d'entrer en louage : 1° « Puta ut servum manumittas ». La prière d'affranchir un esclave forme un mandat et non un louage parce qu'il s'agit d'intervenir dans un acte qui émane de la puissance publique. 2° « Si pacti sumus ut tu a meo debitore exigas ». Dans cette espèce, dit le jurisconsulte Paul (L. 5, § 4, *Præscr. verb.*) « mandatum quodammodo intervenisse dicitur, sine quo exigi pecunia alieno nomine non potest ».

Voilà les deux exemples cités par Paul. Ce ne sont probablement pas les seuls cas où « tale sit factum quod locari non possit », l'usage seul les déterminait ; je crois qu'il en faut dire autant de tous les actes du même genre, et en particulier de la fidéjussion, car elle nous est présentée partout comme accomplie en vertu d'un mandat et jamais par suite d'un louage d'ouvrages (ex. L. 10, § 11).

b) Il y a encore honoraires et non prix, quand il s'agit de professions libérales (*liberalia studia*). Ulpien, dans la loi 1, Dig., *Extraord. cog.*, énumère tout au long les professions auxquelles s'applique non plus la *merces*, mais l'*honor*. Il cite d'abord les professions libérales (pr.) ; puis, procédant par énumération, il cite les rhéteurs, grammairiens, géomètres (pr.), les médecins (§ 1), les sages-femmes (§ 2), les professeurs de belles-lettres, libraires, notaires, etc. (§ 6), les avocats (§ 11), les nourrices (§ 14). Il range dans une catégorie spéciale, où ils devaient se trouver riches de considération, mais pauvres d'argent, les philosophes et les professeurs de droit ; parce qu'avant tout ils doivent dédaigner toute rémunération de leur travail, que les jurisconsultes décorent à bon droit des épithètes les plus élogieuses, *res religiosa sanctissima* (§ 5), mais qu'ils eussent rougi de qualifier de *lucrativa*. Cependant et heureusement pour ces nobles professions, la règle d'après laquelle ils ne pouvaient avoir aucun honoraire « quia mercenariam operam spernere debent, » fléchit ; il fut admis que les philosophes et les jurisconsultes pourraient, sinon solliciter, du moins recevoir, sans déroger à leur dignité professionnelle, une juste rémunération de leurs services : « quædam enim, tametsi honeste accipiantur, inhoneste tamen petuntur. » Paul, dans la L. 4, Dig., *Extraord. cogn.*, dit même que sous Antonin (§ 5 *in fin.*), les professeurs de droit peuvent exiger le salaire de leurs leçons : « Divus Antoninus Pius rescripsit : juris studiosos, qui salaria petebant, hæc exigere posse. »

On a contesté à la profession de géomètre le titre de libérale ; mais ce point est impossible à nier en présence de la L. 1. Dig., *Si mensor.*

Cette énumération doit être considérée comme limitative ; car c'est là une matière d'exception, de dérogation à un principe général ; il faut donc décider qu'en dehors des cas prévus et formellement exprimés dans les textes, une rémunération pécuniaire sera une *merces* et non plus un *honorarium*, par suite, que le mandat dégénérera en louage de services. C'est ainsi que le silence du texte précité en ce qui concerne les arts, tels que la musique et la peinture, doit s'interpréter contre ces professions si honorées de nos jours.

En définitive, toute profession salariée n'est, en droit romain, qu'un louage de services, à moins qu'un texte exprès ne fasse échec à cette règle générale. Telles sont les nombreuses exceptions consacrées dans la L. 1, Dig., *Extraord. cognit.* : tel est encore le cas de l'*agrimensor* (L. 1, Dig., *Si mensor*); tel est aussi le cas du proxénète ou courtier, dont le salaire, décoré du nom de *proxeneticon* ou *philanthropia*, était traité comme l'honoraire des avocats, des médecins et des professeurs (L. 1 et L. 2, § 1, Dig., *Proxenet.*).

Quelle est la raison d'être de cette distinction entre l'honoraire des professions libérales et la *merces* des autres professions ?

Faut-il dire, avec les anciens interprètes Cujas, Vinnius, etc., que l'idée romaine, c'est que les professions libérales ont pour objet des services pécuniairement inappréciables ?

Cela est douteux : car, d'une part, c'est sur ce motif que se fonde Ulpien pour refuser aux philosophes et jurisconsultes, toute action pour se faire rémunérer de leur travail : « Est quidem res sanctissima, civilis sapientia : sed quae prætio nummario non sit æstimanda, nec dehonestanda » (1, § 5, Dig., *Extraord. cognit.*).

D'autre part, nous voyons que les Romains ne regardent pas comme inestimables pécuniairement les services libéraux ; car l'honoraire y étant dû *sine pollicitatione*, le préteur a mission de le déterminer, de l'estimer. C'est ce que dit Ulpien dans la même loi, au § 10.

Il vaut mieux, je crois, expliquer cette distinction par le dédain que les Romains ont montré de tout temps pour les professions industrielles et les arts libéraux.

En effet, la Grèce avait prêché aux Romains le respect, ou, plus encore, la vénération pour les Parrhasius et les Apelle. Mais le peuple-roi, qui entourait d'une considération profonde le travail de l'arpenteur, n'avait qu'un dédain superbe pour les carrières artistiques. Une nourrice recevait des honoraires ; un peintre, un musicien n'étaient que des mercenaires.

De même pour les professions industrielles : à Rome on abandonnait aux esclaves et aux affranchis ces carrières entachées d'une grande déconsidération, de même que, plus tard, et jusqu'au milieu du XVIIe siècle, la noblesse française laissa aux roturiers le monopole lucratif des professions industrielles et commerciales, de crainte de déroger.

C'est là, c'est dans cette observation des mœurs et coutumes de la nation romaine, que je trouve, sur ces singulières distinctions, une explication historique, à défaut de motif sérieux au point de vue purement juridique ou philosophique.

§ 6. — *De l'objet du mandat.*

L'objet du mandat doit être une affaire à gérer : *negotium gerendum*, Ulpien (L. 1, *de Procurat.*), définit le *procurator* de la sorte : « Procurator est, qui aliena negotia mandatu domini administrat », et ces expressions de : *negotium gestum*, *negotium administratum* se retrouvent partout dans les textes (v. L. 2, §§ 1, 2 et 3, *Mand.*, L. 6, § 1 *ibid.*).

On pourrait croire, au premier abord, qu'il faut entendre par ces mots, la direction générale de telle ou telle affaire, et non l'exécution matérielle d'un certain travail. Ce serait là une erreur! En effet, Gaius (Com. III, § 162) dit : « In summa sciendum est, quotiens faciendum aliquid gratis dederim, quo nomine, si mercedem statuissem, locatio et conductio contraheretur, mandati esse actionem : veluti si fulloni polienda curandave vestimenta, aut sarcinatori sarcienda dederim. » Ainsi il y a mandat dans tous les cas où il y aurait louage, s'il y avait un prix convenu. A part la condition de gratuité, le mandat et le louage se confondent, quant aux faits qui en sont l'objet. Cette confusion cependant, même ainsi restreinte, n'est pas complète, vu que, comme je l'ai montré en parlant de la gratuité du mandat, il y a certains faits, certains services, qui échappent au louage et que le mandat embrasse. Ce sont les faits qui peuvent être assimilés aux exemples donnés par Paul, L. 5, §§ 2 et 4, Dig., *Præscr. verb.*

Je suis autorisé à conclure de tout cela, qu'il faut entendre par *negotium gestum* l'accomplissement d'un fait quelconque dans l'intérêt d'une autre personne.

L'affaire qui fait l'objet du mandat doit remplir plusieurs conditions : 1° que ce soit une affaire à faire ; 2° qu'elle soit honnête et licite ; 3° qu'elle soit telle, que le mandant puisse être censé la faire lui-même ; 4° qu'on puisse la supposer pouvoir se faire par le mandataire ; 5° enfin, elle ne doit pas intéresser le mandataire seul.

Première condition. — *L'affaire doit être à faire* et non pas déjà faite, *negotium gerendum sed non jam gestum.* Si l'affaire que je donne à quelqu'un mission d'accomplir était déjà faite, le contrat n'aurait pas d'objet, et partant, il ne produirait aucune obligation. Mais, toute naturelle qu'elle soit, cette observation n'est pas oiseuse; car, dans l'espèce prévue par Ulpien dans la L. 12, § 14, *Mand.* : « Si, post creditam pecuniam, mandavero creditori credendam, nullum esse mandatum rectissime Papinianus ait. » Le créancier ne pourra pas rattacher le prêt au mandat intervenu postérieurement, et prétendre que le mandant est caution à titre de *mandator pecuniæ credendæ.*

Mais on peut parfaitement donner au créancier mandat de cesser ses poursuites contre le débiteur et de lui donner du temps, et ce mandat oblige celui qui le donne à indemniser le créancier du tort que celui-ci a souffert de la cessation de ses poursuites, par l'insolvabilité du débiteur survenue : car cette cessation de poursuites, cette concession d'un délai pour le paiement, qui ont fait l'objet du mandat, étaient des choses à faire. C'est ce qu'ajoute le même Ulpien (*eod.*) : « Planè, si ut expectares, nec urgeres debitorem ad solutionem, mandavero tibi ut ei des intervallum, periculoque meo pecuniam fore dicam, verum puto, omne nominis periculum debere ad mandatorem pertinere. »

Deuxième condition. — *L'affaire doit être honnête et licite,* ni contraire aux lois, ni aux bonnes mœurs : « Rei turpis nullum mandatum est, dit Ulpien, et ideo hac actione non agetur » (L. 6, § 3, *Mand.*). Ainsi, par exemple, le mandat qu'on donnerait à quelqu'un d'incendier un temple, de tuer ou de blesser un homme, est nul et le mandant ne peut faire exécuter un pareil mandat ; exécuté, ce mandat ne donne au mandataire aucun recours contre le mandant pour se faire indemniser des condamnations justement encourues pour avoir commis ces mauvaises actions. Telle est la décision de Paul (L. 22, § 6, *Mand.*).

La loi ne sanctionne nulle part les contrats dont l'objet n'est pas honnête et licite : aussi cette deuxième condition est-elle encore toute naturelle ; cependant il faut reconnaître qu'elle emprunte au caractère particulier du mandat quelque chose de plus nécessaire et de plus rigoureux qu'en toute autre matière. « La première loi de l'amitié, dit Cicéron, est de n'exiger de nos amis et de ne faire pour eux que ce que l'honneur peut avouer » (*De Amicitiâ*, XIII). Et Sénèque : « Il est des choses nuisibles à ceux qui les obtiennent. Ici ce n'est pas la condescendance, c'est le refus qui est un bienfait. » (*De Benef.*, lib. 2, c. 14.)

Pothier fait remarquer avec raison que l'objet du contrat peut être honteux, non-seulement en soi, mais dans son motif, et cela suffit pour que le principe du mandat soit vicié. C'est de cette idée que part Ulpien dans la L. 12, § 11 : un jeune libertin vous prie de cautionner la dette que contracte une courtisane ; vous acceptez et exécutez ce mandat ; on vous refuse l'action de mandat, c'est comme si vous aviez, de gaieté de cœur, voulu faire le sacrifice de votre argent : « quia simile est, quasi perdituro pecuniam sciens credideris. » Ulpien (*eod.*) ajoute : « Sed et si ulterius directo madaverit tibi, ut meretrici pecuniam credas, non obligabitur mandati; quasi adversus bonam fidem mandatum sit. » Et Pothier commente à merveille ces derniers mots quand il dit : « Dans les circonstances particulières de ce mandat, ce prêt d'une somme d'argent que ce jeune débauché vous chargeait de faire pour lui à une courtisane, dont il était amoureux, est une affaire dont l'honneur, la probité et la charité ne vous permettaient pas de vous charger ; les règles de la charité ne permettant pas de favoriser la passion d'un jeune débauché. » (*Mandat*, n° 8.)

Une telle rigidité de principes, une pareille austérité, presque de la pruderie, cela peut paraître étrange dans la législation d'un peuple aussi facile de mœurs que l'étaient les Romains. Mais il est, au contraire, naturel et louable que, quand la dépravation est grande dans les mœurs d'une nation, ses législateurs la régissent par des lois d'une extrême probité.

Quelle que soit l'immoralité dont l'objet ou le motif du mandat sont entachés, si la religion du mandataire a été surprise et qu'il n'ait pas connu ce vice du contrat, on ne saurait lui imputer la mauvaise foi de son mandant, et, s'il exécute ce mandat vicié, il a contre son mandat le même recours que si le mandat avait été absolument valable. C'est encore Ulpien qui fait cette remarque : « Si quis mandaverit filiofamilias credendam pecuniam, non contra senatusconsultum accipienti, sed ex ea causa ex qua de peculio, vel de in rem verso, vel quod jussu pater teneretur, erit licitum mandatum ; hoc amplius dico : si quum dubitarem utrum contra senatusconsultum acciperet, an non ; nec essem daturus contra senatusconsultum accipienti, intercesserit qui diceret, non accipere contra senatusconsultum : et, periculo meo crede, dicat, bene credis, arbitror locum esse mandato, et mandati eum teneri. » (L. 12, § 13, Dig., *Mand.*) Dans ce cas, en effet, la bonne foi du mandataire est hors de doute : quoi qu'il arrive, il aura son recours.

TROISIÈME CONDITION. — *L'affaire doit être telle que le mandant puisse être censé la faire lui-même :* on ne comprendrait pas qu'une personne pût donner mandat à une autre de gérer une affaire qu'elle serait juridiquement incapable de gérer elle-même; il est naturel, en effet, qu'on ne puisse faire, par l'intermédiaire d'autrui, que ce que l'on pourrait faire soi-même.

Cette règle, parfaitement logique, est reproduite dans de nombreux textes.

Ulpien, dans la L. 10, § 4, donne un exemple à l'appui de cette règle : « Si quis Titio mandaverit ut ab actoribus suis mutuam pecuniam acciperet, mandati eum non acturum Papinianus, libro 3,

Responsorum scribit. » Emprunter de mon caissier, c'est emprunter de moi-même ; et comme je suis censé agir par mon mandataire, il faudrait dire que je puis emprunter de moi-même, ce qui est absurde. C'est pourquoi Ulpien, d'accord en cela avec Papinien, refuse l'action de mandat; mais Titius n'en sera pas moins obligé, puisqu'il a emprunté : « De mutua pecunia eum habet obligatum », dit Ulpien (*eod.*). Et cette décision a son importance pratique, car Titius, étant obligé en vertu d'un *mutuum*, contrat *stricti juris*, ne doit les intérêts que s'ils ont été stipulés. Au contraire il les devrait, sans stipulation, du jour de la demeure, s'il y avait mandat : « Et ideo usuras eum petere non posse quasi ex causa mandati, si in stipulationem deductæ non sunt », dit Ulpien.

Il faut voir encore un *mutuum* et non un mandat dans l'espèce prévue par Julien d'un maître qui donne ordre à son procureur de prendre une certaine somme et de la placer à ses risques, de lui tenir compte des intérêts jusqu'à un certain chiffre et de garder le surplus. — Au contraire, si pareil ordre était donné à un fondé de pouvoir chargé de toutes les affaires du maître, *omnium negotiorum*, il y aurait mandat : « mandati quoque eum teneri : quemadmodum solet mandati teneri (*debitor*) qui creditoris sui negotia gessit. » (Julien, cité par Ulpien, 6, § 6.)

C'est Julien lui-même qui se charge de donner

le mot de cette assimilation : « Si negotia mea mandavero gerenda ei, qui mihi actione in quadruplum, tenebatur post annum vero in simplum, etsi post annum cum eo mandati agam, præstare mihi quadruplum debebit : nam qui alterius negotia administranda suscepit, id præstare debet in sua persona, quod in aliorum » (L. 31, *Mand.*). Il devra payer le quadruple, car, en qualité de procureur, il devait se faire payer comme il fait payer tout autre débiteur; s'il ne l'a pas fait, il est en faute : donc il est tenu.

Ceci fait comprendre la seconde espèce de la L.6, § 6; il y a bien là, comme dans la première espèce, un emprunt de la part du procureur ; mais, de plus, son mandat, étant général, l'oblige à se payer à lui-même : « semetipso exigere debet. »

Il est incontestable qu'on ne peut acheter soi-même sa propre chose ; donc, d'après la règle : *qui mandat ipse fecisse videtur*, on ne peut donner à un autre mandat d'acheter pour le mandant sa propre chose. Cependant on admet cette espèce de mandat dans l'hypothèse prévue par Paul, L. 22, § 3 : « Si hi, quorum res veneunt quas pignori dederunt, supposuerunt emptores, et eis emendas res mandent, mandatum intelligitur. » Or, tant qu'il n'est pas vendu, le gage reste la chose du débiteur. Cette décision est rendue *benignè, contra rationem juris*, comme le dit Paul lui-même : « Licet, quantum ad meram rationem, mandatum non constitit » (*eod.*). Et ceci fut admis justement parce que le débiteur lui-même ne pourrait pas se porter directement acquéreur de sa chose donnée en gage.

Entre autres conséquences de cette règle, que le fait, objet du mandat, doit pouvoir être accompli par le mandant, Papinien présente à son tour une hypothèse qui mérite quelque attention : « Quum servus exetero se mandat emendum, nullum mandatum est. Sed si in hoc mandatum intercessit, ut servus manumitteretur, nec manumiserit, et pretium consequetur dominus ut venditor; et affectus ratione, mandati agetur : finge filium naturalem, vel fratrem esse : placuit enim prudentioribus, affectus rationem in bonæ fidei judiciis habendam. » (L. 54, pr.)

De ce texte, il résulte : 1° que le simple mandat, donné par l'esclave à un tiers, de l'acheter, est nul ; et cela parce que l'action qui en résulterait, s'il était valable, appartiendrait au maître, lequel ne peut l'intenter parce qu'il est dans l'impossibilité d'acheter lui-même son esclave; Pothier (*Pandectes*) fait même remarquer que ce mandat ne pouvait subsister ni de la part d'un esclave, parce qu'un mandat ne peut subsister de la part d'un esclave qu'autant qu'il pourrait le donner s'il était libre : or, s'il était libre, il ne pourrait pas donner un mandat pour l'acheter, puisque l'on ne peut pas acheter un homme libre ; 2° que si le mandat d'acheter, dans l'espèce, est accompagné de celui d'affranchir ensuite, le contrat est valable, parce qu'on s'attache à son but définitif qui est l'affranchissement, lequel aurait pu se réaliser dans la personne même du maître; 3° que, tandis qu'une action de droit strict ne peut être fondée que sur un intérêt appréciable en argent chez celui qui agit ; au contraire, un simple intérêt d'affection peut suffire pour intenter une action de bonne foi.

Papinien se demande ensuite ce qui arrivera si l'acheteur a payé de ses deniers le prix de l'esclave, « et ce n'est, dit-il, qu'à cette condition qu'il se trouvera libéré de l'action *venditi* : aura-t-il l'action *mandati contraria de peculio* contre le maître ? » Et le prince des jurisconsultes trouve plus juste, et plus utile en pratique, de présumer que le préteur, en créant les actions *de peculio* n'a jamais eu en vue des contrats de ce genre au moyen desquels les esclaves s'enlèveraient, pour ainsi dire, frauduleusement à leurs maîtres : « Et verius et utilius videtur, prætorem de hujusmodi contractibus servorum non cogitasse, quo se ipsi mala ratione dominis auferunt » (L. 54 pr., *eod.*). Ainsi, dans l'hypothèse qui m'occupe, le contrat de mandat ne produira ses effets que d'un seul côté, parce que l'esclave n'est pas censé avoir agi en vertu des pouvoirs que son maître lui confère implicitement en lui donnant un pécule, et n'a pu, par conséquent, l'obliger, même *intra vires peculii*.

Ces diverses décisions de Papinien sont confirmées dans un rescrit des empereurs Dioclétien et Maximien (L. Un., C., *Si servus exetero*).

Ulpien rapporte, dans la loi 19, l'avis non moins judicieux de Pomponius sur un cas à peu près semblable. Il s'agit d'un esclave qui a donné mandat de l'acheter, pour que le vendeur le rachetât. Le mandataire ne pourra forcer ce dernier à racheter en effet l'esclave ; car il serait trop inique, dit Pomponius, que, par le fait de mon esclave, je sois forcé à le racheter, quand j'ai voulu l'aliéner pour toujours. La raison de douter est : « quoniam mandati actio ultro citroque est » et comme ce mandat donne au premier maître ou vendeur, une action contre l'acheteur, pour le forcer à revendre l'esclave, il semble que réciproquement le vendeur devait pouvoir être forcé, par l'action *contraria mandati*, à le racheter ; mais Ulpien expose sa raison de décider ainsi qu'il suit : « Sed esse iniquissimum Pomponius ait, ex facto servi mei cogi me servum recipere, quem in perpetuum alienari volueram » (L. 19, *Mand.*). Il n'aurait pas pu davantage forcer le maître à le lui vendre : « Nec magis in hoc casum, dit Ulpien en terminant, debeo mandati teneri, quam ut eum tibi venderem » (L. 19, *eod.*).

Ce que je viens de dire de certains mandats donnés par l'esclave, devrait rigoureusement s'appliquer à des mandats du même genre donnés par un homme libre qui se croit esclave et qui est traité comme tel, mais des motifs d'équité avaient fait admettre ici une solution différente, et, contrairement à la subtilité du droit, on en maintient les effets. Papinien en prévoit l'hypothèse dans la L. 54, § 1, et il dit : « Si liber homo bona fide serviens, redimi se mandaverit, idque nummis emptoris factum sit, contraria mandati actione agi posse constat, ut tamen actiones præstentur, quas habet emptor adversus venditorem. » En général, celui qui, de bonne foi, a acheté un homme libre, a contre le vendeur l'action *empti* et l'action en éviction, aussitôt que l'homme acheté a été reconnu homme libre ; mais, ici, l'acheteur intente l'action *contraria mandati*, contre l'homme acheté, et en reçoit ainsi le prix qu'il l'a payé, pourvu qu'il lui cède les actions qu'il a contre le vendeur ; ce qui fait supposer que l'acheteur n'avait pas affranchi l'homme acheté : « Finge, non manumisisse liberam personam, emptorem, dit Papinien » (L. 54, *in fin.*, *Mand.*), car si l'acheteur l'avait affranchi, quoique inutilement, il eût cessé d'avoir l'action d'éviction contre le vendeur, puisqu'en affranchissant cet homme prétendu esclave, il eût été censé le perdre volontairement.

Quatrième condition. — *L'affaire doit être telle qu'on puisse la supposer pouvoir se faire par le mandataire*, mais il suffit que la *res gerenda* soit possible en soi, *per rerum natura*, et on n'a pas à regarder si le mandataire a, ou n'a pas, les connaissances exigées et l'habileté nécessaire pour l'exécuter; du moment où il s'est obligé à la gérer, c'est qu'il ne l'a pas crue au-dessus de ses forces.

Ici se retrouvent, en sens inverse, les conséquences déduites de la règle précédente; ainsi, le mandat d'acheter la propre chose du mandataire est nul: « suæ rei emptio non valet. » Cependant cette règle, corrélative de la précédente, est aussi confirmée par quelques exceptions.

Paul (L. 22, § 4) cite Julien qui valide le mandat donné à quelqu'un, à l'effet d'acheter un bien dont le mandataire est propriétaire pour partie, et il valide ce mandat même pour la part afférente au mandataire. Tel est aussi l'avis de Nératius (L. 35).

Relativement à la part de tout autre copropriétaire que le mandataire, la question ne peut faire doute: le mandat est valable. Mais, quant à la part dont le mandataire est propriétaire, Africain (L. 34, § 1), moins explicite que Paul, Julien et Nératius, dit : « pro tua parte posse dubitari, utrumne ex empto, an mandati agi oporteat. » L'accomplissement donc de ce mandat soulève la question de savoir par quelles actions se règleront les rapports du mandant et du mandataire quant à la part de ce dernier. Le jurisconsulte examine la question, en indique longuement les intérêts, faciles d'ailleurs à comprendre, et donne sa réponse dans ces quelques mots : « neque enim sine ratione quem existimaturum, pro hac parte sub conditione contractam emptionem. » Ainsi le copropriétaire chargé d'acheter aura réellement consenti quant à sa part dans le bien, une vente sous cette condition que ses copropriétaires consentiraient eux-mêmes à lui vendre leurs parts.

La solution à donner à la question serait intéressante au cas où le mandant viendrait à mourir avant la consommation de la vente, et où le mandataire, sachant cette mort, n'aurait pas voulu vendre à un autre, à cause du mandat. L'héritier du mandant sera-t-il tenu envers le mandataire ? Et, à l'inverse, si le mandataire a vendu à un autre, sera-t-il tenu envers l'héritier du mandant ? — Oui, dans les deux cas, si l'on décide qu'il y a vente sous condition. Non, si l'on décide qu'il y a mandat, car le mandat a été résolu par la mort du mandant.

Je crois parfaitement fondée et conforme à l'intention des parties, la solution d'Africain rapportée plus haut.

Cependant Africain atténue l'importance de la décision en disant (même loi *in fine*) : « sed et si mandati agendum esset, eadem præstanda, quæ præstarentur, si ex empto ageretur. » En effet, par l'une ou l'autre action, il arriverait à se faire indemniser du préjudice qu'il éprouve de la non-exécution du contrat : « Quanti ejus interfuit emptam rem habere. »

Cinquième condition. — *L'affaire ne doit pas intéresser le mandataire seul*, il faut que le mandant, ou tout au moins un tiers, ait quelque intérêt à son accomplissement. Si le *jussus* intervenait dans le seul intérêt du mandataire, il n'y aurait pas de contrat, pas d'obligation : « Cujus generis mandatum, magis consilium est, quam mandatum : et ob id non est obligatorium : quia nemo ex consilio obligatur, etiamsi non expediat ei, cui dabatur » (Gaius, 2, § 6). Je me contente pour le moment d'énoncer cette règle, sur laquelle je reviendrai dans un chapitre spécial en traitant des diverses personnes dans l'intérêt de qui peut intervenir le mandat.

DE L'INTENTION RÉCIPROQUE DE S'OBLIGER

Il est de l'essence du contrat de mandat que le mandant ait la volonté de charger à ses propres risques le mandataire, de l'affaire qui fait l'objet du mandat, et de s'obliger à l'en indemniser; le mandataire, de son côté, doit avoir la volonté de s'obliger à faire cette affaire; c'est par cette volonté réciproque du mandant et du mandataire que se forme le contrat de mandat.

Si, avant d'accepter l'ordre, le mandataire ne puise que dans sa bonne volonté seule la résolution de se charger de l'affaire, après son acceptation, il est étroitement lié à des devoirs nombreux qui sont désormais de nécessité pour lui. Maître dans l'origine d'accepter ou de refuser la mission proposée à ses soins, il en devient esclave quand les choses ne sont plus entières par l'effet de son adhésion. Le mandat qui, dans l'origine, n'était qu'un acte officieux, se traduit, en définitive, en un acte d'obligation et de nécessité. Aussi toutes les fois que celui qui a accepté sans entendre s'obliger, ne contracte point un mandat, et, partant, ne s'engage ni comme mandataire ni comme locateur d'ouvrages : c'est une assistance bénévole qui reste dans le domaine des actes bénévoles et libres.

C'est ainsi qu'Ulpien enseigne dogmatiquement que la gestion ne prend le caractère de mandat que si la personne qui s'en charge a entendu agir *procuratoris nomine :* « Est verum, eum qui non animo procuratoris intervenit, sed affectionem amicalem promisit in monendis procuratoribus, et actoribus, et in regendis, consilio mandati non teneri » (L. 10, § 7, *Mand.*). En vérité, ce n'est pas là un mandat, c'est un simple conseil ; or : « consilii non fraudulenti, nulla est obligatio » (L. 47, Dig., *R. J.*), et Gaius donne le motif de cette règle : « Quia liberum est cuique apud se explorare an expediat sibi consilium » (2, § 6, *Mand.*). C'est pour cela que le jurisconsulte doit examiner très-minutieusement si les parties ont voulu, oui ou non, passer sous le joug d'un contrat engendrant obligations.

La règle : *nemo ex consilio obligatur,* trouve un tempérament dans le cas où il y aurait dol de la part de celui qui donne le conseil. En effet, après avoir posé cette règle dans la loi 47, *R. J.*, Ulpien y fait cette restriction : « ceterum si dolus et calliditas intercessit, de dolo actio competit » (même loi). Mais, il faut bien le remarquer, même dans ce cas, ce n'est pas l'action *mandati* qui aura lieu, ce serait l'action *doli mali*.

Cependant Favre (sur la L. 2, § 6, Dig., *Mand.*) donne exemple d'un simple conseil qui est obligatoire comme mandat et fait naître, entre les parties, l'action *mandati* et non l'action *doli mali* : « Fieri potest, dit Favre, ut mandatum meum etiam quod tua tantum gratia factum sit, et quod consilium magis quam mandatum videri debeat, tu aliquid facias, quod alioqui facturus non esses, et quod tamen in detrimentum cedat. Ergo hoc quoque casu teneri debes ex meo mandato, et obligatorium esse debet mandatum. » Ainsi, s'il est constant que le mandataire ne s'est déterminé à agir que sous la seule influence du conseil à lui donné, il est juste que la responsabilité soit encourue par ce mauvais conseiller. Sans doute, on aurait pu dédaigner ses avis, mais le plus coupable, et, par suite, le plus responsable, n'est-il pas celui qui a eu la première idée du mal, qui l'a fait germer dans l'esprit d'un autre? et cet autre, ainsi captivé, n'a-t-il pas été plutôt l'instrument que l'auteur de cette mauvaise résolution? C'est ce principe d'équité qu'Ulpien consacre en ces termes : « Si non esses facturus, nisi ego mandassem, etsi meâ non interfuit, tamen erit mandati actio » (L. 6, § 5, *Mand.*).

Il peut y avoir doute si celui duquel émane l'ordre a voulu garantir l'obligation ou simplement en conseiller l'accomplissement : le Digeste et les commentateurs examinent longuement s'il y a lieu d'appliquer les règles du mandat, dans une série d'hypothèses qui touchent au conseil et au mandat, et où le fait domine le droit. C'est aussi en fait que devront se résoudre les difficultés. (L. 2, Dig., *Proxen.*; 32, *Mand.*).

CHAPITRE II

DES DIVERSES ESPÈCES DE MANDATS

On distingue plusieurs espèces de mandats, suivant qu'on les considère au point de vue de leur objet, de leur étendue, ou des personnes dans l'intérêt desquelles le mandat a été contracté.

L'objet du mandat peut être ou un acte judiciaire, ou un acte extrajudiciaire. Le mandat est dit *ad litem* au premier cas, on l'appelle *ad negotia*, au second. Je parlerai spécialement du second dans la suite, en traitant des diverses applications du mandat ; le mandat *ad negotia* est celui dont je me suis exclusivement occupé jusqu'ici, et dont je continuerai à m'occuper en général.

C'est en se rapportant à cette dernière espèce de mandat, que l'on fait les autres classifications, fondées l'une sur la diversité des personnes qu'il peut intéresser, et l'autre sur l'étendue des pouvoirs qu'il confère au mandataire.

§ 1er. — *Classification du mandat au point de vue des personnes qui s'y trouvent intéressées.*

Il est naturel que, pour qu'il y ait contrat générateur d'obligations, il faut que la personne qui joue le rôle de créancier, ait quelque intérêt à l'exécution du contrat : sans cela l'action ne lui serait pas donnée.

J'ai montré plus haut que, ce contrat étant de bonne foi, il suffit, pour engendrer des obligations qu'il ait un simple intérêt moral, *affectûs ratio.*

D'une autre part, si un intérêt pécuniaire peut être la conséquence, la récompense des services rendus par le mandataire, j'ai démontré ailleurs qu'il répugne à la nature essentiellement gratuite du mandat, que le mandataire n'ait en vue que cet intérêt matériel, et que, sans souci aucun de l'intérêt de son mandataire, il n'ait vu, dans l'accomplissement de son mandat, qu'un moyen d'enrichissement, un but de spéculation lucrative.

Je rappelle toutes ces données, parce qu'il ne faut pas les perdre de vue en recherchant dans l'intérêt de quelles personnes le mandat peut être contracté.

Justinien, dans ses Institutes (*Mand. pr.*), reproduisant en cela littéralement les Institutes de Gaius (Com. III, § 155), dit que le mandat peut, au point de vue de la personne qu'il intéresse, se contracter de cinq manières : « Mandatum contrahitur quinque modis : sive sua tantum gratia aliquis tibi mandet, sive sua et tua, sive aliena tantum, sive sua et aliena, sive tua et aliena. » C'est aussi la division que Gaius donnait dans les *Rerum cottidian.*, lib. II (L. 2, pr., *Mand.*). Peut-être est-il vrai que cette division n'est pas complète et qu'il faut y ajouter une sixième manière, mais je fais là-dessus des réserves sur lesquelles j'aurai à m'expliquer bientôt.

Je reprends pour le moment les termes de la division des Institutes pour les commenter séparément.

1° *Mandat dans l'intérêt unique du mandant.* — C'est le plus commun; c'est même, on peut le dire, le vrai type du mandat, celui qui remplit le mieux le but que s'est proposé le législateur en établissant ce contrat. Il a lieu « veluti si tibi mandem ut negotia mea geras, vel ut fundum mihi emas, vel ut pro me fidejubeas. » (L. 2, § 1, D. *Mand.*)

2° *Mandat dans l'intérêt du mandant et du mandataire.* — Sur cette espèce de mandat, les Institutes (*Mand.*, § 2) fournissent trois exemples qu'il est bon d'examiner.

a. Il a lieu lorsqu'on donne mandat à une personne de prêter de l'argent A INTÉRÊTS à un tiers qui emprunte *pour les affaires du mandant* « veluti si mandet tibi ut pecuniam sub usuris crederes ei qui in rem ipsius mutuaretur. » On comprend facilement quelles sont les deux conditions du contrat, d'où dérive à la fois l'intérêt du mandant et du mandataire. D'une part, en effet, l'argent du mandataire produit des fruits, des intérêts ; d'autre part, cet argent est destiné à une affaire qui est dans l'intérêt du mandant.

b. La seconde hypothèse est celle d'une personne poursuivie en qualité de fidéjusseur, et donnant mandat au créancier d'agir contre le débiteur principal, aux risques et périls du mandant : « Si volente te agere cum eo ex fidejussoria causa, tibi mandet ut cum reo agas periculo mandantis. » C'est là un cas de ce qu'on appelle en droit romain la *fidejussio indemnitatis*.

Voici comment se décompose, dans l'espèce, l'intérêt de chaque contractant :

Lorsqu'un fidéjusseur était intervenu dans une obligation, le créancier peut poursuivre indistinctement ou le débiteur principal ou le fidéjusseur ; mais ce droit se trouve épuisé, dès qu'il y avait eu *litiscontestatio*, en vertu du principe : *electione unius, cæteri liberantur*, c'est-à-dire qu'ayant une fois poursuivi l'un, il ne pouvait plus, payé ou non, recourir contre l'autre. Donc, s'il choisit le fidéjusseur, et qu'il déduise tout son droit en justice, il n'a plus aucun recours à exercer contre le débiteur principal.

Dans le cas que j'examine, le fidéjusseur prévient les poursuites en donnant mandat au créancier de poursuivre d'abord le débiteur principal. Accepté et exécuté, ce mandat ne le dérobe pas simplement au danger d'être poursuivi de préférence : par une conséquence de l'effet absolu de la *litiscontestatio*, il le libère comme fidéjusseur. Mais, si le créancier ne réussit pas à obtenir pleine satisfaction du débiteur principal, il peut revenir se faire indemniser par le fidéjusseur de la perte que lui a causée l'exécution du mandat (L. 45, § 8).

L'intérêt du mandataire est ici manifeste ; au lieu d'un seul débiteur, il en a deux : le *reus principalis* et le fidéjusseur. Il prévient ainsi les inconvénients considérables que présentait, dans la pratique des affaires, l'effet extinctif de la *litiscontestatio*.

Quant au mandant, le fidéjusseur, il a un double intérêt qui se résume dans cette maxime de droit : *Melius est non solvere, quam solutum repetere* ; or, il est certain qu'un débiteur a toujours avantage à ne payer qu'à défaut d'un autre tenu avant lui de l'obligation. Dans tous les cas, fût-il obligé de payer, il aurait toujours gagné du temps, et c'est souvent un avantage précieux pour un débiteur.

Ce dernier intérêt parut si légitime à Justinien, qu'il le consacra formellement dans la loi 28 C. *de Fidejussor.*, et dans la Nov. 4, ch. 1, en abolissant l'effet consomptif de la *litiscontestatio* et en accordant, dans tous les cas, au fidéjusseur, comme au *mandator pecuniæ credendæ*, le bénéfice de discussion. Dès lors, cette hypothèse ne présenta plus d'utilité sous Justinien et c'est pourquoi il ne fut pas reproduit à la loi 2, § 4, par les compilateurs du Digeste.

La troisième hypothèse, prévue par le § 2, *Mand.* (Inst.) présente une grande analogie avec la précédente. On suppose que je vous donne mandat de stipuler *à mes risques et périls*, de mon débiteur que je vous délègue, le montant de ma dette ; c'est-à-dire qu'étant en même temps votre débiteur pour une somme et le créancier de Titius pour la même somme, je vous renvoie à ce dernier pour qu'il s'engage par stipulation à vous la payer. L'intérêt du mandant n'a pas besoin d'être démontré ; car il cesse d'être tenu de payer à son créancier ce qu'il aurait lui-même à répéter de son propre débiteur : il se libère selon l'expression vulgaire, sans bourse délier. Quant à l'intérêt du mandataire lui-même, il ressort non moins clairement de ces mots : *ipsius periculo* inséré dans les Institutes ; en effet, si la délégation n'avait pas lieu *periculo delegantis*, le mandat serait intervenu dans le seul intérêt du mandant ; car, la délégation, faite purement et simplement, emporte novation ; d'où il résulte que, si le délégué se trouve insolvable, le délégataire n'a point de recours contre le délégant. (L. 22, § 4 ; 45, § 7.) Ici, au contraire, le délégataire qui n'aura point été payé, aura son recours par l'action *mandati contraria*, pour se faire indemniser par le mandant de tout le préjudice que lui a causé l'exécution du mandat.

En outre de ces exemples donnés aux Institutes, on trouve dans les textes d'autres hypothèses où le mandat est contracté dans l'intérêt tout à la fois du mandant et du mandataire. Je m'appliquerai à en parcourir quelques-unes.

Julien en donne un exemple dans l'hypothèse de la loi 32. L'héritier d'une succession douteuse n'ose l'accepter que dans le cas où on lui garantira *damnum præstari*. C'est ce que font les créanciers héréditaires en lui donnant mandat d'accepter la succession à leurs risques et périls. Dans ce cas le mandat est dans l'intérêt des mandants puisqu'ils échappent ainsi à la nécessité de vendre; et dans l'intérêt de l'héritier mandataire puisqu'il acquiert le droit, si l'hérédité est insolvable, de ne payer que jusqu'à concurrence de l'actif, et il reste sûr, si elle est solvable, de recueillir l'excédant de l'actif sur le passif.

Enfin Pothier donne, comme exemple d'un mandat dans l'intérêt tant du mandant que du mandataire, l'espèce suivante : « Quum Aurelius Quietus hospiti suo medico mandasse diceretur, ut in hortis ejus, quos Ravenæ habebat, in quos omnibus annis secedere solebat, sphæristerium et hypocauste, et quædam ipsius valetudini apta, sua impensa faceret » (L. 16, Ulp.). Dans ce cas, le mandat est dans l'intérêt du mandant, qui profitera, pour son agrément et sa santé, des embellissements de ces jardins; et dans l'intérêt du mandataire, qui verra sa propriété embellie et augmentée de la sorte, sans frais; donc, le mandant aurait, après l'acceptation du mandataire, l'action *mandati directa* pour faire exécuter le mandat; et le mandataire aura l'action *mandati contraria* pour se faire indemniser de ses dépenses, en défalquant la plus-value : « deducto quanto sua ædificia prætiosiora fecisset, » dit Ulpien.

3e *Mandat dans l'intérêt du mandant et d'un tiers.* — Il intervient, si l'on donne mandat à quelqu'un de gérer des affaires qui sont communes au mandant et à Titius, ou d'acheter un fonds, ou de se porter fidéjusseur pour lui-même et pour Titius, comme le dit Gaius : « veluti, si tibi mandem, ut mea, et Titii negotia gereres : vel ut mihi et Titio fundum emeres : vel ut pro me et Titio fidejubeas » (L. 2, § 3). Cette espèce de mandat ne présente aucune difficulté, car il n'est pas douteux que, suivant la règle générale, il soit parfait par la seule convention des parties.

4° *Mandat dans l'intérêt du mandataire et d'un tiers.* — Cette espèce de mandat a lieu par exemple quand on donne mandat à quelqu'un, de prêter de l'argent *à intérêts* à un tiers : « veluti si tibi mandet ut Titio sub usuris crederes » (Inst., § 5, *Mand.*). Il est évident que, si le prêt n'avait pas lieu *sub usuris*, le mandat ne serait plus qu'au profit d'un tiers seulement, comme le disent très-bien les Institutes (*ibid.*) « quod si ut sine usuris crederes, aliena tantum gratia intercedit mandatum »; mais l'intérêt de la question serait le même au point de vue que j'ai à présenter, car elles sont les mêmes pour les deux dernières espèces de mandats, et, en général, pour tout mandat dans lequel le mandant n'est pas intéressé. Aussi ne dirai-je rien de particulier sur cette quatrième espèce de mandat, me reportant tout simplement à ce que je vais dire tout à l'heure du mandat contracté dans l'intérêt unique d'un tiers.

5° *Mandat dans le seul intérêt d'un tiers.* — Je donne mandat à quelqu'un de gérer les affaires de Titius, ou de lui acheter un fonds, ou de se porter fidéjusseur pour lui. Tels sont les exemples que donnent les Institutes, de cette espèce de mandat. Gaius donne les mêmes exemples dans la loi 2, § 2 : « Si tibi mandem, ut negotia Titii geras, vel ut fundum ei emas, vel ut pro eo fidejubeas. » Les textes sur cette matière ne présentent aucune observation particulière; mais ils donnent lieu à une question délicate qui fait surgir dans l'esprit de très-sérieuses difficultés.

Il suffit, en effet, d'évoquer les principes les plus élémentaires en matière de contrats en général et de mandat en particulier, pour se heurter, dans le cas présent, à d'étranges anomalies.

Et d'abord, tout contrat est muni d'action; la

condition vitale, le mobile de toute action, c'est l'intérêt que la personne qui prétend l'exercer, doit y trouver, intérêt qui doit être pécuniaire dans les actions de droit strict, qui peut être purement moral dans les actions de bonne foi.

Dans l'espèce dont il s'agit, il est évident que, dès le début, ce mandat n'est pas obligatoire : il y a bien eu, en effet, accord des volontés entre les parties, mais le mandant ne peut obliger le mandataire à l'exécution du mandat, parce qu'il n'a aucun intérêt à cette exécution et par suite, aucune action ne peut lui être accordée (L. 8, § 6). Qu'il ait un intérêt même minime, matériel ou moral, d'argent ou d'affection, le contrat est aussitôt vivifié ; mais, dès lors, ce n'est plus un mandat dans l'intérêt exclusif d'un tiers; il intervient dans l'intérêt commun du tiers et du mandant.

Donc, en restant dans l'espèce d'un mandat dans le seul intérêt d'un tiers, on peut dire qu'après l'échange des consentements, contrairement à la nature éminemment consensuelle du contrat, il n'y a qu'un pacte un, une simple convention formée, mais non un contrat. Aucun lien de droit, aucune action n'existe encore pour ou contre l'une des parties, et il n'est point de contrat qui ne lie *ab initio* au moins un des contractants. Ce mandat, pour être valable, a besoin d'être complété par un élément essentiel qui lui manque : c'est l'intérêt qui doit y avoir nécessairement le mandant. Aussitôt que cet intérêt intervient dans le mandat, celui-ci est parfait, devient obligatoire, et engendre entre les parties les actions *directa* et *contraria mandati.*

Or, l'intérêt du mandant existe, dès que le mandant devient, par l'exécution du mandat qu'il a donné, le gérant d'affaires du tiers ; on comprend qu'il ait alors intérêt à réclamer contre son mandataire tout ce qu'il pourra être tenu de payer au maître, en vertu de l'action *negotiorum gestorum.* C'est ce qu'enseigne Javolenus : « Si quis mandatu Titii negotia Seii gessit, Titio mandati tenetur, lisque æstimari debet, quanto Seii Titii interest. » (L. 28, D., *Neg. Gest.*)

Ainsi, dans ce cas, le mandat n'est parfait, c'est-à-dire obligatoire, que du moment où le mandataire en a commencé l'exécution.

Mais, m'objectera-t-on, s'il faut, pour que ce mandat soit parfait, comme *causa civilis* du contrat, son exécution par l'une des parties, ce n'est plus là un mandat, contrat consensuel, mais un contrat réel : c'est une de ces conventions obligatoires, mais sans nom juridique, classées dans la catégorie des contrats innomés ; donc, dans l'espèce, on devrait donner l'action *præscriptis verbis* et non l'action *mandati.*

Cependant Ulpien, dans la loi 8, § 6, ne pose nullement en jeu l'action *præscriptis verbis,* mais l'action *mandati* seule : « mandati actio tunc competit, dit-il, quum cœpit interesse ejus qui mandavit, » et ce texte, on ne peut plus explicite, peut être considéré comme faisant règle sur cette question.

Avant de rechercher l'explication de cette apparente contradiction, je dois observer que cette question a un intérêt purement théorique, mais nul en pratique, puisque l'action *præscriptis verbis* produira, dans l'espèce, les mêmes résultats que l'action *mandati*.

On peut répondre à l'objection formulée ci-dessus, que ce n'est pas l'exécution du contrat par l'une des parties qui en est la véritable *causa civilis*, et que l'existence de l'action *mandati* n'est pas intimement liée à cette exécution facultative du mandat par le mandataire.

On peut même affirmer que l'action *mandati* existe dès le début, mais encore à l'état latent ; de virtuelle, d'inefficace qu'elle était en principe, elle devient réelle et efficace, dès qu'un événement quelconque, même indépendant de la volonté des parties, crée, met en évidence l'intérêt du mandant dans le contrat. La source vraie de l'action *mandati* est donc encore ici l'accord des volontés; mais cette action ne se manifeste, comme utile et opposable en justice, que du moment où naît, dans le contrat, l'intérêt du mandant.

En résumé, on peut soutenir qu'il n'existe pas, à proprement parler, de mandat dans l'intérêt exclusif d'un tiers ; car, ainsi qu'on vient de le voir, le mandat n'est parfait que s'il naît un intérêt pour le mandant, c'est-à-dire, dès l'instant où ce mandat rentre dans la catégorie de ceux contractés dans l'intérêt tant du mandant que d'un tiers.

6° *Mandat dans l'intérêt exclusif du mandataire.* — C'est là, au point de vue qui m'occupe, la dernière espèce de mandat ; cette espèce n'est pas mentionnée dans le *principium* du titre *de Mandato* aux Institutes, ou, pour parler plus exactement, elle n'y est mentionnée que pour dire que le mandat de ce genre n'en est pas un, et ne donne lieu, par conséquent, ni d'un côté, ni de l'autre, à aucune obligation : « at, si tua tantum gratia tibi mandatum sit, supervacuum est mandatum, et ob id nulla ex eo obligatio, nec mandati inter vos actio nascitur. » Cependant ces mêmes Institutes semblent revenir sur leur décision au § 6, où je lis : « Tua gratia intervenit mandatum, veluti si tibi mandet..... » Sans doute, si on lit le paragraphe que je cite, il en ressort que le mandat donné dans l'intérêt unique du mandataire, ne constitue pas toujours le contrat dont je m'occupe, et, par conséquent, n'est pas toujours obligatoire ; mais du moins Justinien se donne-t-il la peine, même dans un ouvrage élémentaire, d'approfondir ce point : c'est donc qu'il reconnait que la question en vaut la peine.

Je suivrais volontiers Justinien dans ses développements, si je n'avais déjà dit, sur cette question, à l'occasion de *l'intention réciproque de s'o-*

bliger, tout ce que comporte le cadre limité de cette étude.

§ 2. — *Classification du mandat au point de vue de son étendue.*

Les parties étant libres d'adopter telles conventions que bon leur semble, on comprend que l'étendue des pouvoirs du mandataire puisse être fixée de bien des manières, être renfermée dans des limites variables à l'infini. Aussi, quand Ulpien énonce cette règle : « Procurator, vel omnium rerum, vel unius rei esse potest » (L. I, § 1, Dig., *Procurat.*), ne peut-il pas prétendre présenter le mandat sous toutes ses faces, en embrasser toutes les espèces. Mais on peut ramener les nombreuses variétés de mandats à ces deux types principaux, qui étaient les modes les plus remarquables de contracter un mandat : *aut unius rei, aut totorum bonorum.*

Le *mandat spécial* ne présente aucune difficulté. Relativement à l'unique affaire dont il est chargé, le mandataire peut être muni de pleins pouvoirs, jouir d'une *libera administratio*, mais sans jamais sortir de l'objet unique de son mandat. Quelques jurisconsultes, notamment Pomponius, voulaient assimiler le rôle du *procurator unius rei*, à celui du simple porteur d'une lettre, d'un message renfermant un mandat, et lui déniaient le titre de mandataire. Mais Ulpien se refuse à admettre cette opinion, et dit, avec raison, que pour n'être chargé que d'une affaire unique, on n'en est pas moins un mandataire : « Sed verius est, dit-il, eum quoque procuratorem esse, qui ad unam rem datus sit. » (L. 1, § 1, Dig., *Procurat.*). En effet, il se peut que la seule affaire, qui fait l'objet du mandat spécial, présente plus de difficulté et plus d'intérêt que les affaires multiples qui font l'objet d'un mandat *totorum bonorum.*

Au sujet du mandataire général, une grosse question a été débattue et diversement résolue par les commentateurs : tous les actes d'administration sont certainement de sa compétence ; mais on se demande s'il peut aussi faire des actes de disposition?

Parmi les anciens docteurs, quelques-uns répondent à cette question par une distinction approuvée en droit canonique : ou le mandat est général *simpliciter*, ou il est général *cum libera administratione.* Si le mandat est général *simpliciter*, le mandataire ne peut faire que des actes d'administration ; si, au contraire, il est général *cum libera* il implique, pour le mandataire, le pouvoir de disposer, au moins à titre onéreux.

« Procurator omnium bonorum simpliciter, ea duntaxat quæ administrationis sunt, gerere potest, » dit Pothier (*Pand.*, liv. 3, tit. 3, n° 4) Et il fonde sa distinction principalement sur les lois 58 et 63, Dig., *Procurat.* ; en effet, Modestin trace l'étendue des pouvoirs du mandataire général, qu'il limite, en définitive, à des actes de pure administration, comme il suit : « Procuratori totorum bonorum, res domini neque mobiles, vel immobiles, neque servos, sine speciali domini mandatu alienare potest : nisi fructus, aut alias res, quæ facile corrumpi possunt » (L. 63, Dig., *Procurat.*). Et Paul (L. 60, *eod.*) ne lui donne pas le droit de transiger. Enfin Scævola dit que ce mandataire général *simpliciter* n'oblige pas le mandant, s'il reconnaît devoir ce qu'en réalité il ne devait pas (L. 61, Dig., *obl. et act.*). Pour le mandataire général *cum libera*, au contraire, Paul (lib. 71, *ad edict.*) paraît lui accorder le pouvoir d'aliéner et de recevoir un paiement : « Procurator, cui generaliter libera administratio commissa est, potest exigere, aliud pro alio permutare » (L. 58, Dig., *Procurat.*) et dans la loi 59, *eod.*, il lui donne de payer les créanciers : « Sed et id quoque ei mandare videtur, ut solvat creditoribus ». Gaius, dans la loi 9, § 4, *de adquir. rer. dom.*, Dig., paraît aussi accorder ce pouvoir au mandataire *cum libera.* « Si cui libera negotiorum administratio ab eo qui peregre proficiscatur, permissa fuerit, et is ex negotiis rem vendiderit et tradiderit, facit eam accipientis » et Justinien ne s'exprime pas autrement dans ses Institutes, au titre *de rerum divis.*, § 43.

Cette distinction entre le mandat général *simpliciter* et le mandat général *cum libera*, quoique reçue par la plupart des anciens docteurs, a été rejetée par d'autres. Duaren, Doneau, Cujas et

Vinnius adoptent une autre opinion d'après laquelle cette différence s'efface et une synonymie complète existe entre ces expressions des textes : *procurator totorum bonorum* et *procurator cui libera administratio rerum commissa est.*

Vinnius (*Select. quæst.*, lib. 1. c. 9.) combat *ex professo* cette distinction ; il la trouve suspecte. Qu'importe, dit-il, que le mot *libera* soit accolé dans la procuration au mot *administratio ?* Est-ce que le simple pouvoir d'administrer, conféré sans l'adverbe *librement*, est exclusif d'une administration libre? Passez en revue les pouvoirs si étendus d'un administrateur général ; qu'y a-t-il de plus libre et de plus large? Ni l'épithète *libera*, ni l'épithète *liberrima* n'en sauraient augmenter l'étendue naturelle.

Quant aux textes invoqués en faveur de l'opinion contraire, Vinnius y répond que les pouvoirs accordés par ces textes au mandataire *cum libera* appartiennent aussi au mandataire général *simpliciter* toutes les fois que la nécessité et la condition de son administration l'exigent. Ces textes où l'on voit figurer un mandataire *cum libera* doivent s'entendre, non indistinctement de toutes les ventes que le mandataire aurait faites, mais de celles que l'administration dont il était chargé exigeait, en quoi le mandataire *cum libera* n'a rien de plus que le mandataire général *simpliciter*.

Je crois devoir me ranger à cette seconde opinion, soit par les raisons invoquées par Vinnius, soit par d'autres, tirées des pouvoirs que divers textes accordent au mandataire général, sans distinguer si, dans sa procuration, on a ajouté ou non au pouvoir d'administrer, l'adverbe *librement*. En effet, Paul donne au mandataire général quel qu'il soit, le pouvoir de nover : « Si expediat, potest novare » (L. 20, § 1, Dig., *Novat.*), de déférer au serment (L. 17, § 3, Dig., *Jurejur.*), de recevoir un paiement : « Solvi ei potest » (L. 11, Dig., *Pactis*) et Celsus lui reconnaît le pouvoir de faire un paiement : « Quum quis procuratorem omnium rerum suarum constituit, id quoque mandare videtur, ut creditoribus suis pecuniam solvat » (L.87, D., *Solut.*). Il a certainement le droit de plaider (L. 22, Dig., *Administr. tutor*; L. 12, *in fine*, Dig., *Pactis*) et enfin même de consentir un pacte *de non petendo* (L. 12, Dig., *Pactis*), tous actes qui pourtant comptent parmi les actes de disposition et non de simple administration. D'autre part, l'esclave et le fils de famille, quoique investis de la *libera administratio* de leur pécule, ne sont pas pour cela autorisés à faire toute espèce d'actes de disposition, et pourtant leur situation ressemble très-fort à celle d'un mandataire général *cum liberâ administratione*.

De ce qui précède, je conclurai qu'il ne faut pas exagérer l'importance des termes employés par le mandant et que, si les mots *libera administratio* n'ajoutent rien à un mandat général, on peut, par des clauses moins vagues et plus précises, étendre ou restreindre le pouvoir que renferme ordinairement un mandat général. C'est une question de fait! Mais la véritable règle sur ces pouvoirs me semble être celle que donne la loi 12, Dig., *Curat. fur.*, en vertu de laquelle le pouvoir d'aliéner existe en principe *quatenus negotiorum exigit administratio.*

CHAPITRE III

EFFETS DU MANDAT ENTRE LES PARTIES

Le mandat est un de ces contrats qui produisent des obligations réciproques ; il fait, comme je l'ai déjà dit, partie de la classe des contrats que les commentateurs appellent synallagmatiques imparfaits, parceque l'une des parties se trouve avoir contracté des obligations par le fait même de l'acceptation du mandat, et l'autre par suite de faits qui s'y rattachent, mais qui ne naissent que postérieurement, *ex post facto*, non pas du contrat même, mais plutôt de son exécution.

Et d'abord, c'est le mandataire qui s'oblige; ses obligations apparaissent les premières, elles naissent avec le mandat lui-même, et existent nécessairement dans tout mandat, comme je le montrerai bientôt. C'est pourquoi je commencerai par chercher quelles sont les obligations du mandataire et de quelles voies de recours le mandant dispose pour faire exécuter ces obligations, ou, à défaut, pour se faire payer des dommages-intérêts ?

PREMIÈRE PARTIE

DES OBLIGATIONS DU MANDATAIRE ET DE L'ACTION *MANDATI DIRECTA*

Ces obligations sont celles qui apparaissent les premières dans un contrat de mandat : elles découlent forcément de la formation même du contrat ; le mandataire ne peut s'en affranchir parce qu'elles sont de la nature du mandat : cependant, comme cela apparaîtra bien mieux dans la suite, il est souvent permis aux parties d'y déroger par leurs conventions.

Toutes les fois que le mandataire manquait à l'une de ses obligations, le mandant avait l'action *mandati directa* contre lui, pour se faire indemniser du préjudice que lui causait cette inobservation des obligations contractées.

§ 1. — *Obligations du mandataire.*

On peut réduire à trois le nombre des obligations que le mandataire contracte envers son mandant. Le mandataire, en effet, doit : 1° Exécuter le mandat ; 2° l'accomplir avec une grande diligence ; 3° rendre compte de son accomplissement. Je vais essayer de les examiner séparément et de voir ce qu'il y a de particulièrement remarquable dans chacune d'elles.

PREMIÈRE OBLIGATION. — EXÉCUTION DU MANDAT

La première obligation du mandataire, celle qui est la plus naturelle dans le contrat de mandat, est celle d'exécuter, d'accomplir le mandat dont il s'est chargé. Bien que le rôle qu'il joue soit, en principe, un rôle tout désintéressé, de pure bienveillance, rôle dont il était libre de ne pas se charger, dès que le mandat est accepté par lui, le contrat se forme, et le mandataire n'est plus libre : il est tenu de rendre au mandant le service que celui-ci a sollicité et obtenu de son amitié. En se constituant mandataire, il a fait, par bienveillance, le sacrifice de son indépendance juridique vis-à-vis du mandant. C'est ce que dit Paul : « Sicut liberum est mandatum non suscipere, ita susceptum consummari oportet » (L. 22, § 11). Et ceci, sous peine d'être tenu envers le mandant de l'action *mandati contraria*, comme le dit le même jurisconsulte à la loi 5, § 1 : « et si susceptum non impleverit, tenetur ».

Il est, en effet, logique et juste qu'il en soit ainsi; car, suivant l'observation très-judicieuse de Pothier : « en acceptant le mandat et en se chargeant de l'affaire du mandant, le mandataire paraît exercer un bienfait envers le mandant ; l'équité naturelle ne permet pas que, contre la nature du bienfait que cette acceptation du mandat paraît renfermer, cette acceptation du mandat, par l'infidélité du mandataire, au lieu de procurer de l'avantage, ne serve qu'à induire en erreur le mandant » (Pothier, *Mandat*, n° 38 *in fin.*). ce qui arriverait certainement si le mandataire était libre de se dégager au gré de sa fantaisie de l'obligation contractée envers la personne qui avait requis son bienveillant concours.

Mais cette règle d'équité reçoit des tempéraments également conformes à la raison et à la justice. Gaius indique ainsi un de ces tempéraments : « Qui mandatum suscepit, *si potest id explere*, deserere promissum officium non debet » (L. 27, § 2). Ainsi la responsabilité du mandataire, pour cause d'inexécution du mandat, n'existe qu'à la condition qu'il ait pu l'exécuter ; s'il y a, pour le mandataire, impossibilité de l'exécuter, il est dégagé de son lien de droit. Cette impossibilité peut être tout empêchement matériel, physique ou moral, qui vient entraver l'action du mandataire : par exemple une maladie, un voyage, qui l'empêche de pouvoir se rendre au lieu d'exécution, une inimitié qui s'élève entre lui et son mandant ; en un mot, dès qu'il a une juste cause de se soustraire aux charges du mandat, il ne sera plus responsable. Cependant, même alors, vu l'origine du mandat, il reste tenu de l'obligation d'aviser, s'il le peut, à temps opportun, le mandant de l'événement qui le prive de son mandataire, pour lui permettre d'en chercher un autre ou de se charger lui-même de cette tâche.

Dans l'exécution du mandat, le mandataire doit se renfermer scrupuleusement dans les limites assignées à ses pouvoirs ; s'il les dépasse, il encourt toute la responsabilité : ce n'est plus, alors, le mandataire qui agit, c'est un étranger qui gère, à ses risques et périls, une affaire qu'il s'est rendue personnelle en franchissant les bornes du mandat. C'est là une règle générale posée par Paul (L. 5 pr.) : « Diligenter fines mandati custodiendi sunt ; nam qui excessit, aliud quid facere videtur. » Cette obligation est tellement de la nature du mandat que, sans elle, il n'y a pas de mandat possible. Comment, en effet, permettre au mandataire d'aggraver à sa guise la responsabilité de son mandant, comment mettre celui-ci à la merci des caprices de celui-là, sans dénaturer le caractère et le but de ce contrat? Comment pourrait-on expliquer une législation où cette règle ne serait pas admise, quand le mandat doit être un acte de bienfaisance au profit du mandant, et non un moyen pour le mandataire de compromettre, par malice ou sottise, les intérêts confiés à sa vigilance?

La conclusion à tirer de cette règle, c'est qu'indépendamment du cas où le mandataire se serait complétement abstenu de gérer l'affaire à lui confiée, il y aura d'autres hypothèses où, quoiqu'il paraisse avoir exécuté le mandat, l'on puisse discuter la question de savoir s'il l'a accompli. Pour bien développer cette idée, j'examinerai, avec Pothier (1), huit cas qui peuvent se présenter, et où l'on peut se demander si le mandataire a satisfait à son obligation d'accomplir le mandat.

Premier cas. — Le mandataire a exécuté purement et simplement le mandat, en en respectant scrupuleusement les limites. Il est alors indiscutable qu'il aura satisfait à son obligation d'exécuter. Paul donne un exemple de ce cas, dans la loi 3, § 1 : « Si mandavi tibi ut aliquam rem mihi emeres, nec de pretio quicquam statui tuque emisti, utrinque actio nascitur. » Le prix de l'achat, bien entendu, ne doit pas être excessif, car « la condition de ne pas excéder le juste prix, dit avec raison Pothier (*ibid.*), doit toujours être sous-entendue dans le mandat d'acheter. »

Deuxième cas. — Le mandataire accomplit l'affaire qui fait l'objet du mandat à des conditions plus avantageuses que celles prescrites par le mandant. Ici aussi il est incontestable que le mandataire s'est acquitté de son obligation d'exécuter le mandat. Par exemple : « si, quum tibi mandassem ut Stichum decem emeres, tu eum minoris emeris, vel tantidem, et ut aliud quicquam servo accederet » (2). Indubitablement le mandat est exécuté par le mandataire, et personne ne peut le lui contester : est-ce, en effet, les tiers qui ont contracté avec lui qui pourraient se plaindre ? Ils n'avaient qu'à ne pas traiter avec lui ; est-ce le

(1) *Mandat*, nos 91 et suiv.
(2) Paul, L. 5, § 5, Dig., *Mand.*

mandant ? Mais de quoi se plaindrait-il ? Est-ce qu'il ne trouve pas que l'agissement du mandataire est tout à son avantage ? Pourrait-il dire que le mandataire n'a pas exécuté le mandat avec toutes ses conditions ? Non, car lorsque le mandat porte d'acheter une chose pour un certain prix, il est naturel d'y sous-entendre la clause : *ou pour moins, si c'est possible*. Ainsi, on peut conclure, avec Paul (*loc. cit.*), en disant : « Melior causa mandantis fieri potest. »

Cependant cette règle, qui paraîtrait absolue au premier abord, ne l'est point si on y regarde avec attention. Le même jurisconsulte dit, en effet, dans la loi 3 pr. : « Præterea in causa mandati illud etiam vertitur, interdum nec melior causa mandatis fieri possit, interdum melior, deterior vero nunquam. » Ainsi donc, il y a des cas où le mandataire ne pourra pas améliorer la position du mandant ; mais quels sont ces cas ? Les jurisconsultes romains n'en disent rien ; mais on peut facilement concevoir que cela ait lieu toutes les fois que le mandat n'est pas donné dans le seul intérêt du mandant ; quand l'intérêt d'un tiers a été pour quelque chose dans la constitution du mandat ; par exemple : je donne à une personne, chez laquelle j'ai déposé une certaine somme, mandat de prêter cette somme à Titius à 6 pour 100 d'intérêts ; certes, des intérêts à un taux plus élevé me seraient avantageux ; cependant, si mon intention a été d'être utile à Titius, le mandataire ne pourra pas dépasser le taux porté dans le mandat ; et, s'il le dépasse, il sera censé avoir excédé les limites du pouvoir que lui avait accordé le mandant.

Troisième cas. — Le mandataire a fait ce dont il était chargé, mais à des conditions plus onéreuses que ne le permettait le mandat. Dans ce cas, sans doute, le mandant ne pourra pas être forcé d'accepter l'affaire telle qu'elle est faite ; sans doute aussi, le mandataire sera tenu à payer des dommages-intérêts, si, en fait, il lui avait été possible d'exécuter le mandat dans les termes où il lui a été donné, comme le dit Gaius : « Si is, qui mandatum suscepit, egressus fuerit mandatum, ipsi quidem mandati judicium non competit, at ei, qui mandaverit, adversus eum competit. » (L. 41.)

Paul donne un exemple d'un mandataire qui exécute le mandat à des conditions plus onéreuses pour le mandant, qu'il n'avait pouvoir de le faire, dans l'hypothèse suivante : je vous donne mandat de vendre un objet dont je suis propriétaire, et je fixe le prix auquel vous devez faire cette vente ; vous le vendez, mais à un prix moindre ; Paul décide que le mandant n'est pas tenu de subir cette vente ; elle est nulle, le mandant n'a pas cessé d'être propriétaire de la chose, et il pourra la revendiquer : « si mandavero tibi, dit Paul, ut fundum meum centum venderes, tuque eum nonaginta vendideris, et petam fundum, non obstabit mihi exceptio.» (L. 5, § 3.)

Il en est de même, dans l'hypothèse de la loi 5, § 2 : Une personne donne mandat à une autre d'acheter une chose pour un certain prix ; le mandataire achète bien la chose indiquée dans le mandat, mais à un prix plus élevé : « ego pretium statui, tu pluris emisti. » Ici aussi, je dirai que le mandant ne peut être forcé à prendre pour lui ce marché, et que le mandataire pourra être obligé de payer des dommages-intérêts si, en fait, il avait pu acheter au prix fixé par le mandat ou à un prix moindre : quant à cela, pas de doute !

Mais la question devient plus délicate, si l'on suppose que le mandataire, dans cette hypothèse, offre de prendre à sa charge personnelle le préjudice résultant de ce qu'il a dépassé ses pouvoirs ; le mandant sera-t-il alors obligé d'accepter l'opération?

Non, disent sans hésiter les Sabiniens (1), car il serait inique que le mandant pût être forcé d'accepter l'opération pour lui, si le mandataire se restreignait aux conditions du mandat, tandis que lui-même ne pourrait l'exiger en aucun cas, puisque le mandataire pourrait toujours lui répondre : «Je n'ai pas accompli le mandat ; si j'ai fait une acquisition, c'est pour mon compte personnel. » (L. 3, § 2.) Cette raison de Paul est si bonne, si rigoureusement déduite des principes, qu'il me paraît

(1) Gaius, Com. III, § 161.

difficile d'admettre, malgré le témoignage des Institutes (1), et celui de la loi 4, Dig., *Mand.*, que les Proculéiens ne se soient pas rendus à tant de logique. Gaius dit bien, au § 161 de son Commentaire III, que cette décision souriait surtout à Sabinus et à Cassius : « Idque maximè Sabino et Cassio placuit, » mais cela veut-il dire qu'elle ait absolument déplu à Proculus et à Labéon?

Quoi qu'il en soit, d'après les Institutes et la loi 4, telle qu'elle est remaniée par les compilateurs de Justinien (puisqu'elle fait approuver à Gaius l'opinion tout à fait opposée à celle qu'il professe dans son com. III, § 161), il est unanimement admis que les Proculéiens décidaient, avec moins de rigueur, que le mandataire pouvait, en se renfermant dans les limites à lui fixées par le mandat, exiger le prix fixé, le mandant n'ayant pas à s'inquiéter de la manière dont l'achat avait eu lieu, pourvu que l'objet fût conforme à l'ordre donné. Le mandataire a exécuté son mandat et le mandant ne souffre aucun dommage : que peut-on désirer de mieux?

Cette opinion, bien que contraire aux principes, a prévalu, comme moins rigoureuse, disent les Institutes : « Quæ sententia sane benignior est. » On a dit que le système contraire serait d'une rigueur excessive puisque le mandataire serait considéré comme n'ayant pas accompli le mandat et encourrait l'infamie; mais c'est là une question

(1) Instit., *Mand.*, § 8.

dont je réserve l'examen pour plus tard, sous le titre : « De l'action *mandati directa.* »

Je dois faire ici une remarque importante. Les Institutes, au § 8, *mandati*, mettent sur la même ligne deux hypothèses bien distinctes, et leur appliquent la même solution, malgré les différences profondes qu'il est facile d'observer entre elles et qui font paraître cette identité de solution, illogique et dangereuse. Ces deux hypothèses sont : 1° celle où le mandataire a acheté pour un prix plus élevé que celui porté en la procuration ; 2° celle où il a cautionné, pour une somme plus forte que le mandant ne lui avait donné ordre. Or, voici ce qui résulte de l'examen de ces deux hypothèses.

Dans la première, le mandataire n'a fait, en aucune façon, l'affaire du mandant : il ne peut donc forcer celui-ci à accepter son opération, même en la réduisant au contenu de l'ordre reçu, car il y aurait inégalité entre eux, le mandataire pouvant forcer le mandant à accepter la chose, et le mandant ne pouvant forcer son mandataire à la lui livrer. Or, « iniquum est non esse mihi cum illo actionem si nolit, illi vero, si velit, mecum esse. » (L. 3, § 2.)

Pour la seconde hypothèse, que Julien prévoit dans un texte qui forme la loi 33, à ce titre, la solution qu'il donne n'a rien que de très-raisonnable : « Julianus verius putat, quod a plerisque responsum est, eum qui, majorem summam, quam rogatus erat, fidejussisset, hactenus mandati actionem habere, quatenus rogatus esset. » La raison en est que, dans ce cas, le mandataire a, en réalité, fait l'affaire du mandant « quia id fecisset, quod mandatum ei est, » dit Julien ; jusqu'à concurrence de la somme fixée, il a suivi la foi du mandant : « usque ad eam summam, in quam rogatus erat, fidem ejus spectasse videtur, qui rogavit. »

Il y a là deux opérations qu'on peut scinder : 1° cautionnement jusqu'à concurrence du prix fixé, c'est l'affaire confiée par le mandant ; 2° cautionnement supplémentaire, c'est l'affaire faite par le mandataire sans aucun ordre, affaire qu'il a faite spontanément, pour son propre compte. Les textes viennent confirmer cette distinction ; car, si les Institutes semblent faire une confusion entre les deux hypothèses, les lois originales ont toujours su l'éviter.

La décision des Sabiniens, plus rigoureuse, mais aussi plus conforme aux principes, n'est appliquée par le Digeste qu'au cas de vente ; c'est ce qui résulte de la loi 3, § 2 : « Si pretium statui, tuque pluris *emisti*, quidam negaverunt te mandati habere actionem, etiam si paratus esses, id quod excedit remittere. » Il en est de même de la loi 4, reproduisant la solution, moins rigoureuse, des Sabiniens : « Sed Proculus recte eum, usque ad *pretium* statutum acturum, existimat. » Ni les uns ni les autres ne parlent du cautionnement, et la loi relative à ce contrat, en décidant qu'il est valable, même lorsqu'il a été fait pour une somme supérieure, pourvu qu'on restreigne la responsabilité du mandant à la somme par lui fixée, de même que la raison qu'en donne Julien, confirment en tous points les principes que j'ai précédemment émis. Le mandataire, dit-il, a, dans ce cas, véritablement accompli le mandat, l'ordre qu'il avait reçu : ce n'est que pour ce qui dépasse cet ordre qu'il a fait l'affaire sienne.

Cette confusion que font les Institutes est blâmable à tous les points de vue.

Et d'abord, en confondant deux hypothèses aussi différentes, sous une même solution, les rédacteurs des Institutes disent que c'est parce qu'ils veulent protéger le mandataire; mais en voulant trop protéger celui-ci, ils ne garantissent pas assez les intérêts du mandant, qui doivent pourtant être particulièrement défendus dans un contrat fait, avant tout, au profit de celui-ci. Que l'affaire soit mauvaise, même au prix fixé dans le mandat, le mandataire pourra toujours réclamer ce prix par l'action *mandati contraria* ; qu'elle soit bonne, même pour la somme pour laquelle il a traité, un mandataire peu scrupuleux affirmera qu'il a fait l'affaire pour son compte, et le mandant ne pourra rien objecter à cette allégation, qui a pour elle la règle : « Mandatum excedere aliud est agere. »

Les rédacteurs des Institutes semblent n'avoir pas compris qu'ils mettaient, en décidant ainsi, le mandant à la discrétion du mandataire : pour prévenir ce danger il eût mieux valu refuser toute action au mandataire qui a commis la faute de franchir les limites de son mandat.

Toutefois, la décision de Justinien est justifiable pour le cas où il résulte évidemment des circonstances que le mandataire n'a pu avoir l'intention de faire l'opération pour son compte, mais simplement d'exécuter le mandat ; c'est ce qui arriverait, par exemple, s'il avait acheté un peu plus cher que le prix fixé, des bijoux que le mandant destinait à sa fiancée : le mobile alors n'a été que l'intérêt du mandant. J'en dirais autant pour tous les cas où il a agi dans l'intérêt du mandant, dans l'idée qu'il pouvait compter sur une ratification probable de sa gestion.

QUATRIÈME CAS. — Le mandataire n'a exécuté le mandat que partiellement ; il n'est certainement pas sorti des limites de la procuration ; il l'a exécutée en partie, donc il oblige pour cette partie le mandant. C'est ce que dit Julien dans la loi 33 ; « Rogatus ut fidejuberet, si in minorem summam se obligavit, recte tenetur ei mandator contraria actione mandati usque ad eam summam » (1).

Mais, si l'affaire paraît avoir été considérée par le mandant comme un tout indivisible, il faudrait donner une décision contraire. Je suppose, par exemple, qu'un immeuble est mis en vente par

(1) Pothier, *Mandat*, n° 95 ; Pandect, in L. 33, Dig., Liv. XVII, tit. 1.

parcelles et que je vous donne mandat de l'acheter; vous achetez plusieurs parcelles, d'autres vous échappent : avez-vous exécuté fidèlement tout votre mandat, ou, en n'achetant qu'une partie de l'immeuble, avez-vous fait une autre affaire, qui doit rester à votre charge ? C'est l'hypothèse discutée et résolue avec une grande netteté par Javolénus dans la loi 36, §§ 2 et 3.

Si le mandant n'a pas formellement stipulé dans le contrat que, suivant l'expression vulgaire, il voulait tout ou rien de l'immeuble vendu par parcelles, le mandataire n'est pas blâmable de n'avoir acheté que des parties : c'était au mandant à mieux traduire sa pensée dans les clauses du contrat. Dans le cas contraire, le mandataire dûment informé qu'il doit acheter l'immeuble entier, fait l'affaire sienne s'il n'en acquiert que quelques lots.

Cinquième cas. — Le mandataire a fait ce dont il a été chargé et quelque chose de plus. Dans ce cas, il est hors de doute que le mandataire a exécuté le mandat jusqu'à concurrence de ce qui lui avait été mandé; Julien le dit dans la loi 33, et Justinien dans le § 58 aux Institutes (lib. III, tit. 26) approuve cette décision, mais il a le tort de présenter cette question comme controversée de la même façon que l'hypothèse où le mandataire a exécuté le mandat à des conditions plus dures. J'ai examiné plus haut cette décision, et critiqué cette confusion : je crois donc inutile de me répéter ici (v. ce paragraphe, au *troisième cas*).

SIXIÈME CAS. — Le mandataire a fait autre chose que le *negotium gerendum*. Il est évident qu'il est alors sorti des limites de son mandat, qu'il ne peut être censé l'avoir accompli, même si l'affaire faite par lui pour son mandant était de beaucoup plus avantageuse à celui-ci, que le *negotium gerendum ;* c'est ce que dit Paul : « si mandavero tibi ut domum Seianam.... emeres, tuque emeris Titianam.... non videris implesse mandatum » (L. 5, § 2).

Mais ici il faut s'entendre, et ne pas confondre le cas où le mandataire a fait autre chose que l'affaire qu'il avait ordre de faire, avec celui où il a fait la chose mandée, mais autrement que ne le comportait le mandat. Aussi je demanderai : dans l'hypothèse ci-dessus le mandat sera-t-il censé exécuté ?

Paul (L. 46) répond à cette question par une distinction : toutes les fois que le mandat est certain, c'est-à-dire que, non-seulement le but proposé, mais encore le moyen d'arriver à ce but, est formellement déterminé, le mandataire ne peut pas, sans perdre son recours, s'écarter de la voie tracée. Au contraire, quand le mandat est incertain, c'est-à-dire quand il y a plusieurs moyens d'arriver au but sans qu'il y en ait un qui soit impérativement prescrit au mandataire, peu importe que celui-ci prenne telle ou telle voie : du moment qu'il arrive au but, le mandat est exécuté, et le mandant n'a pas à se plaindre.

Ainsi, je vous donne mandat de payer mon créancier. Quel est le but de ce mandat ? De me libérer envers mon créancier. Quels sont les moyens ? Il y en a dix pour un : prenez celui que vous voudrez, peu m'importe, pourvu que vous me libériez ! Ainsi, si, au lieu de compter les écus au créancier, vous vous êtes porté *expromissor*, ou bien vous avez fait novation, consigné la somme offerte, opposé une compensation, etc., je suis libéré : le mandat est accompli ; c'est la décision de Paul (L. 45, § 4).

Septième cas. — Le mandataire a fait l'affaire par un substitué qu'il n'avait pas pouvoir de mettre à sa place. Il est indiscutable qu'il a, alors, excédé les limites du mandat, et que ce qui a été ainsi fait ne peut obliger le mandant, ni décharger le mandataire de la responsabilité qu'il encourt en cas de non-exécution.

Mais il faut tempérer cette règle par la considération que souvent le pouvoir de se substituer quelqu'un pour la gestion de l'affaire est sous-entendu dans le mandat. Alors la seule question qui se pose est celle de savoir quand ce pouvoir doit être présumé accordé au mandataire ? Cela ne tient qu'à la nature de l'affaire. Si l'affaire est d'une nature telle que son exécution demande une certaine prudence, une certaine habileté, on ne doit pas présumer que le mandataire a le pouvoir de la gérer par un substitué : par exemple, je charge un avocat de plaider mon procès ; certes, s'il se substitue quelqu'un, il sera tenu envers moi pour inexécution du contrat de mandat. Si l'affaire, objet du mandat, est de telle nature que son exécution ne demande aucune habileté spéciale, qu'elle puisse se faire par toute personne, le mandant doit alors être présumé avoir accordé au mandataire le droit de se substituer quelqu'un pour l'exécution du mandat.

HUITIÈME CAS. — Le mandataire fait seul ce qu'il devait faire avec un autre, ou sur les conseils d'un autre; le mandataire excède ses pouvoirs et sera tenu envers le mandant pour n'avoir pas exécuté le mandat.

Ici peut se présenter une question délicate : si le mandant charge deux personnes de faire la même affaire, et qu'un seul d'eux gère, le mandat sera-t-il censé exécuté, ou non ? Je résous la question par la distinction suivante : l'affaire est-elle d'une grande importance, a-t-elle un objet dont la gestion exige beaucoup de prudence et de réflexion; on doit présumer que le mandant a voulu qu'elle ne puisse être gérée que par les deux mandataires conjointement; hors ce cas, un seul d'eux peut valablement gérer, et le mandant serait mal fondé à venir réclamer des dommages-intérêts pour inexécution du mandat, car il est censé avoir voulu que chacun des mandataires puisse gérer seul l'affaire qui fait l'objet du mandat.

DEUXIÈME OBLIGATION. — THÉORIE DES FAUTES.

Il serait superflu de développer ici un système général sur la théorie des fautes en droit romain ; mais il est bon de formuler le principe, vrai dans la plupart des cas, qui résume cette question des responsabilités en matière de contrats, pour voir dans quelle mesure il peut s'appliquer dans le contrat qui fait l'objet de cette étude.

En général, dans un contrat où toutes les parties sont intéressées, chacun des contractants est tenu, tantôt de la faute légère considérée *in abstracto*, tantôt, et le plus souvent, de la faute légère considérée *in concreto*. Si l'une des parties est seule intéressée, l'autre est simplement tenue d'agir sans dol ni faute lourde.

Le mandat, étant, le plus généralement, contracté dans l'intérêt exclusif du mandant, le mandataire, n'y ayant aucun intérêt, devrait, d'après la règle générale, n'être tenu que de la faute lourde assimilée au dol. Cependant, si on examine les textes qui traitent de cette question soit dans le Digeste soit dans le Code, on trouve qu'elle est résolue dans les sens les plus opposés.

Ulpien (L. 10 pr.) dit formellement : « nihil amplius quam bonam fidem præstare eum oportet, qui procurat, » ce qui n'est que l'application au mandat de la règle générale formulée plus haut. C'est aussi ce que confirme le texte de Modestin que M. Pellat a publié dans la *Collatio leg. mo-*

saïc. et rom. (tit. X, ch. 2, § 3) : « in mandati vero judicio, y est-il dit, dolus non etiam culpa deducitur. »

A l'encontre de ces textes on peut en citer d'autres, en plus grand nombre et tout aussi formels, où le mandataire est déclaré responsable de son fait et de la faute légère considérée *in abstracto* ; c'est ce que dit Paul dans la loi 9 : « De tuo etiam facto cavere debes » et, dans la loi 13 au Code, les empereurs Dioclétien et Maximien posent la même règle en ces termes : « A procuratore, dolum et omnem culpam.... præstandum esse, juris authoritate manifeste declaratur. »

Ce qui complique surtout la question, c'est la contradiction, au moins apparente, dans laquelle est tombé Ulpien qui, après avoir, dans la loi 10 précitée, rendu le mandataire responsable seulement de sa mauvaise gestion, de son dol, lui impute, dans d'autres textes, toute faute si légère qu'elle soit. Ainsi, dans la loi 8 § 10, il ne le décharge de sa responsabilité que s'il est exempt de toute faute, sans distinguer : « si dolus, non intervenit, nec culpa, non teneberis » et dans la loi 23, D., *R. J.* pose la règle : « accipiunt.... dolum et culpam, mandatum.... »

Quelle solution admettre en face de textes qui se contredisent d'une façon aussi flagrante ?

Plusieurs commentateurs ont essayé de concilier ces différents textes, et d'en tirer une doctrine générale.

Brunemann soutient que, dans les lois où le mandataire n'est déclaré responsable que de son dol (L. 8 § 10 et L. 10 pr.), il s'agit d'un mandat gratuit. Au contraire, les autres lois (L. 21 et L. 13, *Mandati* au Code; L. 9, Dig., *Mand.* et L, 23, D., *R. J.*) supposeraient, d'après lui, un mandat salarié, exigeant une certaine habileté professionnelle : la responsabilité alors est rigoureuse.

Pothier donne une autre explication de la loi 10. Ulpien suppose, dans cette loi, que le mandataire a été chargé d'acheter un fonds, que le mandant a été mis en possession de ce fonds par suite de l'accomplissement du mandat, et qu'il est ensuite évincé : le mandataire sera-t-il responsable de l'éviction? Non, répond le jurisconsulte, car il n'est tenu qu'à être de bonne foi. Or, ajoute Pothier, l'équité ou la bonne foi n'exige de lui qu'une chose : qu'il restitue au mandant ce qu'il a acquis par suite de l'accomplissement du mandat, dans l'espèce, qu'il mette le mandant en possession du fonds et qu'il lui transmette ses actions contre le vendeur. Mais c'est à tort qu'on voudrait conclure de là que le mandataire n'est pas tenu de sa faute : « car étant censé, en se chargeant de l'affaire, s'être engagé d'y apporter le soin qu'elle demandait, la bonne foi l'oblige à remplir son obligation, et apporter le soin qu'il s'est obligé d'apporter ; d'où il suit qu'il est tenu des fautes qu'il a commises, faute d'avoir apporté ce soin » (*Contrat de mandat*, n° 46).

D'autres proposent une autre solution. Il est inadmissible, disent-ils, qu'une contradiction aussi flagrante, comme celle qui existe entre la loi 10 pr. d'une part, et les lois 8, § 10, Dig., *Mand.* et 23, D., *R. J.* d'autre part, soit le fait d'un jurisconsulte comme Ulpien. Si la contradiction existait réellement, elle serait plutôt imputable à ces compilateurs, parfois peu scrupuleux, qui substituaient souvent aux opinions personnelles des grands jurisconsultes classiques, les idées prédominantes au temps de Justinien, et, oubliant de corriger certains textes, créaient d'étranges contradictions.

Je veux bien admettre qu'on puisse justifier de la sorte les deux textes d'Ulpien qui viennent d'être cités ; je veux bien aussi admettre l'explication très-ingénieuse que donne Pothier de la loi 10 ; je voudrais bien, enfin, reconnaître avec Brunemann que les textes précités supposent tantôt un mandat salarié, tantôt un mandat gratuit. Mais que faire du texte de Modestin qui défie toute tentative de conciliation ? Sur quoi pourrait-on se fonder à dire que ce texte suppose un mandat gratuit ou salarié ? Cela me paraît impossible. Ce texte est formel et ne donne lieu à aucune distinction !

Pour expliquer ces antinomies des textes, la méthode historique me sera d'une grande utilité. Au point de vue historique, il n'est pas difficile, en effet, d'expliquer que la façon d'entendre la responsabilité du mandataire se soit modifiée avec l'usage qu'on faisait de ce contrat.

A l'origine, le mandat était essentiellement gratuit et donné dans l'intérêt unique du mandant ; dès lors, il n'est pas étonnant qu'on ait usé tout d'abord, vis-à-vis du mandataire, d'une grande indulgence : c'est pourquoi on n'exige de lui que la bonne foi ; il n'est tenu que de son dol (L. 10 pr.; *Collat. leg. mos. et rom.*, X, 2, § 3).

Plus tard, lorsque ce mandat intervenait aussi bien dans l'intérêt du mandataire que dans celui du mandant, la question fut non pas de n'exiger de lui que la bonne foi, mais de lui demander compte aussi de sa *lata culpa*, et de cette faute seulement. En effet, disait-on, le mandataire gère l'affaire d'autrui ; c'est un ami auquel on nè doit pas trop demander : il ne faut pas qu'il soit victime de son obligeance. Est-ce qu'on exige autre chose d'un dépositaire ou d'un commodant? Et, en effet, les lois 61, § 5, Dig. *Furtis*, et 8, § 10, *Mand.*, décident que le mandataire répond seulement de son dol et de sa faute lourde, ce qui est dęcidé pour le dépositaire et pour le commodant par la loi 5, § 2, Dig., *Commodati*.

D'un autre côté on objectait, et avec raison, l'origine, pour ainsi dire, sacrée du mandat, « la honte ineffaçable qui rejaillissait sur celui qui, s'étant chargé d'un mandat, s'en était acquitté, non-seulement avec déloyauté, mais même avec négligence. » Et les paroles de Cicéron, *pro Roscio*

Amerino, venaient encore donner une nouvelle force à cette argumentation : « Cette faute, disait-il, est très-honteuse ; elle viole ce qu'il y a de plus sacré, l'amitié et la foi. Car on ne donne guère de mandat qu'à un ami, on n'accorde sa confiance qu'à celui que l'on croit fidèle...., celui qui viole cette fidélité brise le lien commun des hommes, et porte, autant qu'il est en lui, le désordre dans la société » (n° 38).

A ceux qui parlaient du dépôt et qui voulaient introduire, à ce sujet, entre ce contrat et le mandat, une analogie favorable à leur système, on leur répondait que cette analogie n'existait pas. En effet, l'esprit conçoit aisément une différence entre l'obligation toute passive du dépositaire, et l'obligation, très-active au contraire, du mandataire : il est tout naturel qu'on ne demande compte au premier que de son dol et de sa faute lourde, tandis que le second, s'engageant à gérer une affaire, doit agir par lui-même : ce qu'on réclame de lui, c'est une action intelligente et habile, et, s'il ne montre que son ignorance et son incapacité, qu'y a-t-il d'étonnant de lui voir appliquer des principes plus rigoureux ? à lui qui doit « *spondere diligentiam et industriam negotio parem.* »

C'est là la théorie qui, dès l'époque des jurisconsultes, tendait à être exclusivement admise ; c'est la règle posée plus tard par Ulpien dans les lois 1, § 12, Dig., *Depositi*, 23, D., *R. J.*, et 47, § 5, Dig., *Leg.* 1° et par Paul, dans la loi 9, Dig., *Mand.*

C'est là aussi la théorie que les empereurs Dioclétien et Maximien finirent par mettre hors de discussion, en posant, dans la loi 13 au Code *Mandati*, cette règle que le mandataire est tenu de *toute* faute : « A procuratore dolum et omnem culpam..... præstandum esse..... manifeste juris authoritate declaratur. » C'est, enfin, ainsi que Pothier a dit, qu'on pourrait reprocher au mandataire même sa *levissima culpa*.

Voilà quelle est, à mon avis, la seule explication que l'on puisse donner de cette antinomie. Je repousse toute conciliation des textes.

Il y a cependant une espèce particulière de mandataire, l'*agrimensor*, qui, bien qu'il recevait des honoraires, n'était tenu que de la faute lourde et du dol. Ulpien dit, en effet, dans la loi 1, § 1, Dig., *si mensor*... « Hæc actio dolum malum duntaxat exigit. » Cependant le géomètre, l'arpenteur, était certainement un mandataire, c'est ce que prouve un texte de Paul : « Si ego tibi, cum esses mensor, *mandaverim*, ut mensuram agri ageres. » (2, § 1, Dig., *si mensor*) et Ulpien (3, *ibid.*), en parlant de l'*agrimensor* dit : « Si duobus *mandavero*... » enfin dans la L. 4. pr. (*ibid*), Paul dit : « Hæc actio perpetua est : quia initium rei.... a *suscepto negotio* originem accepit. » Or, le mot *susceptum negotium* est l'expression technique pour désigner l'acceptation du mandat. Quoiqu'il y ait mandat, non-seulement la responsabilité de l'*agrimensor* est moindre que celle d'un mandataire ordinaire, mais encore il ne peut être poursuivi que par une action prétorienne, une *actio in factum*.

M. Clamagéran (*Louage d'industrie, Mandat*, etc.) donne de cette anomalie deux raisons excellentes : 1° L'*agrimensor* jouait un rôle très-élevé dans l'organisation primitive de la société romaine ; il était en quelque sorte le prêtre de la propriété foncière, sa personne avait quelque chose de sacerdotal ; il remplissait une sorte de fonction publique ; il s'imposait aux citoyens comme un magistrat, comme un pontife. Dès lors on conçoit que l'ancien droit civil n'ait pas voulu le confondre parmi les mandataires, qui ne tiennent leur pouvoir que de simples particuliers, et ait refusé toute action contre lui. Plus tard, l'importance du personnage diminue, le préteur le soumet à une action *in factum* ; mais il le fait avec une prudente réserve, selon son habitude, et il limite sa responsabilité au cas de dol. Telle est la raison historique, donnée par M. Clamageran, pour justifier cette contradiction. 2° Voici maintenant la considération rationnelle : l'arpentage est une opération très-délicate, où les erreurs involontaires sont faciles ; en outre, c'est une opération d'une immense utilité pour l'ordre public et le bien-être général. Il était donc juste de ne pas imputer à l'*agrimensor* une simple faute, et de le mettre, pour ainsi dire, plus à l'aise dans l'exercice de sa profession.

Il était encore d'autres cas où l'équité prescrivait à la lourde responsabilité du mandataire, des tempéraments nécessaires.

Sans doute, le mandataire qui s'est offert spontanément au mandat, devançant les désirs, les besoins du mandant, doit porter de ses actes une responsabilité pleine et entière. Incapable, il paiera son incapacité ; impuissant, malgré son désir de bien faire, il sera puni de son impuissance. Il l'a voulu ; ce n'est que justice ! Mais, si en offrant ses services, il a avisé le mandant de son défaut d'aptitude et ne lui a rien caché de ces incapacités, on comprend que sa responsabilité soit réduite dans une juste limite ; elle sera réduite aussi et à plus forte raison, s'il n'a accepté le mandat que sur les instantes sollicitations du mandant. Le cas échéant, le juge qui se trouve en présence d'un contrat de bonne foi, pourra toujours apprécier *ex æquo et bono* la mesure dans laquelle doit être atténuée la responsabilité du mandataire.

Les principes que je viens de poser sur la responsabilité du mandataire, n'avaient rien d'inflexible dans leur application ; les parties ellesmêmes, en réglant les conventions du contrat, pouvaient mitiger comme bon leur semblait, cette responsabilité que la loi ne règle qu'à défaut de conventions contraires : « Hoc servabitur quod initio convenit ; legem enim contractus dedit », dit Ulpien (L. 23, D., *R. J.*). Donc, elles peuvent convenir que le mandataire n'aura à répondre que de la faute légère considérée *in concreto*, ou même de la faute lourde seulement. Mais, en aucun cas, il ne peut être valablement dit que le mandataire sera irresponsable de son dol : « Excepto eo, quod Celsus putat, non valere si convenerit ne dolus præstetur ; hoc enim bonæ fidei judicio contrarium est », dit Ulpien (*eod.*). La faute, en effet, ne fait péricliter que l'intérêt particulier du mandant ; mais une manœuvre dolosive peut jeter dans la société même une certaine perturbation, qu'elle doit, sinon punir, du moins ne jamais approuver ni sanctionner.

On peut citer encore comme étant de nature à mériter quelque indulgence au mandataire, l'étendue ou la difficulté des affaires qui lui ont été confiées, et la circonstance qu'il a été pressé par le mandant d'accepter sa procuration, pour ainsi dire à son corps défendant (28, Dig., *Neg., gest.*).

Le mandataire peut être responsable tant d'un acte de mauvaise gestion, que d'une inaction blâmable. En d'autres termes, il est tenu et de la *culpa in committendo* et de la *culpa in omittendo*. C'est la règle en matière de contrats de bonne foi, et il n'y a point été dérogé pour le contrat de mandat.

Les cas fortuits ou de force majeure ne sont point à la charge du mandataire, mais il peut, lors de la conclusion du contrat, en assurer expressément la responsabilité ; c'est ce que décide Nératius dans la L. 39 (h. t.) en s'appuyant sur Ariston et Celsus qu'il cite.

TROISIÈME OBLIGATION. — RENDRE COMPTE

Le mandataire, agissant pour le mandant, doit le faire bénéficier de tout le profit, et se faire dédommager de tout le préjudice qui peut résulter des opérations de sa gestion. C'est là le principe d'équité que formule le jurisconsulte Paul, dans la loi 20 pr. : « Ex mandato, apud eum, qui mandatum suscepit, nihil remanere oportet, sicuti nec damnum pati debet. » C'est là l'origine de son obligation de rendre compte de sa gestion ; elle est une conséquence du principe de la gratuité du mandat : « Quia bonæ fidei hoc congruit, ne de alieno lucrum sentiat » (L. 10, § 3, Ulp.).

Ainsi il devra restituer intégralement tout ce qu'il a acquis par le fait de l'exécution du mandat ; et même la règle ainsi posée est incomplète, car le mandataire doit compte, non-seulement de tout ce qu'il a acquis, mais même de tout ce qu'il aurait dû acquérir. Il n'est pas tenu uniquement à restitution, il est encore contraint à réparation, passible de dommages-intérêts, pour ce qui, par son dol ou sa faute, n'a pas été acquis par lui pour le mandant.

Il doit donc rendre un compte exact et complet de sa gestion, et restituer au mandant tout ce qui en provient. Sous le bénéfice de l'observation que je viens de faire, je vais étudier en détail ce compte qu'il doit rendre tour à tour, quant aux corps certains, quant aux actions ou créances, quant aux sommes d'argent et quant aux fruits et intérêts de ces choses.

a. Corps certains et leurs fruits. — S'il a acquis des corps certains, il les restituera tels qu'ils se comportent au jour de la reddition des comptes, sauf à réparer de ses deniers les détériorations qu'ils auraient subies par sa faute depuis leur acquisition. C'est ce que dit Ulpien (L. 8, § 10) : « Si tibi mandavi, ut hominem emeres, tuque emisti, teneberis mihi, ut restituas », mais, en achetant l'esclave, comme le mandataire a agi en son nom, c'est lui qui en est devenu propriétaire ; alors son obligation de restituer se résout en une obligation de faire au mandant tradition de l'esclave acheté.

Pour l'application de cette obligation, il importe peu que l'acquisition ait eu lieu des deniers du mandant, ou de ceux du mandataire : mais, dans ce dernier cas, le mandataire aura l'action contraire pour se faire indemniser de son avance, et il peut retenir la chose jusqu'à parfait paiement, il la retiendra *veluti quodam jure pignoris*, dit Pothier.

L'obligation où est le mandataire de restituer tout ce qui lui revient de l'exécution du mandat, s'étend aussi aux choses qu'il aurait dû acquérir, mais que, par son dol ou sa faute, il n'a pas acquises ou qu'il a cessé de posséder : « Sed et si dolo emere neglexisti, ...aut si lata culpa, ...teneberis » (L. 8, § 10). Mais il ne sera pas tenu de restituer les choses qu'il aura cessé de posséder sans sa faute, comme le dit très-clairement Ulpien : « Si servus, quem emisti, fugit, ...si dolus non intervenit, nec culpa, non teneberis » (L. 8, § 10).

Le mandataire est naturellement exempt de toute faute, s'il a cessé de posséder du consentement de son mandant ; c'est un principe que Julien suppose indiscutable dans la loi 30, *Mand.* Mais, dans cette loi, le jurisconsulte se demande si ce consentement existe, « si hominem tibi dedero, ut eum manumitteres, et postea procurator meus prohibuerit, ne manumitteres,» et il répond à cette question par la distinction suivante : « si procurator justam causam habuit interpellandi manumissionem servi, ...tenebor, » et il indique comme justes causes qui peuvent empêcher l'affranchissement, si, par exemple, il y a des faux dans les comptes de l'esclave ou bien si l'esclave a attenté à la vie de son ancien maître ; mais que si la défense d'affranchir n'a pas eu de juste cause, le mandataire qui n'y a pas obtempéré, ne pourra être condamné pour avoir affranchi. Au contraire, dans ce dernier cas, il sera responsable s'il n'avait pas affranchi, car il n'aurait pas exécuté le mandat.

Avec la chose même, le mandataire doit en rendre les fruits : « Si ex fundo, quem mihi emit procurator, fructus consecutus est, hoc quoque officio judicis præstare eum oportet » (L. 10, § 2) ; car, s'il les retenait, il réaliserait un gain, ce qu'il ne doit pas faire. Mais comme, à l'inverse, il ne doit rien perdre au mandat, il pourra répéter les impenses faites pour arriver à la perception des fruits : « Sicuti fructus cogitur restituere is, qui procurat, ita sumptum, quem in fructus percipiendos fecit, deducere eum oportet, » dit Labéon cité par Ulpien dans la loi 10 § 9, *Mand.* Le mandataire pourra néanmoins garder pour lui les fruits provenant du mandat dans un seul cas : c'est quand il a été convenu que ces fruits lui resteraient à titre d'honoraires.

b. Actions et créances. — Le mandataire agissant en son nom, les créances qu'il acquiert en vertu du mandat naissent sur sa tête ; à lui seul appartiennent les actions qui les garantissent : mais, comme il agit pour le compte d'autrui, il faut, en définitive, que le bénéfice de ces actions revienne au mandant. On arrive à ce résultat au moyen de l'action directe par laquelle le mandataire est contraint de céder au mandant les créances et actions par lui acquises en vertu du mandat. Cette cession ne pouvait se faire en droit romain, que par deux voies détournées : la première, c'est au moyen d'une novation ; ce fut longtemps à Rome l'unique moyen de céder, sinon le droit, du moins les bénéfices des créances. Mais une condition, souvent difficile à réaliser, pour opérer novation, était d'obtenir l'adhésion du débiteur et son intervention directe ; car la novation s'opérait quand le cessionnaire stipulait du débiteur, par ordre du créancier primitif. C'est pour tourner cet obstacle qu'on imagina la seconde voie qui est justement ce mandat *sui generis* dans lequel le mandataire exerce les droits du mandant dans son propre intérêt ; ce mandataire *sui generis* est dispensé de l'obligation de rendre compte, et c'est pour cela qu'il est appelé *procurator in rem suam*. Je parlerai de ce genre de mandat dans un chapitre spécial sur les diverses applications du mandat.

Le mandataire est tenu de tous les dommages-intérêts qui peuvent résulter pour le mandant, de ce que, par sa faute ou son dol, par négligence ou impéritie, il se sera mis dans l'impossibilité de céder les actions qu'il avait acquises en vertu du mandat.

c. *Sommes d'argent et intérêts.*— Le mandataire doit restituer toutes les sommes qu'il a touchées, et le montant de celles qu'il aurait dû toucher en vertu du mandat.

Il ne peut se prévaloir de ce qu'il a fourni lui-même les deniers qui lui reviennent à raison de l'exécution du mandat, pour se dispenser d'en faire la restitution. La loi 10, § 6, fait l'application de cette règle à une mère qui a doté sa fille, et sur le mandat de celle-ci, stipulé du mari la restitution de la dot. Enfin ces restitutions dont est tenu le mandataire embrassent tout ce qu'il a pu acquérir non-seulement avant l'exercice de l'action *mandati directa*, mais encore depuis la *litiscontestatio* intervenue sur cette action.

En ce qui concerne les intérêts, la théorie romaine repose sur une idée, qui domine, du reste, toute l'obligation de rendre compte, à savoir que le mandataire ne doit pas « de alieno lucrum sentiat » (L. 10, § 3). Il devra donc les intérêts, toutes les fois que, sans cela, il réaliserait un bénéfice avec l'argent du mandant, ou qu'il lui ferait subir une perte ; c'est ce qui arrive dans les quatre cas suivants :

1° Le mandataire reçoit des sommes d'argent *ex gestu* et les garde en caisse ; il doit les intérêts *ex mora* : c'est de ce jour que le mandant est censé avoir besoin de son capital, et le retard est pour lui une perte, dont le mandataire doit le rendre indemne. Telle est la décision d'Ulpien : « Si procurator meus pecuniam meam habeat, ex mora utique usuras mihi pendet » (L. 10, § 3).

2° Au lieu de garder l'argent en caisse, le mandataire l'a placé et en perçoit les intérêts : il doit compte au mandant de ces intérêts ; autrement il ferait un bénéfice, et le mandat cesserait d'être gratuit (L. 10, § 3). Cependant il en pourrait être autrement d'après Ulpien qui cite Labéon, si, dans cette dernière hypothèse, le mandataire avait prêté à ses risques et périls (L. 10, § 8); alors c'est lui qui touchera les intérêts ; car c'est lui qui court le danger, il doit donc en retirer le profit selon le principe fondamental de la matière : « Cujus est periculum damni, ejus quoque lucrum esse debet. »

M. Troplong (*Mand.*, n° 417) critique cette dernière décision d'Ulpien. Le mandataire, dit-il, viole en ce cas son mandat : il est en faute, comment pourrait-il arguer de sa faute pour se créer un avantage ?

Il me semble qu'Ulpien n'avait pas à se préoccuper de la faute du mandataire ; il s'agissait uniquement de l'attribution des intérêts, il ne devait donc que s'inquiéter de ce fait : Qui a couru le risque ? Sans se préoccuper de celui-ci : Comment le risque a-t-il été couru ? Est-ce en observant ou en violant le mandat ? Or, ici c'est le mandataire qui a couru le risque, c'est donc à lui qu'appartiennent les profits. Mais alors surgit une autre question : le mandataire a violé son mandat ; c'est une question de responsabilité et non plus d'attribution d'intérêts. S'il a violé son mandat, il sera tenu de dommages-intérêts vis-à-vis du mandant. On voit qu'Ulpien a pour lui les principes. C'est aussi la solution que donne Paul en matière de contrat de société (L. 67, § 1, Dig., *Pro Socio*).

Les fruits et les intérêts que le mandant acquiert ainsi, même sans l'avoir prévu, je dirais plus, après avoir donné un ordre contraire, devront à plus forte raison, tourner à son profit, si leur acquisition est la conséquence prévue de son mandat. Ainsi le mandataire lui devra les intérêts de la somme que le mandat l'obligeait à placer à intérêts. Il lui devra non-seulement ceux qu'il a reçus, mais ceux qu'il n'a pas eus par sa faute ou sa négligence.

3° Si le mandataire, au lieu de faire valoir l'argent du mandant, l'a employé à son propre usage, il est incontestable qu'il en devra les intérêts. Mais à quel taux seront-ils dus ?

Ulpien (L. 10, § 3) dit : « In usuras convenietur, quæ legitimo modo in regionibus frequentantur. » D'une autre part Tryphoninus dans la loi 38, Dig., *Neg. gest.*, décide que celui qui, gérant l'affaire d'autrui, emploie à son usage l'argent du maître, en doit les intérêts au taux le plus élevé, *vice cujusdam pœnæ*. Laquelle suivre de ces deux lois ?

Pacius distingue : dans la première, il s'agit d'un mandataire ; dans la seconde d'un homme qui gère sans mandat ; de là la différence. Il faut avouer que cette différence serait singulière ; car s'il y a abus de confiance, c'est beaucoup plutôt chez le mandataire, homme de choix, que chez le gérant d'affaires qui, pour le maître, est le premier venu.

Cujas s'appuyant sur la loi 1 pr., Dig., *Usuris*, fait remarquer que les mots *quæ legitimo modo...* insérés à la fin du § 3 de la loi 10, ont dû être déplacés et se rapportent en effet à la première hypothèse que j'ai indiquée, c'est-à-dire au cas où le débiteur est en demeure. Grâce à cette transposition, l'harmonie existe entre les deux textes.

4° Le mandataire doit encore au mandant tous

les intérêts qu'auraient dû produire les sommes provenant *ex gestu*, qu'il a gardées improductives par devers lui, ou avec lesquelles il aurait dû éteindre, jusqu'à due concurrence, une dette produisant intérêts contre son mandant, et qu'il était chargé de payer. C'est ce que décide Ulpien pour le cas où l'emploi de la somme aura été fixé par le mandat, dans la loi 12, § 10, *Mand.* : « Dedi tibi pecuniam, ut creditori meo exsolvas, non fecisti : præstabis mihi usuras : quo casu et a me creditor pecuniam cum usuris recepturus sit ; et ita imperator Severus Hadriano Demonstrati rescripsit. » Il en serait de même si l'emploi à donner aux capitaux n'était que tacitement convenu. La loi 13, § 1, Dig., *Usuris*, fait allusion à cette convention tacite. Scævola dit, dans cette loi, que le mandataire ne serait pas blâmable ni responsable d'avoir laissé oisif l'argent du mandant, dans le cas où celui-ci avait pour habitude de ne pas faire produire son argent. Au contraire, le mandataire devra tous intérêts des sommes qu'il a *ex gestu* entre ses mains, au cas où le mandant avait pour habitude de placer ses capitaux à intérêts.

Je crois utile de remarquer enfin, que le mandataire peut être tenu des intérêts des intérêts ; cela arrivera quand il aura employé à son usage les intérêts qu'il a touchés en exécution du mandat ; ces intérêts forment désormais un capital dont il doit tenir compte des intérêts, telle est la doctrine de Papinien cité par Ulpien : « Denique Papinianus ait, etiam si usuras exegerit procurator, et in usus suos convertit, usuras eum præstare debere » (L. 10, § 3, *in fine*).

§ 2. — Action *Mandati directa*.

L'action *mandati directa* est l'unique voie de recours qu'a le mandant pour obtenir l'exécution des diverses obligations du mandataire, ou, en cas d'inexécution, des dommages-intérêts.

Les principaux caractères de l'action *mandati directa* sont : elle est de bonne foi, conçue *in jus*, transmissible aux héritiers du mandant et contre ceux du mandataire, elle est perpétuelle et enfin elle est infamante.

C'est une action conçue *in jus*, c'est-à-dire une action dont l'*intentio* soulève une question de pur droit civil. Dans un seul cas elle est conçue *in factum* ; c'est le cas de l'*agrimensor* et j'ai montré ailleurs pourquoi il en était ainsi.

L'action *mandati directa* est de bonne foi, c'est-à-dire que la rigueur du droit est tempérée par l'introduction, dans la formule, de la mention *ex bona fide*, qui permet au juge de prendre en considération la bonne foi et l'équité. C'est ce qui fait que la formule n'a pas besoin de contenir l'exception de dol, le juge devant la suppléer si cela est nécessaire (84, § 5, Dig., *Legat.*). De même, à défaut de convention, l'usage devra être consulté par le juge (31, § 20, Dig., *Ædil. edict.*).

Cette action est perpétuelle et transmissible aux héritiers. Est perpétuelle, même l'action *in factum* donnée contre l'*agrimensor*, car elle est persécutoire de la chose et non contraire aux principes du droit civil ; telle est, en effet, la règle que pose Cassius cité par Paul : « In honorariis actionibus sic esse definiendum Cassius ait, ut quæ rei persecutionem habeant, hæc etiam post annum darentur » (L. 35, *Obl. et Act.*).

C'est au mandant, maître ou non de l'affaire, qu'est donnée l'action. Ainsi, elle pourra appartenir, dans certains cas, soit à un mandataire, soit à un gérant d'affaires, par exemple : « Si quis mandaverit alicui gerenda negotia ejus, qui ipse sibi mandaverat » (L. 8, § 3). Ulpien décide qu'il aura l'action de mandat : pourquoi? « Quia et ipse tenetur, » répond le jurisconsulte, tel est son intérêt, sa raison d'agir. Pour le cas où le mandant n'est qu'un gérant d'affaires, Javolenus (28, *Neg. Gest.*) pose l'hypothèse suivante : « Si quis mandatu Titii negotia Seii gessit, mandati tenetur. » Il sera condamné selon l'intérêt qu'avait le mandant à l'exécution du mandat; or, ici, cet intérêt paraît nul; c'est pourquoi Javolenus examine tour à tour quel est l'intérêt du mandant à l'affaire, avant et après l'exécution du mandat; à la question, quel sera le montant de la condamnation? il répond : « quanto Seii interest » et ensuite il pose en termes très-clairs l'étendue de l'intérêt de Titius : « Titii autem interest, dit-il, quantum is Seio præstare debet ». Mais, à raison même des principes de la gestion d'affaires, l'action *mandati directa* ne peut naître au profit du gérant que si le mandataire a commencé à accomplir le mandat ou s'il avait lui-même, dès le principe, entrepris la gestion. Enfin, il faut remarquer, avec Javolenus, que Titius peut agir contre le mandataire, avant d'avoir lui-même aucun compte à rendre à Séius : « Quia id ei abesse videtur, in quo obligatus est. »

L'action *mandati directa* est donnée contre le mandataire en personne, s'il est *sui juris*. Si c'est un esclave d'autrui, ou un fils de famille, elle sera dirigée contre le maître ou le père. Ici interviennent les distinctions ordinaires : si c'est sur l'ordre du père ou du maître que le mandat a été accepté, il y a lieu à l'action *quod jussu;* est-ce sans ordre, le père ou le maître n'est responsable que jusqu'à concurrence du profit qu'il a retiré du mandat, il y a lieu alors à l'action *de in rem verso*, ou bien à l'action *de peculio*, et même, le plus souvent, à toutes les deux à la fois. Mais Paul (L. 61) fait remarquer que si l'incapable a accompli le mandat après son affranchissement ou son émancipation, l'action pourra alors être dirigée contre lui-même.

S'il y a plusieurs mandataires commis à la même gestion, chacun d'eux est tenu *in solidum* de l'action *mandati directa*, comme le dit Scævola au livre 1er de ses *Responsa* : « Duobus qui mandavit negotiorum administrationem : quæsitum est, an unusquisque mandati judicio in solidum teneatur? Respondi, unumquemque pro solido conveniri debere : dummodo ab utroque non amplius debito exigatur (L. 60, § 2).

De ce texte, les anciens Docteurs avaient conclu qu'il y avait solidarité entre les mandataires et ils se demandaient si la Nov. 99 devait s'appliquer à cette hypothèse, c'est-à-dire si cette solidarité entre comandataires a ou n'a plus, après cette Novelle, besoin d'être exprimée? Accurse soutenait que la Novelle ne distinguait pas et il l'appliquait, en conséquence, à toute solidarité.

Pothier, au contraire, décidait que cette solidarité n'a pas été abrogée par la Novelle: « en effet, dit-il, la Novelle ne s'étend pas aux solidités qui se forment par la nature même de l'engagement, telle qu'est celle de deux mandataires qu'on a chargés de la gestion d'une ou plusieurs affaires. Cette gestion n'ayant point été partagée entre eux, et chacun d'eux s'étant chargé de cette gestion pour le total, il est de la nature de leur engagement qu'ils en soient chargés chacun pour le total et, par conséquent, solidairement. (*Traité du mandat*, n° 63.)

Je crois mieux fondée l'opinion qu'émet à ce sujet M. Mayntz. « On dit communément que plusieurs mandataires sont solidairement responsables; mais les passages sur lesquels cette opinion injustifiable essaye de s'appuyer, disent tout simplement que plusieurs mandataires peuvent être poursuivis chacun *in solidum*, à cause de l'indivisibilité de leur obligation. Et la fin même du texte de Scævola (L. 60, § 2) prouve clairement qu'il ne s'agit pas là d'une obligation corréale (car, dans cette hypothèse, la restriction *dummodo ab utroque non amplius exigatur* serait vraiment niaise), mais qu'il s'y agit d'un de ces cas d'obligation indivisible dont il est question à la loi 85, § 5, Dig., *Obl. et Act.* (*Cours de droit romain*, § 3, tome II, § 306, 4°, texte et note 11, p. 234 de la 3e édition). Une double conséquence à tirer de là, c'est que : 1° la poursuite intentée contre l'un des mandataires ne libère pas les autres ; 2° les comandataires sont toujours traités comme s'il y avait société entre eux.

Un dernier caractère de l'action *mandati directa*, c'est qu'elle entraîne pour le mandataire condamné, la note d'infamie; c'est pourquoi Constantin dit : « In re mandata non pecuniæ solum, verum etiam existimationis periculum est » (L. 21, C.). Ce caractère remarquable de l'action directe de mandat tient aux considérations morales qui avaient déjà inspiré aux législateurs romains des mesures d'une singulière rigueur sur la responsabilité du mandataire, mesures qui n'étaient que la conséquence du caractère religieux qui dominait, aux premiers temps, dans le contrat de mandat. Le mandataire infidèle était à leurs yeux un parjure de l'amitié et de la bonne foi, et il était de toute justice que ses erreurs fussent sévèrement punies.

Contrairement à ce que décide Doneau sur la loi 21 C. précitée, je crois que l'infamie n'était pas encourue seulement au cas de dol de la part du mandataire; le caractère religieux imprimé au mandat entraînait nécessairement l'infamie contre qui le violait soit par sa mauvaise foi, soit par impéritie. « *Grave est fidem fallere,* » disaient les jurisconsultes; or, est-ce que la foi est plus trompée par un mandataire infidèle que par un fanfaron qui se charge d'une gestion dont il est incapable?

Ce n'est que par un argument tiré, non pas de la matière même du mandat, mais d'une matière qui y touche, la tutelle, que Doneau établit sa théorie. En effet, les *Institutes* au §6, *de Suspec. Tutor.*, disent : « Suspectus remotus, si quidem ob dolum, infamis est ; si ob culpam, non æque. » Il peut être très-vrai que le tuteur n'encoure l'infamie que s'il est révoqué pour dol, et ne pas être vrai pour le mandataire ; outre les motifs de morale que j'indiquais plus haut, ce qui me le ferait croire, c'est que Doneau et ses partisans sont obligés de poser le même règle pour l'action contraire que pour l'action directe : d'après eux, dans les deux actions il faut distinguer si le mandataire, ou le mandant, est coupable, ou non, de dol : s'il l'est, il sera *famosus;* il n'encourra pas d'infamie s'il n'est condamné que pour sa faute. Or, il est certain qu'une différence très-grande existe, à ce point de vue, entre les deux cas ; c'est ce que je démontrerai bientôt en examinant l'action *mandati contraria* (infrà).

Le mandataire échappera toujours à l'infamie, même s'il y a eu dol de sa part, si une transaction intervient entre lui et le mandant. C'est une application de la règle générale sur cette matière, que Paul formule en ces termes : « In actionibus, quæ ex contractu proficiscuntur, licet famosæ sint, et damnati notantur, attamen pactus non notatur.» (L, 7, Dig. 3, 2.)

DEUXIÈME PARTIE

DES OBLIGATIONS DU MANDANT ET DE L'ACTION *MANDATI CONTRARIA*

De la nature même du mandat, et de son caractère de contrat synallagmatique imparfait, il résulte que le mandant n'est tenu envers son mandataire d'aucune obligation essentielle, nécessaire ; c'est ce qui arrive lorsque le mandataire ne dépense rien et ne souffre aucune perte à l'occasion de l'exécution du mandat, car de même que « *nihil apud eum (procurator) remanere oportet,*» de même aussi *nec damnum pati debet,* ce qui veut dire que le mandataire ne doit pas s'enrichir ni s'appauvrir par l'exécution du mandat. Donc toutes les fois qu'il se trouvera appauvri à cause de cette exécution, il devra être dédommagé par le mandant ;

mais il est bien entendu qu'il ne s'agit là que des appauvrissements, des pertes matérielles, pouvant s'évaluer en argent et non des peines, préoccupations, pertes de temps, pour lesquelles aucun dédommagement n'est dû, en principe, au mandataire. Cette obligation a, pour moyen de contrainte ou voie de recours, l'action *mandati contraria* d'une part, et d'autre part, pour exiger le paiement du salaire promis, le préteur lui donne une *persécution extraordinaire.*

OBLIGATIONS DU MANDANT

Pour que le mandant soit obligé de rembourser le mandataire, il ne suffit pas qu'il y ait perte pour celui-ci, causée par l'accomplissement du mandat ; il faut encore que la perte ne provienne ni de son fait, ni de sa faute. Il n'aura droit à une indemnité que s'il a été aussi diligent, aussi irréprochable que l'exige sa responsabilité dont j'ai apprécié ailleurs l'étendue.

Le mandant est tenu de l'obligation unique de *rendre le mandataire indemne* des suites de sa gestion. En examinant de près cette obligation, on trouve qu'elle se décompose ainsi : 1° obligation de rembourser le mandataire des dépenses et pertes que lui a causées l'exécution du mandat ; 2° obligation de l'indemniser et de le relever de toutes les obligations qu'il a contractées envers les tiers pour la bonne gestion de l'affaire.

I. *Obligation de rembourser au mandataire ses dépenses et pertes résultant de l'exécution du mandat.*

Pour sortir complétement indemne de l'exécution du mandat, le mandataire doit, avant tout, être remboursé de tous les frais, de toutes les avances qu'il a faites à l'occasion de cette exécution et dans l'intérêt du mandant. Aussi le mandant doit-il compte au mandataire de tous ses déboursés, par exemple de l'argent qu'il a employé pour acheter une certaine chose et pour la conserver : « Si mihi mandaveris, ut rem tibi aliquam emerem, egoque emero meo pretio, habebo mandati actionem de pretio reciperando » (L. 12, § 9). Le mandataire se fera rembourser, même au cas où il a payé le prix avec les deniers du mandant, s'il a fait de ses propres deniers des dépenses accessoires (L. 12, § 9). Il en sera de même toutes les fois que le mandataire aura fait des dépenses, comme le dit Ulpien : « simili modo, et si quid aliud mandaveris, et in id sumptum fecero » (L. 12, § 9).

Le mandataire devra être remboursé des sommes que, sur l'ordre du mandant, il aura prêtées à un tiers. Il est vrai que dans ce cas il aura contre l'emprunteur la *condictio ex mutuo*, mais il n'en aura pas moins l'action *mandati contraria* contre le mandant, et il cumulera les deux actions : « Tam condictio adversus eum qui a te mutuam sumpsit pecuniam, quam adversus eum cujus mandatum secutus es, mandati actio tibi competit. » (L. 7, C.) Ce qui lui procure l'avantage d'avoir deux débiteurs au lieu d'un et c'est là une ressource précieuse au cas où le tiers emprunteur est insolvable; car alors le mandataire serait quitte envers le mandant en lui cédant sa *condictio ex mutuo* (L. 1, § 14, Dig., *Tutel. et Ration.*).

Il n'est pas toujours nécessaire que le mandataire ait matériellement effectué le déboursé ; il sera censé faire des impenses, être en perte, même au cas où il délègue son débiteur pour la somme. Un fidéjusseur, mandataire du *reus*, délègue au créancier son débiteur de somme égale à celle dont il a garanti le paiement : il aura recours contre le débiteur principal, même si le débiteur délégué est insolvable, car la délégation en droit romain emporte novation et équivaut à un paiement en espèces : « Bonum nomen facit creditor qui admittit debitorem delegatum » (L. 26, § 2).

Le mandataire a le droit de répéter contre le mandant, non-seulement les sommes qu'il a déboursées lui-même, mais encore celles qu'un autre aurait payées en son nom, soit à titre de gérant d'affaires, soit à titre de mandataire; car alors le mandataire est tenu envers celui qui a déboursé pour lui, envers le *solvens*. Il se trouve donc en perte de cette somme ; en effet : « id ei abesse videtur, in quo obligatus est. » (L. 28, Dig., *Neg. gest.*) C'est ce que suppose aussi Celsus dans la loi 50 pr. : « Si is, qui negotia fidejussoris gerebat, ita solvit stipulatori, ut reum fidejussoremque liberaret, idque utiliter fecit, negotiorum gestorum actione fidejussorem habet obligatum : nec refert, ratum habuit necne fidejussor, etiam antequam solveret procuratori pecuniam, simul ac ratum habuisset, haberet tamen mandati actionem ». Cette décision n'est qu'une application du principe de la loi 28, Dig., *Neg. gest.*, que je citais tout à l'heure.

Si la personne qui a déboursé n'est pas un gérant d'affaires du mandataire, ni son propre mandataire, mais un tiers officieux qui fait l'avance, dans l'intention de gratifier le mandataire d'une libéralité, celui-ci pourra-t-il se faire rembourser cette avance ?

Il y a deux raisons de douter : 1° le mandataire n'a fait aucun déboursé, il n'a rien perdu à l'occasion de l'exécution du mandat ; 2° la loi 12 pr. refuse positivement, dans ce cas, au mandataire, l'action contraire de mandat : « Si vero non remunerandi causa, sed principaliter donando, fidejussori remisit actionem, mandati eum non acturum ». Cependant il est incontestable que le recours aura lieu ; c'est ce que décide Ulpien : « Marcellus fatetur, si quis donaturus fidejussori, pro eo solverit creditori, habere fidejussorem mandati actionem » (L. 12, § 1), et Paul : « Si is qui fidejussori donare vult, creditorem ejus habeat debitorem suum, eumque liberaverit, continuo aget fidejussor mandati » (L. 26, § 3). Et ces deux lois ne sont pas en contradiction avec la loi 12 pr., car les espèces ne sont pas les mêmes.

Dans l'espèce de la loi 12, § 1, il intervient un paiement; dans celle de la loi 26, § 3, une libération; mais qu'importe? « quatenus nihil intersit utrum nummos solverit creditori, an eum liberaverit, » dit Paul (L. 26, § 3). Paiement ou libération, qui est-ce qui les fait en réalité? C'est le fidéjusseur. Les choses se passent absolument comme si le tiers eût d'abord donné l'argent au fidéjusseur et que celui-ci s'en fût servi pour payer le créancier : donc il peut recourir; sinon, où serait la donation? C'est au *reus* qu'elle profiterait! Dans l'espèce de la loi 12 pr., au contraire, la donation ne se présente plus de la même façon; elle n'a pour objet que la remise du cautionnement, la décharge du fidéjusseur, et rien de plus. C'est pourquoi Ulpien lui refuse tout recours contre le mandant!

Mais, dans l'hypothèse de la remise du cautionnement par le créancier, si, au lieu de la supposer faite gratuitement, elle était faite à titre onéreux, le fidéjusseur pourrait certainement agir, car ce n'est là qu'une avance faite au mandant par le mandataire, comme l'explique très-bien Pomponius : « Julianus ait, si fidejussori uxor doti promiserit, quod ei ex causa fidejussoria debebat, nuptiis secutis, confestim mandati adversus debitorem agere eum posse : quia intelligitur abesse ei pecunia, eo quod onera matrimonii sustineret » (L. 47 pr.). Si, au contraire, la remise du cautionnement a lieu à titre gratuit, *animo donandi*, le mandataire n'aura aucun recours contre le mandant, à moins, dit Ulpien, que la donation du créancier n'ait été faite à titre rémunératoire, auquel cas le mandataire, s'il ne pouvait exercer l'action contraire de mandat, perdrait la rémunération sur laquelle il avait le droit de compter. C'est là la règle qu'il pose dans la loi 10, § 13 : « Si fidejussori donationis causâ acceptum factum est a creditore, puto si fidejussorem remunerare voluit creditor, habere eum mandati actionem. Multo magis si mortis causâ acceptum tulisset creditor, vel si ei liberationem legavit ». La raison de décider dans ces diverses lois, c'est que, quand la remise se fait par une donation pure, le fidéjusseur n'a rien déboursé, rien perdu, et « præterea sciendum est non plus fidejussorem consequi debere mandati judicio, quam solverit » (L. 26, § 4); donc s'il n'a rien déboursé, il ne pourra rien répéter; tandis que, dans l'hypothèse de la loi 10, § 13, le fidéjusseur aura son recours contre le débiteur, parce que, sans la compensation qui s'est opérée par la volonté du créancier, voici ce qui serait arrivé : le créancier aurait payé au fidéjusseur ce qu'il lui devait à titre d'honoraires, pour le rémunérer, et celui-ci lui aurait immédiatement rendu cette somme en paiement de la créance pour laquelle il s'est porté fidéjusseur. La compensation évite ces allées et venues de l'argent, mais la réalité subsiste. Le fidéjusseur a fait un déboursé, il pourra agir.

Lorsque la libération s'est faite par donation *mortis causâ*, le recours est encore possible, bien que cette libération ne paraisse guère grever le fidéjusseur. Pothier en donne, d'après Cujas, la raison suivante : si le créancier l'a libéré par donation *mortis causâ*, on peut présumer qu'il a reçu une somme égale à celle que le donataire fidéjusseur serait obligé de lui rendre, dans le cas où la donation serait rétractée, comme dans celui où le donataire mourrait avant lui ; or, dans ces cas, ce que le créancier est censé avoir reçu, le fidéjusseur est censé l'avoir payé. Il y a donc quelque chose qui peut donner lieu à l'action contraire de mandat. Mais, quand le créancier a libéré le fidéjusseur par une donation pure et simple, il ne reste rien qu'il soit censé avoir reçu ni que le fidéjusseur soit censé avoir payé, ni, par conséquent, qui puisse donner lieu à l'action *mandati contraria*.

Ulpien dit (L. 10, § 13) que le recours pourra avoir lieu aussi quand la remise aura eu lieu par un legs. Pothier explique ceci en disant que, dans ce cas, l'héritier est censé avoir reçu une somme égale à celle que le testament l'obligeait à payer, comme étant tenu de donner quittance au fidéjusseur, et le fidéjusseur avoir payé autant que l'héritier est censé avoir reçu.

Tout cela est bien subtil, mais je n'aperçois pas d'autre solution !

Si le fidéjusseur, institué héritier par le créancier, fait adition, peut-il intenter l'action *mandati contraria* contre le débiteur principal, son mandant? Pomponius dans la loi 11 répond affirmativement, mais Africain paraît n'être pas du même avis, dans la loi 21, § 5, Dig., *Fidejus.*: « Cum fidejussor reo stipulandi heres extiterit, quæritur an, quasi ipse a se exegerit, habeat adversus reum mandati actionem? Respondit, cum reus obligatus maneat, non posse intelligi a se fidejussorem pecuniam exegisse : itaque ex stipulatu potius quam mandati agere debebit. »

Doneau concilie les deux textes d'une façon assez plausible : dans la loi 21, dit-il, le fidéjusseur n'a encore été ni poursuivi, ni condamné. Dès lors, l'adition ne libère que lui, et l'obligation principale subsiste : si elle subsiste, le fidéjusseur n'est pas en perte, donc, il ne peut pas recourir par l'action *mandati*. Dans la loi 11, au contraire, le fidéjusseur a été condamné ; son adition libère et le débiteur principal et lui ; car, depuis sa condamnation, il n'est plus tenu comme fidéjusseur, mais comme *reus principalis*, puisqu'en acceptant la sentence, il est obligé *ex causâ judicati*. N'ayant plus l'obligation primitive en mains, il est en perte; donc il peut recourir.

Si le fidéjusseur est un fils de famille ou un esclave, et qu'un tiers paie le créancier dans l'intention de faire une libéralité à l'*alieni juris*, le *paterfamilias* aura-t-il le recours par l'action contraire de mandat?

D'après ce que j'ai dit plus haut, l'affirmative semble indiscutable, et ceci est conforme à la loi 12, § 3 : « Plane si servus fidejussor solverit, dominum mandati acturum. » Cependant, dans le § 2 de la même loi, Ulpien refuse positivement le recours: « si filiusfamilias vel servus fuit fidejussor, et pro his solvero donaturus eis, mandati patrem vel dominum non acturos. » Comment expliquer cette différence dans les décisions?

Bartole et Godefroy font assaut de subtilités : il faudrait, disent-ils, recourir ici à deux fictions : la première par laquelle le fils de famille ou l'esclave seraient censés avoir payé ce qui a été payé pour eux; la seconde par laquelle l'action née de ce paiement semblerait être acquise au père ou au maître.

Je crois que c'est là une pure explication de fantaisie, et il me semble qu'il est inutile de chercher une explication aussi loin, quand Ulpien la donne lui-même et dans le même texte. En effet, à la fin du § 2, il dit : « hoc ideo, quia non patri donatum voluit, qui solvit. » Le *solvens* voulait gratifier le fidéjusseur, non pas le *paterfamilias*; permettre à celui-ci le recours, ce serait aller contre l'intention du donateur; car par là, c'est le père de famille qui profiterait de la libéralité.

Mais, d'un autre côté, le fidéjusseur étant *alieni juris*, ne peut agir lui-même; le recours est donc suspendu, paralysé nécessairement par cette impossibilité d'agir, quoique le fidéjusseur y ait droit.

J'ai dit que le mandataire ne doit point s'appauvrir en exécutant le mandat. Or, les avances, les débours, ne sont pas les seuls moyens par lesquels il peut se trouver en diminution de patrimoine. Le mandataire peut encore, à cause du mandat, faire des pertes, dont réparation lui est due.

Pothier propose d'abord d'après Nératius et Javolénus (LL. 35 et 36) le cas où le mandat a pour objet l'acquisition d'une chose qui est pour partie la propriété du mandataire. Ce dernier se trouve évidemment privé de sa propriété, par suite de l'accomplissement du mandat ; quant à l'appréciation du préjudice qu'il éprouve, elle varie, comme on peut le voir aux lois 35 et 36, suivant que le mandat a fixé ou non le prix auquel l'acquisition devait avoir lieu. Si le mandat a fixé un prix pour toutes les parties de la chose, la part du mandataire doit être estimée, de manière que le prix de toutes les parts, n'excède pas celui fixé par le mandat. Si, au contraire, le mandat ne déterminait pas le prix et que le mandataire ait acheté les autres parts à des prix différents, sa propre part lui sera payée selon l'estimation d'arbitres : *boni viri arbitratu.*

La perte éprouvée par le mandataire comprend non-seulement ce qu'il a dû payer en principal pour exécuter le mandat, mais encore les dépenses accessoires qu'il a été obligé de faire, soit en frais légitimes, soit en gages qu'il a été obligé de fournir au créancier, et dont il n'a pu obtenir la restitution. C'est ce que dit Paul, pour les frais, dans la loi 45, § 6 : «Si fidejussor multiplicaverit summam, in quam fidejussit, sumptibus ex justa ratione factis, totam eam præstabit is, pro quo fidejussit ». C'est aussi ce que décident, quant aux gages, les empereurs Sévère et Antonin : « .....habes mandati actionem : qua non solum pecuniam: sed etiam pignora in obligationem deducta, potes consequi » (L. 2, C.).

Pour que le mandataire puisse se faire indemniser d'une perte qu'il éprouve dans l'exécution du mandat, il faut que ces pertes, même fortuites, soient des *conséquences nécessaires* de l'exécution du mandat. C'est là une remarque qui n'a pas toujours été faite ; c'est pourquoi les anciens docteurs ont cru qu'il y avait opposition entre les divers textes qui prévoient la question et qu'ils ont cherché à concilier par des subtilités, quand l'explication en était très-facile : la perte est-elle une conséquence *nécessaire* de l'exécution du mandat? le mandataire aura droit à indemnisation.

De cette règle il suit d'abord que le mandant ne devra pas réparer les pertes que le mandataire aurait pu s'éviter par de grands soins, en administrant comme un père de famille très-diligent; car ces pertes ne sont point une conséquence nécessaire du mandat.

Mais si la perte est purement fortuite, non imputable au mandataire, s'il s'agit, comme dans la loi 26, § 6, d'un vol de grand chemin, d'un naufrage, ou de maladies essuyées par le mandataire ou par ses gens de service et de frais de guérison, sera-ce le mandataire ou le mandant qui en supportera la perte?

La loi 26, § 6, renferme la distinction que voici. Lorsque le mandataire qui a éprouvé un de ces accidents, a été porteur de sommes ou de valeurs non exigées pour l'exécution du mandat, la perte de ces sommes doit être imputée au hasard, et comme personne n'est tenu de réparer le dommage causé par un hasard, le mandant ne devra aucun remboursement. C'est pourquoi le même texte dit que le mandataire n'imputera pas tout au mandant : « non omnia, quæ impensurus non fuit, mandatori imputabit » ; il ne lui imputera pas les sommes dont il n'avait pas à faire emploi pour l'exécution du mandat, il ne les lui imputera pas s'il a été dévalisé ou s'il a fait naufrage ; il ne lui imputera pas non plus la perte essuyée par des maladies, car indépendamment de l'exécution du mandat, la maladie aurait pu survenir. Aucun de ces faits ne se trouve dans un rapport direct avec le mandat, aucun de ces faits n'en est une conséquence nécessaire.

Au contraire, d'après les dispositions formelles de la loi 26, § 6, Dig., h. t. et de la loi 52, § 4, Dig., *Pro socio*, on admettra que le mandataire imputera au mandant la perte des sommes qui auront servi à l'exécution du mandat, par exemple, comme le suppose la L. 52, de blessures reçues dans la résistance qu'on a opposée à des voleurs. En un mot s'il s'agit de pertes qui sont les conséquences nécessaires du mandat, le mandant en devra indemniser le mandataire.

C'esten appliquant la même distinction que j'expliquerai l'opposition apparente qui existe entre les lois 26, § 7, Dig., h. t. et 61, § 5, Dig., *Furtis*. En effet, d'après le § 7 de la loi 26, « cum servus, quem mandatu meo emeras, furtum tibi fecisset, Neratius ait, mandati actione te consecuturum, ut servus tibi noxæ dedatur : si tamen sine culpa tua id acciderit : quod si ego scissem talem esse servum, nec prædixissem, ut possis præcavere, tunc, quanti tua intersit, tantum tibi præstari oportet. » (Paul, lib. 32, *ad Edict.*) Pourquoi dans cette loi, le mandant ne répond-il pas du vol? Parceque le mandat, dans ses termes, laissait au mandataire la possibilité de s'éviter cette perte, en s'informant des qualités et vices de l'esclave, en prenant des précautions si l'esclave ne lui était pas connu ; donc la perte n'est pas une conséquence nécessaire de l'exécution. Il n'est pas inutile de remarquer qu'il s'agit dans cette loi d'un esclave en général qu'on avait reçu mandat d'acheter.

Dans la Loi 61, § 5, Dig., *de Furtis*, au contraire Africain déclare le mandant responsable du vol, sans distinguer s'il avait connu ou non, le vice de l'esclave ; mais il faut remarquer qu'il s'agit là d'un esclave déterminé (ce en quoi l'espèce de cette loi diffère de celle de la loi 26, § 7) ; donc c'est au mandant, quand il désigne l'esclave, à savoir s'il n'a pas de vice ; et comme il répond envers le mandataire de toute faute, si celui-ci a été de bonne foi et s'il n'a pas, par des imprudences, facilité le vol, il aura droit à être indemnisé, car le vol, n'étant pas commis par sa faute, est réellement une suite nécessaire du mandat.

Enfin la perte, pour qu'elle ne soit remboursée au mandataire par le mandant, doit remplir cette dernière condition : qu'elle ne soit pas imputable à la faute du mandataire. Aussi le mandataire ne pourrait faire entrer dans l'action la perte qu'il éprouverait par suite de son erreur, alors même qu'il aurait cru exécuter les ordres du mandant (L. 26, § 5). Il ne pourra pas non plus répéter par l'action contraire, les dépenses faites, non dans un but d'utilité, mais pour l'agrément du mandant, s'il n'a pas reçu sur ce point un mandat particulier ; dans tous les cas, il aura le droit de reprendre toutes choses qui pourront s'enlever sans endommager la chose du mandant, et aussi de se faire tenir compte de l'enrichissement que ces impenses, dites voluptuaires, ont procuré au mandant. C'est ce que décide Ulpien d'après Labéon : « si quid procurator citra mandatum in voluptatem fecit, permittendum ei auferre, quod sine damno domini fiat, nisi rationem sumptus istius dominus admittit. » (L. 10, § 10.)

C'est parce qu'il doit supporter tout seul la perte qui a pour cause sa propre faute, que le mandataire ne peut réclamer le montant d'une condamnation qu'il a exécutée et qu'il pouvait faire réformer par un recours en appel ; c'est ce que dit la loi 10 au Code, h. t. : « Fidejussorem seu mandatorem exceptione munitum, et injuriâ judicis damnatum, et appellatione contra bonam fidem minime usum, non posse mandati agere manifestum est. » C'est aussi ce que décide la loi 8, § 8, Dig., h. t.

De ce que le mandataire ne peut répéter contre le mandant ce qu'il a dépensé par sa faute, il résulte que, s'il a dépensé plus que n'exigeait l'accomplissement du mandat, et qu'il exerce l'action *mandati contraria*, cette action pourra être repoussée pour partie, par exemple : « fidejussorem, si sine adjectione bonitatis tritici, pro altero triticum spopondit, quodlibet triticum dando (reum) liberare posse existimo ; a reo autem non aliud triticum repetere poterit, quam quo pessimo tritico liberare se a stipulatore licuit » (Javolenus, L. 52). Il en serait, bien entendu, autrement si le mandataire, tout en dépensant plus que ne semblait exiger l'exécution du mandat, il a été forcé d'agir ainsi ; il est alors exempt de toute faute et peut exercer pour le tout l'action contraire, comme le décide Celsus (L. 50, § 1) : « Sive quum frumentum deberetur, fidejussor Africum dedit, sive quid ex necessitate solvendi plus impendit, quam est pretium solutæ rei, sive Stichum solvit, isque decessit, aut debilitate flagitiove ad nullum pretium sui redactus est, id mandati judicio consequeretur. »

De nombreux textes font allusion au cas où le fidéjusseur n'oppose pas à la poursuite du créancier des exceptions qu'il pourrait victorieusement opposer. Pourra-t-il, s'il paye en pareil cas, recourir en remboursement, contre le mandant? On ne peut pas répondre d'une manière absolue à cette question : il faut distinguer.

Il faut d'abord remarquer avec Doneau, et d'après les textes, qu'on peut relever trois sortes d'exceptions : 1° exceptions de procédure ; 2° exceptions personnelles au fidéjusseur ; 3° exceptions réelles ou communes ; et poser la question pour chacune d'elles séparément.

1° Exceptions de procédure, comme, par exemple, si le fidéjusseur est appelé en justice par un simple particulier au lieu de l'être par un huissier ; ou bien s'il est assigné par un *procurator litis* qui n'exhibe pas sa procuration ; qu'arrivera-t-il si, omettant d'opposer une exception de ce genre pour repousser la demande, il paye la dette cautionnée? Il pourra toujours recourir et Ulpien en donne la raison dans la loi 29, § 4: « Quædam tamen etsi sciens omittat fidejussor, caret fraude, utputa, si exceptionem procuratoriam omisit, sive sciens, sive ignarus : de bona fide enim agitur, cui non congruit de apicibus juris disputare, sed de hoc tantum, debitor fuerit, ne necne ».

2° Exceptions personnelles au fidéjusseur.— Le fidéjusseur peut les omettre à son gré : elles ne concernent et ne regardent que lui, il en fait ce qu'il veut. Par exemple, si le fidéjusseur qui, engagé pour deux ans, à la garantie d'une dette dont l'échéance est à cinq ans, est poursuivi au bout de ces cinq ans, il peut répondre par une exception *temporis* à cette demande ; cependant il paye sans mot dire ; aura-t-il son recours contre le mandant? Oui, dit Ulpien (L. 29, § 6), et il donne, de sa décision, la raison suivante : «Quanquam enim jam liberatus solvit, tamen fidem implevit et debitorem liberavit. » Cependant cette règle n'est pas absolue. Sans doute le fidéjusseur peut, en principe, invoquer ou omettre à son gré une exception qui lui est personnelle ; mais, s'il l'omet, il faut qu'il ne contrevienne par là à aucune loi de son mandat, car l'action contraire n'est jamais donnée que *impleto mandato* ; c'est ainsi que j'explique la décision de Paul dans la loi 22, § 1.

3° Exceptions réelles ou communes.— Elles sont tirées soit de ce que le débiteur était obligé *ab initio inutiliter aut inciviliter*(L. 29, § 1), soit de ce que le débiteur a déjà payé (L. 29, § 2), soit enfin de quelque autre circonstance particulière. Telles sont les exceptions *non numeratæ pecuniæ, pacti conventi, jurisjurandi.*

Ces exceptions, le fidéjusseur ne peut pas les omettre sciemment sans perdre son recours et Doneau donne trois raisons de décider ainsi : *a)* parce qu'en ne les opposant pas, il nuit ouvertement au débiteur son mandant ; *b*) parce que, s'il se nuit alors à lui-même, il ne peut imputer cette perte qu'à lui ; *c*) enfin parce qu'il viole la loi du mandat : il avait mission de payer pour le *reus*, mais pour le *reus* obligé ; or le *reus* ayant en mains une exception, étai comme s'il n'avait jamais été obligé.

Cette règle que je viens de poser, sur la responsabilité du fidéjusseur qui a omis d'invoquer une exception, souffre deux exceptions : 1° le recours du mandataire est conservé lorsqu'il ignorait l'existence de l'exception qu'il devait opposer ; mais cela s'entend d'une ignorance de fait, non de droit : « Et si quidem factum ignoravit, recipi ignorantia ejus potest : si vero jus, aliud dici debet. » (L. 29, § 1.)

2° Le recours du fidéjusseur est encore conservé lorsque l'exception qu'il a omise, était déshonnête (*minus honesta*) ; mais ici encore il faut distinguer. La règle est vraie absolument si le débiteur est éloigné, et qu'il ne soit pas possible de l'avertir ; elle fléchit, et le recours est perdu, dans le cas contraire; c'est ce que dit, dans la L. 10, § 12, le jurisconsulte Ulpien (lib. 31, *ad Edict.*) : « Generaliter Julianus ait, si fidejussor ex suâ personâ omiserit exceptionem, quâ reus uti non potuit, si quidem minus honestam, habere eum mandati actionem : si modo habuit facultatem rei conveniendi, desiderandique, ut ipse susciperet potius judicium vel suo vel procuratorio nomine. » Parce que, outre cette exception dont il ne pouvait pas user honnêtement, le fidéjusseur pouvait de cette manière éviter honnêtement de payer. On peut donc lui imputer d'avoir négligé cette manière de l'éviter.

Ainsi en définitive, quant à la question de savoir quand le mandant sera obligé à indemniser le mandataire des pertes essuyées par celui-ci, je conclurai qu'il faut pour cela que ces pertes remplissent les conditions dont le détail précède, c'est-à-dire qu'il faut qu'elles aient eu lieu à l'occasion du mandat, qu'elles soient une conséquence nécessaire de l'exécution du mandat, et enfin qu'elles aient eu lieu sans la faute du mandataire. Dans ces conditions, le recours du mandataire est ouvert, et il peut se faire indemniser tant du dommage qu'il a éprouvé que des dépenses qu'il a faites.

Sur ce dernier point, je ferai deux observations encore : *a*) Le mandant ne peut, pour refuser le remboursement des dépenses et pertes du mandataire, se prévaloir de ce qu'il aurait pu atteindre lui-même le même but que le mandataire, à moins de frais : du moment que ce dernier n'a pas franchi les limites de son mandat, toutes les dépenses faites de bonne foi sont légitimes et remboursables par l'action contraire de mandat, comme le dit Gaius : « Impendia, mandati exsequendi gratia facta, si bona fide facta sunt, restitui omnimodo debent : nec ad rem pertinet, quod is, qui mandasset, potuisset, si ipse negotium gereret, minus impendere. » (L. 27, § 4.) *b*) Africain ajoute que le préjudice résultant pour le mandataire de la gestion qui lui a été confiée, doit s'estimer au jour où les dépenses ont été faites, quels que soient les événements postérieurs : « æstimatio ejus ad id potius tempus, quo solutus sit, non quo agatur, referri debet. » (L. 37.)

Le mandataire ne répond pas de la réussite de sa gestion. Donc, dans le cas où des dépenses sont nécessaires pour mener le mandat à bonne fin qu'il en ait fait l'avance ou les ait payées des deniers du mandant, le mandataire pourra s'en faire tenir compte, bien qu'elles n'aient été d'aucun profit pour le mandant : « sumptus, bona fide necessario factos, dit Papinien (lib. 3, *Responsor.*), etsi negotio finem adhibere procurator non potuit, judicio mandati restitui necesse est. » (L. 56, § 4.) Et cette décision est confirmée par l'empereur Alexandre dans la loi 4 au Code, avec raison, car dans ce cas le mandataire n'a fait que remplir fidèlement sa mission, n'ayant pas à prévoir les suites heureuses ou funestes de la gestion qu'il a entreprise et régulièrement accomplie. Et c'est là une des principales différences qui existent entre le mand .t et la gestion d'affaires, car le gérant d'affaires ne doit rien réclamer *si malè gesserit*, tandis que le mandataire qui a accompli son devoir rentrera dans tous ses déboursés, parce que : *nemini debet officium suum esse damnosum.*

Il ne faut pas omettre de rappeler ici qu'en vertu du principe que les parties peuvent faire entre elles telles conventions qu'il leur plaît, il peut arriver qu'elles conviennent que le mandataire recevra un salaire dont il fera toutes les dépenses exigées par la gestion de l'affaire. Cette convention n'ayant rien de contraire à aucun texte, ni aux bonnes mœurs, est valable, et fait loi entre les parties, comme le dit Ulpien, dans la loi 10, § 9, *in fin.*

Pour en finir avec cette première obligation du mandant, je vais chercher dans quel cas il doit, avec le capital, payer les intérêts des indemnités dues au mandataire ?

1° Il les doit certes, indubitablement *ex morâ*, comme cela a lieu dans tous les contrats de bonne foi (L. 32, § 2, Dig., *Usuris* ; lois 18 et 19, C., *Mand.*).

2° Comme il ne doit pas se trouver en perte par l'exécution du mandat, le mandataire peut demander, sans mise en demeure, les intérêts dont il est lui-même à découvert, par exemple, s'il a dû faire un emprunt et payer des intérêts, ou s'il a dû rentrer une créance productive d'intérêts, ou s'il a dû employer de l'argent qu'il aurait pu placer à intérêts, comme le dit Ulpien (lib. 31, *ad Edict.*) : « Nec tantum id, quod impendi, verum usuras quoque consequar. Usuras autem non tantum ex mora esse admittendas, verum judicem æstimare debere, si exegit a debitore suo quis, et solvit, cum uberrimas usuras consequeretur (æquissimum enim eris rationem ejus rei haberi) ; aut si ipse mutuatus gravibus usuris, solvit. Sed et si reus usuris non relevavit, ipsi autem et usuræ absunt ; vel si minoribus relevavit, ipse autem majoribus fœnus accepit, ut fidem suam liberaret ; non dubito, debere eum mandati judicio et usuras consequi. » (L. 12, § 9.) « Totum hoc, dit Ulpien en finissant, ex æquo et bono judex arbitrabitur. »

II. *Obligation de procurer au mandataire décharge des obligations par lui contractées.*

Comme conséquence forcée du principe que le mandataire ne doit en rien pâtir de la gestion à lui confiée, on admet cette règle qu'il peut se prémunir contre tout danger pouvant résulter, pour l'avenir, de cette gestion. C'est pourquoi le mandant peut être contraint de se substituer, dans la mesure du possible, à son mandataire ; en d'autres termes, il doit prendre à sa charge les obligations contractées par le mandataire à cause du mandat.

Mais comment le mandataire arrivera-t-il à se

faire décharger des obligations qu'il a contractées, en son nom, pour le compte du mandant ? Il a d'abord naturellement le pouvoir d'acquitter ces obligations *pro suo*, et d'intenter ensuite l'action contraire pour se faire indemniser. Mais il se peut aussi qu'il ne veuille ou ne puisse faire cette avance au mandant ; il se peut encore qu'il ne puisse, vu quelque dérangement dans les affaires du mandant, rester engagé envers les tiers avec lesquels il contracte pour le compte du mandant, et qu'il veuille assurer sa propre sécurité, comment y arrivera-t-il ? C est alors qu'il poursuivra le mandant en exécution de cette seconde obligation : il le forcera *ut suscipiat obligationem*. C'est-à-dire qu'il le contraindra soit à payer, soit à lui procurer d'une manière quelconque sa libération. Comment enfin réussira-t-il à le libérer sans le payer ? Ceci aura lieu par une novation par changement de débiteur, ce qui est le procédé le plus simple et le plus efficace, ou bien par un pacte de constitut que le mandant ferait avec le créancier à la condition que celui-ci consente en même temps un pacte *de non petendo* au mandataire. Mais l'un comme l'autre de ces deux moyens supposent le concours de la volonté du créancier, et cette volonté peut souvent faire défaut. Comment arriverait-on à décharger le mandataire de ses engagements à défaut de cette volonté ? C'est au moyen de la caution de le défendre en justice que le mandataire pourra exiger du mandant. Ce sont ces principes que Paul applique dans la loi 45 pr., et §§ 2 et 3.

Il n'est pas besoin, en règle générale, pour contraindre le mandant *ut suscipiat obligationem*, que la mission du mandataire soit complétement terminée. Il suffit que les engagements contractés par lui constituent dès à présent un service rendu au mandant. Dans ces conditions, dès l'instant où il est exposé à subir quelque dommage à raison de l'engagement contracté, il peut mettre le mandant en cause pour s'assurer lui-même contre le recours des tiers avec lesquels il a contracté pour le compte du mandant.

Mais que faudrait-il penser d'un fidéjusseur qui prétendrait pouvoir actionner le *reus* avant d'avoir payé ? Il faudrait repousser cette prétention par une fin de non-recevoir péremptoire, car la condition *sine quâ non* du recours du mandataire, c'est qu'il ait déjà accompli le mandat, au moins assez pour qu'il soit en la même position que s'il l'avait accompli : or, le fidéjusseur qui n'a pas satisfait le créancier, n'a pas accompli son mandat qui consiste précisément à satisfaire le créancier. (L. 45, § 1.) Du reste on convient généralement que le fidéjusseur ne peut accomplir son mandat et avoir son recours contre le créancier principal que sous deux conditions : qu'il ait éteint l'obligation, et, par conséquent, libéré le débiteur principal, et que cette libération lui coûte quelque chose.

En pareil cas, celui qui a cautionné sans mandat, la dette d'autrui, pourrait recourir, avant même d'avoir payé. Le gérant d'affaires peut, en effet, exercer son recours dès qu'il a géré utilement. Or l'intervention d'un fidéjusseur peut avoir été utile, par cela seul qu'il a promis, qu'il s'est porté caution. En ceci encore, la position du *negotiorum gestor* est meilleure que celle d'un mandataire.

Il y a pourtant des cas où le fidéjusseur mandataire peut recourir, sans avoir payé. Doneau en compte cinq : 1° lorsque, poursuivi par le créancier, il est condamné (LL. 38, § 1, 45, § 4, L. 45, Dig., *Fidejuss.*) ; 2° si le *reus* est en voie de se ruiner, car alors où serait son recours ? (L. 38, § 1, Dig., h. t.) ; 3° si le débiteur est depuis longtemps constitué en demeure : « si diu solutione cessabit » (L. 38, *ibid.*) ; 4° si le fidéjusseur était convenu de recourir avant le paiement, car cette convention n'a rien de contraire aux lois ni aux bonnes mœurs ; 5° si une inimitié capitale survient entre le fidéjusseur et le débiteur. (Doneau sur la loi 10, C., *Mandati.*)

§ 2. Action *Mandati contraria.*

Pour faire exécuter les obligations dont le mandant est tenu envers lui, ou, à défaut d'exécution, pour se faire dédommager, le mandataire aura l'action *contraria mandati.* Cette action, ainsi que la directe, est une action de bonne foi, dont la formule est *in jus concepta*, transmissible aux héritiers du mandataire et contre les héritiers du mandant, et enfin, elle est perpétuelle.

Elle se donne à quiconque s'est chargé d'exécuter un mandat (L. 12, § 7), à moins que le mandataire ne soit *alieni juris*, cas auquel elle doit être donnée au *paterfamilias*. « Plane si servus fidejussor solverit, dominum mandati acturum, » dit Marcellus (Liv. 12, § 3) et au § 5 de la même loi, Ulpien dit : « Si filiofamilias mandavi, ut pro me solveret, patrem, sive ipse solverit, sive filius ex peculio, mandati acturum Neratius ait ». Ainsi l'action sera donnée au père ou au maître, sans distinguer si les fonds qui ont servi à l'exécution du mandat ont été avancés par ce dernier ou pris sur le pécule du mandataire. J'ajouterai avec Marcellus (12, § 4) que, si le fils de famille s'est porté fidéjusseur sans en avoir reçu l'ordre de son père, ce dernier n'a pas l'action contraire ; à moins que le paiement ne s'effectue sur l'ordre du père ou sur le pécule. Mais, si le fils de famille, ayant reçu mandat de se porter fidéjusseur, ne paie qu'après son émancipation, l'action ne peut plus être donnée au père ; en effet, il n'a plus d'intérêt, puisqu'à ce moment il n'y a plus de pécule : elle sera donnée au fils. Mais alors, dit Ulpien, l'action ne pourra plus être conçue *in jus*, le fils demandeur ayant eu, dès l'origine de l'affaire en litige, la qualité d'*alieni juris*. Elle sera conçue *in factum* « si filiofamilias mandavero ut pro me solveret, et emancipatus solvat, verum est in factum actionem filio dandam. » (L. 12, § 6.) Que si c'est le père qui paie, après l'émancipation de son fils mandataire, il n'a plus fait son affaire, mais celle d'autrui ; il est un véritable gérant d'affaires : il aura donc l'action *negotiorum gestorum :* « Patrem autem, post emancipationem solventem, negotiorum gestorum actionem habere » (L. 12, § 6). L'exécution du mandat n'a pas ici un effet rétroactif au moment où le contrat s'est formé, parce que l'action *mandati contraria* n'est pas une conséquence directe et nécessaire de ce contrat, mais résulte d'un fait postérieur : la dépense occasionnée au mandataire pour son exécution.

L'action *mandati contraria* est donnée contre le mandant, qu'il soit ou non le maître de l'affaire qui fait l'objet du contrat. J'ai eu l'occasion de dire plus haut que, dans l'hypothèse où le mandant n'est lui-même qu'un gérant d'affaires, il n'y a mandat que si la gestion avait déjà été entreprise par le mandant, ou s'il y a eu de la part du mandataire un commencement d'exécution. Dans tous les cas, et en principe, l'action contraire n'est donnée contre le maître de l'affaire qu'autant qu'il est lui-même le mandant : « cum mandatu alieno, pro te fidejusserim, non possum adversus te habere actionem mandati » (L. 21), et je ne pourrai vous atteindre qu'en me faisant céder par mon mandant l'action qu'il a contre vous, maître de l'affaire, soit une action de mandat, soit une action *negotiorum gestorum*. Il y a un cas cependant, où l'action du mandat pourra être exercée non-seulement contre le mandant, mais encore contre le *dominus negotii* : c'est celui où, sur l'ordre d'un tiers, je me suis porté votre fidéjusseur, avec la pensée que je recevais un double mandat, l'un du tiers, l'autre de vous-même. Dans ce cas, je pourrai agir contre vous, comme si j'avais en effet reçu deux mandats pour la même affaire, ce qui me donnerait deux obligés : « Utrumque haberem obligatum » (L. 21).

Consulté sur la question de savoir si, dans le silence du contrat, le mandataire peut, s'il y a eu plusieurs mandants, agir contre celui qu'il lui plaît de choisir, Paul (lib. 4, *Respons.*) répondit : « unum ex mandatoribus in solidum eligi posse, etiam si non sit concessum in mandato » (L. 59, §3). Cette opinion est aussi celle d'Ulpien quand il dit : « si mihi duo mandassent, ut tibi crederem, utrumque haberem obligatum » (L. 21, *in fin.*). Ce que ces jurisconsultes disent, c'est que le mandataire pourra exercer l'action *mandati contraria* contre l'un ou l'autre des comandants à son choix. Mais faut-il en conclure que par là ces mandants soient tenus d'une véritable obligation corréale ? Je ne le crois pas. En effet, dire qu'ils sont tenus *in solidum*, rien de plus juste, car chacun d'entre eux est censé avoir donné ordre de faire pour soi et pour le tout, la chose contenue dans le mandat, et le mandataire a suivi pour le tout, la foi de chacun d'eux. Mais de là à dire qu'il s'agit dans ces textes d'une véritable corréalité, il y a loin. Ce que je crois plutôt, c'est que, sans être corréalement tenus, plusieurs mandants peuvent être poursuivis *in solidum* à cause de l'indivisibilité de leur obligation ; et qu'on n'invoque pas l'analogie des actions *exercitoria* et *institoria*, car ce sont là des dispositions exceptionnelles et de telles dispositions ne peuvent s'étendre par analogie! Quoi qu'il en soit, *l'action judicati* ne sera donnée contre chacun que pour sa part, si le juge n'en a pas décidé autrement dans la sentence (L. 59, § 3, Dig., *Mand.*; L. 1, C., *Si plures una sent.*). L'action sera donnée *in solidum* contre les co-mandants, lors même qu'ils n'auraient pas tous ensemble intérêt à l'exécution du mandat, pourvu qu'ils se soient portés mandants pour la même affaire (L. 14, C.).

A la différence de l'action directe, l'action *mandati contraria* ne fait pas encourir l'infamie au mandant condamné : « Contrario judicio damnatus non erit infamis », dit Ulpien (L. 6, § 7, Dig., 3, 2). Il n'y avait pas les mêmes raisons de frapper d'infamie le mandant que le mandataire de la part duquel la non-exécution du mandat constitue un manque de foi digne de l'infamie ; car, en n'exécutant pas le mandat accepté, il trahit la foi et l'amitié, il manque à des devoirs sacrés : *Grave est fidem fallere* (L. 1, Dig., *Pec. constit.*). Le caractère des obligations du mandant n'a rien qui permette de le traiter avec cette rigueur exceptionnelle, ses torts se réparent suffisamment par des condamnations pécuniaires : « In contrariis (judiciis) non de perfidiâ agitur, sed de calculo, qui fere judicio solet dirimi » (L. 6, § 7, Dig., III, 2). En effet, le mandataire qui demande une indemnité la fonde ordinairement, non sur le manque de foi du mandant, mais sur des déboursés faits ou de pertes éprouvées. Cependant, si le mandant avait usé de dol, il serait noté d'infamie : « Verbis edicti notatur, non solum qui mandatum suscepit, sed et is, qui fidem, quam adversarius secutus est, non præstat : utputa, fidejussi pro te, et solvi, mandati te si condemnavero, famosum facio » (L. 6, § 5, Dig., *His qui notantur*). Il est bon d'observer ici que l'infamie est une peine toute personnelle, et que les héritiers du mandant ou du mandataire ne sont jamais exposés à l'encourir.

§ 3. *De la persecutio extraordinaria.*

L'action *mandati contraria* ne suffit pas toujours pour forcer le mandant à exécuter ses obligations. En effet, si le mandant, pour rémunérer le mandataire, lui promet un salaire, il ne saurait être question d'intenter l'action de mandat pour en poursuivre le payement. La promesse d'honoraires, bien que dérivant, en fait, directement du contrat de mandat, est et doit être considérée en droit, comme étrangère à ce contrat, car, s'il n'en était pas ainsi, la nature, essentiellement gratuite du mandat, eût été altérée. Aussi, quand Ulpien dit, dans la loi 6 pr. : « Si remunerandi gratiâ honor intervenit, erit mandati actio », cela ne veut pas dire que l'honoraire peut être demandé par l'action contraire, mais que la stipulation d'honoraires n'empêche pas le mandat d'exister, que, quoiqu'on se soit fait promettre un salaire, on peut avoir contracté un mandat, on peut agir par l'action *mandati* et y être sujet ; mais la réclamation du salaire ne peut jamais se faire au moyen de l'action du mandat.

Aussi a-t-on, en matière de réclamations d'honoraires, établi une procédure toute différente que celle dont je viens de m'occuper. On agit *extra ordinem*, comme le dit la loi 1, au Code : « Adversus eum cujus negotia gesta sunt, de pecunia, quam de propriis opibus, vel ab aliis mutuam acceptam erogasti, mandati actione pro sorte et usuris potes experiri. De salario autem quod promisit, apud præsidem provinciæ cognitio præbebitur. » Ainsi, ce n'est plus le *judex*, c'est le magistrat qui prononce sur ces questions, *cognitâ causâ* ; ce sera donc le préteur à Rome et le président en province qui connaîtront des contestations relatives aux honoraires. C'est ce qu'indique Ulpien à la loi 1 *de Extraord. cognit.* où il dit que le magistrat avait le droit d'augmenter ou de diminuer, suivant les circonstances, le montant des honoraires promis.

Il faut observer d'ailleurs, et cela résulte encore de différents passages de cette loi, que, pour des services qui se rattachent à l'exercice des professions dites libérales, le mandant peut être forcé par une *persecutio extraordinaria* de payer des honoraires, alors même que le montant n'en aurait pas été fixé dès le principe : c'est encore une conséquence du pouvoir qu'a le magistrat d'interpréter de la façon la plus large la convention intervenue entre les parties. Toutes les fois qu'il ne s'agit pas d'un service de ce genre, les honoraires ne peuvent être exigés que s'il y a eu promesse conforme d'une somme déterminée, certaine : c'est une règle générale, dit Doneau, que l'objet d'un contrat soit certain : « Salarium incertæ pollicitationis peti non potest. » (L. 17, Code; L. 56, § 3, Dig., h. t.) Si cette règle fléchit lorsqu'il s'agit de professions libérales, ce n'est que par des motifs d'utilité.

En général, et c'est là une règle de bon sens, les honoraires ne sont dus, qu'autant que le mandat est accompli. Cependant Paul dit que les avocats ont droit aux honoraires, s'il n'a pas dépendu de leur volonté que la cause ne fût plaidée : « Advocati si per eos non steterit, quominus causam agant, honoraria reddere non debent » (L. 38, § 1, *Locati*). La même décision est reproduite par Ulpien dans la loi 1, § 13, *de Extraord. cognit.*

CHAPITRE IV

EFFETS DU MANDAT A L'ÉGARD DES TIERS

Les services licites et gratuits qui font l'objet du mandat présentent deux ordres de faits qu'il importe de bien distinguer. Les uns, purement matériels ou intellectuels, n'ont en eux-mêmes aucun caractère juridique et n'établissent de relations qu'entre le mandant et son mandataire, comme, par exemple, si je donne à un médecin mandat de soigner ma femme malade ; d'autres, au contraire, sont de véritables actes juridiques créant des relations de droit non-seulement entre les parties, mais encore entre le mandataire et les tiers, comme, par exemple, lorsque je vous donne mandat de m'acheter une maison. C'est de ces derniers seulement que je m'occuperai dans ce chapitre, car ce sont les seuls qui puissent produire des effets vis-à-vis des tiers.

D'après les principes rigoureux de l'ancien droit civil, la représentation d'une personne par une autre personne *sui juris* était formellement interdite. Les actes faits par un mandataire, produisaient donc des conséquences actives et passives qui se concentraient toutes en la personne du mandataire sans nuire, ni profiter au mandant, qui ne pouvait que contraindre le mandataire, par l'action *mandati contraria*, à exécuter le mandat.

Si on trouve quelques cas de représentation, ce n'est que des conséquences de la puissance que le citoyen romain avait sur les personnes dépendant de lui (ses enfants, ses esclaves ou les personnes libres qu'il aurait *in manu* ou *in mancipio*); cette représentation avait lieu à l'insu du représenté, malgré lui, et même malgré l'intention contraire que le représentant pourrait manifester : cette représentation n'a rien de commun avec la représentation volontaire qui n'a d'autre cause que la libre volonté des contractants manifestée par un mandat.

M. Clamagéran (1) expose ainsi les motifs de la prohibition de la représentation volontaire : « L'acquisition d'un droit résulte toujours d'un acte juridique, c'est-à-dire d'un acte revêtu de certaines formes réglées par la loi. Or, dans les temps primitifs de Rome, ces actes ont un caractère personnel ; la substitution d'une personne à une autre n'est pas admise, et il en devait être ainsi ; cette substitution a quelque chose de subtil et d'immatériel, incompatible avec une civilisation grossière et formaliste. Aussi on pose en principe qu'on ne peut acquérir aucun droit « *per extraneam personam* », par l'intermédiaire d'une personne qui n'est pas soumise à notre puissance. Mais souvent, le même résultat pourra être obtenu d'une manière indirecte. Le mandataire ac-

(1) Louage d'industrie, n° 59.

querra le droit en son nom, et le transfèrera ensuite au mandant. »

Mais cette rigueur du droit primitif ne pouvait pas manquer, avec le développement des relations sociales et commerciales des Romains, de se modifier sous l'influence de la jurisprudence et du droit prétorien; ce sont ces modifications que je me propose d'étudier dans ce chapitre ; pour plus de clarté, je vais examiner séparément la représentation dans les droits réels et les droits personnels, dans un but d'acquisition pour le mandant ou de transfert de ces droits.

§ 1. *Acquisition de la propriété par mandataire.*

La règle générale de cette matière, formulée par les Institutes de Justinien (II, 9, § 5), est que : « per extraneam personam nihil acquiri posse » (V. Gaius, II, § 95). Le sens de cette règle est on ne peut plus clair : elle veut dire que personne ne peut acquérir un droit en faisant faire par une autre personne les actes juridiques nécessaires à sa création et à sa translation ; alors la personne qui avait fait ces actes acquérait le droit, sauf à le retransférer ensuite à celui pour qui elle avait entendu agir ; et si elle ne veut pas faire cette retransmission, elle y sera contrainte au moyen de l'action *mandati contraria*. Mais ce système est dangereux, car 1° l'action *mandati contraria* ne peut donner lieu qu'à une condamnation pécuniaire : le mandant ne sera pas satisfait s'il voulait la chose même et non sa valeur : il le sera encore moins en cas d'insolvabilité du mandataire ; 2° même si le mandataire est de bonne foi, ce système est dangereux en ce que la chose en passant dans son patrimoine peut être atteinte d'une hypothèque générale ; 3° les tiers qui ne connaissaient pas le mandataire, n'étaient pas disposés à lui accorder la confiance qu'ils auraient parfaitement accordée au mandant, s'ils l'avaient vu à travers le mandataire. C'est pourquoi la jurisprudence modifia peu à peu ce principe, au nom de l'utilité générale.

Une réforme considérable, et qui remonte à une époque assez reculée, fut introduite relativement à la possession : il fut admis que le mandataire pourrait prendre possession de la chose pour son mandant, et que ce dernier deviendrait possesseur par ce seul fait, sans avoir besoin d'appréhender lui-même la chose. Cette décision fut inspirée aux jurisconsultes, par l'analyse des éléments de la possession ; elle s'acquiert *animo* et *corpore*, or, quand j'ordonne à mon mandataire de recevoir livraison d'une chose, j'ai la volonté de posséder, si je sais que cette livraison a été réalisée, j'ai l'*animus* ; j'ai aussi le *corpus*, puisque le mandataire détient la chose pour moi, il l'a à ma disposition. Voilà donc que le mandant réunit en sa personne tous les éléments de la possession, qu'il est devenu possesseur par le fait de son mandataire, et que celui-ci, qui ne lui a prêté que son concours matériel, ne le représente pas plus que la bête de somme dont il se serait servi pour transporter la chose chez lui. — Les jurisconsultes admirent ensuite, sous l'influence des nécessités pratiques, la même solution pour le cas, complétement différent, où le mandant ne connaît pas l'existence de la tradition faite au mandataire : ces deux hypothèses se rapprochent tellement ! C'est le principe que pose Justinien (Instit., II, 9, § 5), dans les termes suivants : « Et hoc est quod dicitur, per extraneam personam, nihil adquiri posse, excepto eo quod per liberam personam, veluti per procurationem, placet non solum scientibus, sed et ignorantibus nobis adquiri possessionem, secundum divi Severi constitutionem. »

Ce texte semble dire que l'acquisition de la possession *per extraneam personam*, n'a été admise que d'après une constitution de Sévère. Ce serait là une erreur: longtemps avant Sévère on pouvait acquérir la possession par mandataire. Labéon, qui vivait sous Auguste, semble déjà admettre cette solution lorsqu'il dit que la tradition sera faite et que je serai constitué possesseur, si j'ai placé un gardien auprès des marchandises achetées : « nihil enim interest utrum mihi an et cuilibet jusserim custodia tradatur. » (L. 51, Dig., *Acquir. vel amitt. poss.*, 41, 2.) Nératius qui vivait sous le règne de Trajan et d'Adrien, l'admet positivement dans la loi 13, Dig., *Acquir. rer. dom.*,

41, 1, et dans la loi 41, Dig., *Usurp. et Usucap.*, 41, 3, il dit : « per procuratorem possessionem adipisci nos jam fere convenit. » Et qu'on ne croie pas que Sévère a du moins innové en décidant que la possession serait acquise *mandatori etiam ignoranti*, et qu'elle lui serait acquise à l'instant même où la tradition est faite au mandataire, car, même sur ce point, il n'a pas innové. Nératius, en effet, admet déjà l'acquisition au maître, *etiam ignoranti* (L. 13, *Usucap.*, Dig.). Et dans la constitution même dont parle Justinien, constitution des empererus Sévère et Antonin, il est dit : « per liberam personam ignoranti quoque adquiri possessionem..... tam ratione utilitatis quam jurisprudentia receptum est. » (L. 1, C., *adquir. possess.*, 7, 32.) Cette constitution ne fait donc que confirmer une règle préexistante.

Une seule condition est exigée en la personne du mandant : c'est de *vouloir* acquérir la possession, il n'a pas besoin de *savoir* quand son mandataire réalise la prise de possession. Mais, si le mandataire général acquiert une chose dans la limite de son mandat, la possession de cette chose est-elle acquise au mandant *etiam ignoranti* ? M. de Savigny assimile cette acquisition à celle du *negotiorum gestor* et en subordonne les effets à la ratification ; il fonde son opinion : *a*) sur le passage de Paul, *Sent.*, V, 2, § 2, qui porte : « non aliter ei, quam si rata sit, quæritur, » passage qui se rapporte évidemment à une gestion d'affaires : les mots *absente domino* l'indiquent; *b*) sur la loi 42, §1, Dig., *Acquir. vel amitt. pos.*, 41, 2, qui est plutôt contraire que favorable au système de M. de Savigny. Cette loi dit, en effet : « procurator si quidem mandante domino rem emerit, protinus illi acquirit possessionem : quod si sua sponte emerit, non : nisi ratam habuerit dominus emptionem. » Ce texte ne distingue pas entre le mandataire général et le mandataire spécial; pourvu qu'ils agissent dans les limites du mandat, l'un et l'autre acquièrent la possession au mandant, *protinus* et, par conséquent, même *ignoranti*. Il y a du reste une analogie frappante entre l'acquisition faite *peculiariter* et celle *ex mandato generali*; or, pourquoi la possession acquise *peculiariter* va-t-elle atteindre le maître, alors même qu'il l'ignore ? Ce n'est pas à cause du lien de la puissance, car alors l'acquisition faite en dehors du pécule devrait l'atteindre de même; c'est, dit la loi 1, § 5, Dig., 41, 2, parce qu'un mandat général est toujours sous-entendu dans la constitution d'un pécule; il est donc impossible de distinguer l'acquisition faite en vertu d'un mandat général, de celle faite *peculiariter*, ou de celle faite par mandat spécial; dans tous les cas *etiam ignorantibus acquiritur*.

Pour que l'*accipiens* acquière la possession d'une chose, il faut qu'il ne se trompe point sur l'identité, sur l'individualité de cette chose ; mais, lorsque l'acquisition de la possession a lieu par mandataire, la loi 35, § 1, Dig., 41, 2, décide que la possession sera acquise au mandant pourvu que l'un d'eux connaisse la vérité.

Une question sur laquelle il est difficile de se prononcer à cause de la contradiction des textes. c'est celle de savoir s'il faut, pour que la possession soit acquise au représentant, que la tradition ait eu lieu en son nom. — Paul, dans la loi 1, § 20, Dig., 41, 3, enseigne que la volonté du mandataire est nécessaire, il semble même dire que cette volonté soit suffisante, puisqu'il constate que sans cela on arriverait à un résultat impossible; il admet donc, que si le mandataire reçoit au nom du mandant, il y a représentation, sans nullement s'occuper de la volonté du *tradens*. — Ulpien cependant tient grand compte de la volonté du *tradens*, il lui donne même la préférence sur celle du mandataire (1). — Julien (L. 37, § 6, Dig., *Acquir. rer. dom.*) donne une solution toute contraire à celle d'Ulpien, et déclare que, dans l'espèce, le mandataire n'acquiert rien ni pour lui ni pour son mandant. — M. de Savigny (2) et Cujas (3), voulant concilier ces textes, ont proposé d'ajouter à la loi 37, § 6, *Acquir. rer. dom.*, les mots *in suâ personâ* qu'on lit dans la loi 13, *Donat.*, mais rien n'autorise à faire cette addition. Doneau avait proposé une autre conciliation : il croyait que, dans la loi 13, Ulpien avait

(1) Dig., *Donation.*
(2) *Possess.*, § 26.
(3) Codic., tit. 27, liv. 4.

en vue le cas de restriction mentale du mandataire, restriction qui n'empêche pas la tradition d'opérer pour le mandant, et Julien, au contraire, visait le cas d'intention déclarée du mandataire, de recevoir pour lui; je ne puis admettre cette conciliation, parce que la distinction sur laquelle elle repose ne paraît dans aucun texte, et que, même, alors, la décision de Julien serait irrationnelle, puisqu'en livrant le *tradens* paraîtra avoir accepté la déclaration du mandataire. On peut donc affirmer que cette question a été controversée par les jurisconsultes, et que les commissaires de Justinien ont emprunté des fragments à ces auteurs d'opinions différentes, de sorte qu'on peut ne savoir quel système ils ont voulu consacrer.

Un point cependant est certain, c'est lorsqu'il s'agira de prendre possession d'une chose *nullius*, la volonté du mandataire suffira à l'existence de la représentation.

Cujas a sur tout ceci une théorie complètement erronée. Il enseigne que la volonté de l'*accipiens* est nécessaire et suffit pour acquérir la possession, la volonté du *tradens* ne pouvant avoir d'effet que par rapport à la propriété (1). — A l'appui de sa première proposition, il invoque les lois 13, Dig., 39, 5 et 37, § 6, Dig., 41-1 ; j'ai déjà parlé de ces lois et montré qu'elles ne disent pas du tout que le mandataire n'acquiert pour le maître

(1) Cujas, *ad Leg.* 1, Cod. 7, 33 ; *ad Tit.* 27, C., lib. 4.

que la propriété, et pour lui que la possession. — Il se trompe aussi sur le sens de ces lois qu'il invoque en faveur de sa seconde proposition : la loi 59, Dig., 41-1, se contente de dire que, pour rendre le mandant propriétaire, le mandataire devra lui transmettre la propriété ; la loi 18, Dig., 41. 2, est relative au cas de constitut possessoire. En combinant ces deux lois on peut arriver au résultat suivant : le mandataire ne peut pas acquérir la propriété à son mandant, il faut qu'il lui retransfère la chose ; or en recevant la chose au nom du mandant, il se produit le fait juridique connu sous le nom de constitut possessoire, dont l'effet est de transmettre immédiatement au mandant, la possession et la propriété qui reposaient sur le mandataire.

Tradition. — Si le mandant a la juste cause, l'acquisition de la possession par son mandataire le rend propriétaire. Mais Nératius dans la loi 13, Dig., 41, 1, dit que le mandant acquiert encore la propriété si son mandataire contracte et reçoit livraison de la chose acquise : la juste cause du mandant est donc dans le contrat fait par son mandataire, pourvu que celui-ci ait agi au nom ou pour le compte du mandant. Cette condition a été exigée dans l'intérêt des tiers et celui du mandant ; l'intérêt des tiers est évident, car le mandataire pourrait acheter en son nom et prendre livraison au nom du mandant et tromper les tiers qui auraient contracté avec lui sur la foi de cet achat ; l'intérêt du mandant, c'est de ne pas être ensuite à la discrétion du mandataire qui pourrait garder l'affaire pour lui, si elle est bonne, en se faisant faire la tradition en son nom, et ne la laisser au mandant, qu'au cas où elle serait mauvaise. — Cependant Cujas (Ad Tit. 50, C., lib. 4; ad L. 8, Dig., 3, 3, Papin., lib. 3, *Respons.*) dit que le mandataire ne peut agir au nom du mandant, qu'il est obligé d'agir en son nom. Je ne saurais mieux lui répondre que par les paroles de Nératius : « Si procurator mihi emerit... mihi acquirit » (L. 13, Dig., 41, 1). On invoque, dans le sens de Cujas, la loi 6, C., 4, 50 ; mais cette loi ne prévoit pas un cas de mandat, elle ne vise que le gérant d'affaires.

Usucapion. — Toutes les fois que, dans une tradition, le *tradens* n'est pas propriétaire de la chose livrée au mandataire, le mandant n'acquiert pas la propriété par son mandataire, il acquiert seulement la possession *ad usucapionem;* cette possession ne lui est acquise que du jonr où il connaît la prise de possession : « usucapio scienti competit, » dit Papinien (L. 49, *Acquir. vel amitt. poss.*), et cela parce que ce n'est qu'à partir de cette connaissance qu'on est de bonne foi. — Mais, quand l'acquisition se fait en vertu d'un mandat général, la possession *ad usucapionem* est acquise comme celle *ad interdicta, etiam ignorantibus.* Cette solution n'est pas donnée expressément pour ce cas : elle n'est donnée que pour les acquisitions que les esclaves font *peculiariter* (L. 2, § 11 et L. 5, Dig., *Pro emptore*), mais il faut l'étendre à cette hypothèse par identité de motifs (L. 44, § 1, Dig., 41, 2) et je crois que, pour l'usucapion, il suffit que le représenté ne soit pas de mauvaise foi (L. 2, § 14, Dig., *Pro emptore*); du moment que le représentant est de bonne foi, l'usucapion se fera (L. 2, § 13, Dig., *Pro emptore*). — Il en est autrement dans le mandat spécial, parce que là l'action se fait *animo mandantis, corpore alieno.*

§ 2. *Transmission de la propriété par mandataire.*

Le principe prohibitif de la représentation volontaire souffrit, pour le transfert de la propriété, les mêmes exceptions que pour l'acquisition. On admit d'abord que l'on pourrait transférer la possession par le ministère d'un mandataire sans aucune représentation : le mandant perdait la possession par le seul effet de sa volonté; le mandataire n'était qu'un intermédiaire matériel, sans aucun rôle juridique. — Plus tard, on admit que le mandataire pouvait transmettre à un tiers la possession d'une chose du mandant, à l'insu de ce dernier, mais non sans son autorisation, ce qui se présente au cas de mandat général où je puis dire qu'il y a représentation véritable. Mais, pour que la représentation existe, il faut la volonté du mandant, disent les Institutes (II, 1, § 42); ce n'est pas cependant que le mandataire, qui détient la chose, ne puisse en rendre un tiers possesseur sans l'autorisation et même malgré l'ordre exprès du mandant : il le pourra, en effet, si le tiers est de bonne foi, par la seule tradition, il est *in causa usucapiendi;* mais alors il n'a pas transféré le droit du mandant; ce droit est en voie de s'éteindre par l'effet de l'usucapion. La volonté du mandataire n'est pas nécessaire pourvu qu'il fasse livraison de la chose; mais il faut aussi, pour qu'il y ait représentation en matière de transfert de propriété, à côté de la volonté du mandant, celle de l'*accipiens*, car nul ne devient propriétaire malgré soi, ce qui revient à dire que la tradition doit être précédée d'une juste cause, qu'elle provienne du fait du mandant (Instit., II, 1, § 42) ou bien du mandataire (L. 9, § 4, Dig., 41, 1).

Sous Justinien, la tradition étant le mode d'aliénation le plus souvent employé, il est vrai de dire que la représentation est admise en matière d'aliénation. — Mais il faut noter que, tant dans le mandat d'acquérir que dans celui d'aliéner, la représentation n'existe que quant à la propriété et non quant aux droits personnels qui peuvent naître des contrats qui ont précédé l'aliénation. Les lois 49, Dig., *Mand.*, et 35, Dig., 41, 1, font application de ce principe; ces deux lois semblent contradictoires, mais elles s'expliquent facilement par la distinction que je viens de faire.

§ 3. *Effets du mandat relatif aux droits réels autres que la propriété.*

En principe, on peut acquérir ou aliéner un droit réel par représentant, toutes les fois que l'acquisition ou l'aliénation est une conséquence immédiate de la possession. Je vais étudier l'application de ce principe aux servitudes, au gage et à l'hypothèque, sans m'occuper du droit d'emphytéose et de superficie, à cause de leur obscurité et de la pénurie des textes.

Servitudes. — Les servitudes prédiales actives ne peuvent être aliénées indépendamment du fonds auquel elles appartiennent, mais elles se transmettent avec ce fonds (L. 20, § 1, Dig., 41, 1); les servitudes s'acquièrent donc, et s'aliènent par mandataire comme et avec la propriété dont elles sont inséparables.

La constitution des servitudes, soit prédiales soit personnelles, n'admet pas, en principe, l'intermédiaire d'un mandataire ni comme constituant, ni comme recevant ; les servitudes ne peuvent, en effet, s'aliéner ou s'acquérir par un moyen fondé sur la possession, car elles sont choses incorporelles. Cependant pour les servitudes qui, avant la loi Scribonia pouvaient s'acquérir par usucapion, il est probable qu'elles purent être acquises par mandataire. De même, si la L. 6, Dig., 8, 4, n'a pas été modifiée, on peut dire qu'à l'époque classique le mandataire pouvait, comme le propriétaire, aliéner un des deux immeubles de celui-ci, et retenir en faveur celui qu'il gardait, ou constituer en faveur de celui qu'il aliénait, une servitude prédiale ; mais il est fort probable qu'Ulpien, dans cette loi, parlait de la mancipation et non de la tradition, car, à l'époque d'Ulpien, les immeubles étant *res mancipi* ne pouvaient pas encore s'aliéner ni s'acquérir par tradition. Quoi qu'il en soit, cette solution est admise sous Justinien.

Je serais très-porté à croire que celui qui acquiert une servitude par le moyen prétorien de la quasi-tradition, peut se faire représenter par mandataire, et dans la convention, et dans l'exercice de la servitude ; mais ce n'est là qu'un droit réel prétorien. De même, je crois qu'on pouvait acquérir une servitude à son mandant par le mode prétorien de la *prescriptio longi temporis*, mais c'est encore là un droit réel prétorien. Mais sous Justinien, ce sont là des modes d'établissement de servitudes consacrés par le droit civil ; le droit qu'ils font naître est donc un droit réel civil et ce droit peut être acquis par représentant.

Gage et Hypothèque. — Le droit réel de gage résulte de la possession, il naît et meurt avec elle ; cependant, pour que ce droit naisse, il faut le consentement du propriétaire de la chose, et du créancier ; en d'autres termes, dans le contrat de gage il y a deux choses : la convention et la tradition. La convention n'est valable qu'après la tradition, mais elle peut la précéder. Si donc un créancier, après avoir convenu de l'objet et des conditions du gage avec son débiteur, envoie un mandataire prendre possession, ce mandataire acquerra la possession à son mandant, et comme celui-ci réunit toutes les conditions nécessaires à l'existence du droit réel, ce droit naîtra sur sa tête. Mais il n'en serait pas de même si le mandataire avait reçu mandat non-seulement de prendre possession, mais encore de consentir la convention de gage, dans ce cas le mandant n'acquiert que la possession de la chose, mais non le droit réel de gage (L. 11, § 6, Dig., 13-7).

Il est difficile de s'expliquer pourquoi le mandataire, en achetant, peut acquérir la propriété au mandant, et, en faisant un contrat de gage, il ne peut lui acquérir le droit réel de gage. Cependant, il serait possible que la raison de cette anomalie se trouve en ce que, dans toute constitution de gage, on voyait *a fortiori* une constitution d'hypothèque ; or, comme ce droit réel naissait de la convention, l'on prit l'habitude de considérer le droit réel de gage comme naissant de la convention elle-même, on considéra le contrat comme imposant l'obligation à la chose elle-même, et lorsqu'on admit d'une façon générale le principe de la représentation en matière de possession, ces idées étaient déjà répandues et on déclara que ce principe n'avait pas pour conséquence de faire acquérir l'obligation de la chose, qui s'acquérait indépendamment de la possession (L. 11, § 6, Dig., 13, 7.)

Quelques interprètes modernes enseignent que l'hypothèque pouvait être acquise par représentant, même pendant la période classique. Ils invoquent, en faveur de leur système, les lois 21 pr. et 23, § 1, Dig., 20, 1 ; 53, Dig., 41, 1 ; 11, § 6, Dig., 13, 7. Je commencerai par constater que ce système est expressément condamné par Justinien qui dit positivement (L. 2, C., 4, 27) que jusqu'à lui le droit d'hypothèque n'a pu être acquis par représentant. En présence d'un texte aussi affirmatif, je ne me laisserai pas convaincre par les textes invoqués en faveur de l'autre système et qui ne me paraissent pas très-précis. Et d'abord les lois 23, § 1, Dig., 20, 1, et 53, Dig., 41, 1, ne fournissent aucun élément réel au débat, puisque la première ne fait que permettre de constituer hypothèque par convention conclue entre absents, sans s'occuper des mandataires ; et la seconde ne fait que poser une règle générale qui est inexacte, et qui d'ailleurs n'est pas spécialement appliquée à la constitution d'hypothèque, de sorte qu'il serait très-facile de soutenir que la loi 2, C., 4, 27, déroge à la règle générale de la loi 53. L'argument tiré des lois 11, § 6 et 21 pr., est plus spécieux, car elles paraissent s'occuper réellement de l'acquisition de l'hypothèque par procureur ; mais, même en le supposant, elles n'ont pas la généralité qu'on leur donne : dans la loi 11, en effet, Ulpien laisserait entendre que quelquefois (non *semper*) on peut acquérir l'hypothèque par représentant, et la loi 21 indique un cas tout spécial où cette représentation serait possible; la seule conclusion qu'on en pourrait tirer serait donc que, dans quelques cas seulement, il y a représentation. Mais le sens que je viens d'admettre à ces lois est lui-même contestable et contesté. M. Machelard (1) croit que la loi 11 ne concerne que la possession; quant à la loi 21, § 6, il paraît certain qu'elle a été interpolée (2) : Ulpien voulait dire « ipsam autem obligationem libera persona nobis non adquiret », et les commissaires de Justinien, pour le mettre en harmonie avec la législation de leur époque, ajoutèrent le mot « *semper* », mais ils ne firent pas ce changement partout, de sorte que ce texte a, aujourd'hui, deux propositions contradictoires.

Justinien admit, en définitive, que le mandataire acquerrait l'hypothèque à son mandant, mais seulement au cas où il lui acquiert la créance que garantit l'hypothèque (L. 2, C., 4,27). Le mandataire peut constituer une hypothèque sur la chose du mandant s'il en a reçu le pouvoir (3). Il peut aussi donner la chose en gage, mais les actions *pigneratitiæ* sont données pour et contre lui (L. 11, § 7, Dig., 13, 7).

(1) *Théorie générale des Interdits*, p. 124 et suiv.

(2) Cujas, ad Cod., lib, 4, tit. 27. — Ad. Cod., lib. 7, tit. 35, loi 1.

(3) Etienne, II, p. 70.

§ 4. *De la Représentation à l'effet de contracter une obligation.*

Le mandataire ne représente pas son mandant ; il ne peut donc pas l'obliger. La promesse qu'il fait ne lie que lui, c'est contre lui seul que le créancier aura action ; le mandataire se fera ensuite indemniser par l'action *mandati contraria*. Ce principe présentait deux graves inconvénients : 1° les parties se trouvaient exposées aux chances de leur insolvabilité réciproque; 2° les tiers n'ayant pas d'action contre le mandant ne s'occupaient pas de sa situation, ils ne tenaient compte que de la solvabilité du mandataire, qui était seul responsable vis-à-vis d'eux. Ces inconvénients gênaient le mandant qui ne pouvait pas choisir pour mandataire tout individu habile et probe, mais il était obligé de chercher une personne dont le crédit pouvait satisfaire les tiers avec qui il voulait traiter.

Ces inconvénients poussèrent les jurisconsultes dans la voie des modifications. Ils étaient surtout sensibles dans les affaires commerciales, qui, de leur nature, exigent un grand nombre d'intermédiaires, et s'alimentent par le crédit; aussi c'est en pareille matière que le remède fut apporté. Ce remède ne fut apporté qu'assez tard; il est d'origine prétorienne : c'est l'extension des actions institoires et exercitoires.

On sait qu'à Rome le fils de famille et l'esclave ne pouvaient engager le *paterfamiliâs*, quoiqu'ils ne pussent acquérir que pour lui. Le préteur modifia bientôt cette règle contraire à l'équité : il introduisit pour cela plusieurs formules qui permettaient aux tiers d'agir directement contre le *paterfamiliâs* par les actions qu'ils acquéraient en traitant avec l'esclave ou fils de famille. Je n'étudierai que deux de ces formules, celles que j'ai déjà nommées et qui sont désignées sous le nom d'actions exercitoires et institoires, et qui ne sont que des attributs, des qualités des diverses actions civiles ou prétoriennes auxquelles elles s'appliquent.

L'*action exercitoire* était donnée contre le père de famille qui avait préposé son fils ou son esclave à la conduite d'un navire comme capitaine (*magister navis*), pour toutes les dettes contractées par lui pour les besoins de la navigation ou pour le transport des marchandises ou passagers.

L'*action institoire* était accordée contre le père de famille qui avait préposé son fils ou son esclave à un commerce terrestre. Ulpien dans la loi 5, Dig., *Institor*, donne de nombreux exemples d'*institores* de son temps.

Bientôt des modifications furent faites à cet état de choses. Ainsi, bientôt on admit que ces actions seraient accordées même lorsque les préposés étaient des hommes libres (1) et on n'appliqua

(1) L. 1, § 4, Dig., *Exercitoria* ; L. 7, § 1, Dig., *Institoria*.

cette dérogation qu'aux mandats relatifs aux affaires commerciales (L. 16, Dig., *Institoria*; L. 60, § 4, Dig., *Mand.*); mais déjà quelques jurisconsultes commençaient à accorder l'action institoire utile pour les affaires non commerciales et dans le cas de mandat spécial aussi bien que dans le cas de mandat général. Déjà Ulpien (L. 3, *de institoria*) définit l'instituteur en ces termes: « Institor appellatus est ex eo, quod negotio gerendo instet; nec multum facit, tabernæ sit præpositus, an cuilibet alii negotiationi, » et il ajoute (L. 5. § 2, *ibid.*) que Labéon accordait l'action institoire contre celui qui aurait préposé une personne pour cultiver ses terres; or, la culture des terres n'étant pas un acte commercial, on en pourrait tirer que sous Auguste on connaissait cette modification, mais elle ne fut bien connue que sous les Antonins, quand elle a été adoptée par tous les grands jurisconsultes et notamment par Ulpien et par Papinien (L. 13, § 25, Dig., 19, 1; L. 10, § 5, Dig., *Mand.*). Paul lutte encore contre cette extension de l'action institoire; mais l'opinion de Papinien l'emportera et les constitutions impériales accorderont formellement l'action institoire utile, même au mandat spécial et dans une affaire non commerciale (L. 5, C., *Institoria*). Papinien, dans la loi 19, Dig., *Institoria*, supposant un mandataire chargé d'emprunter, pose la règle que l'emprunteur aura contre le mandant une action utile *ad exemplum institoriæ* et il ajoute : « quod æque faciendum erit etsi procurator solvendo sit », ce qui donne à croire que certains jurisconsultes exigeaient, pour accorder une action contre le mandant, que celle contre le mandataire fût inutile par suite de son insolvabilité : cette condition a disparu à l'époque de Papinien.

Il ne faut pas croire que, par cette extension des actions institoires et exercitoires, on ait admis la représentation, ce serait une erreur ! cette extension fit bien disparaître quelques-uns des inconvénients de la non-représentation, mais rien de plus ! c'est toujours le mandataire qui était le débiteur principal, et le mandant remplissait, vis-à-vis du créancier, à peu près le rôle de caution : il y a loin de là à la représentation !

Cependant, il y eut des cas où on arriva à une représentation véritable; les textes nous indiquent les trois cas suivants :

1° *Mutuum.* — Julien, dans la loi 6, § 1, Dig., *Neg. Gest.*, dit que, si quelqu'un prête de l'argent à un mandataire, « mandatoris contemplatione », en d'autres termes, si le mandataire emprunte au nom du mandant, le prêteur aura directement contre le mandant, l'action *negotiorum gestorum*, et il n'aura aucun recours contre le mandataire, « etiamsi pecunia non sit in rem (mandatoris) versa », ajoute Papinien (L. 31, pr., Dig., *Neg. Gest.*). Mais, si ce n'est pas « domini rerum contemplatione » que le prêteur a contracté, les empereurs Dioclétien et Maximien décident que le mandataire est soumis à la *condicio ex mutuo* (L. 13, C., *Si cert. petat.*).—Comme on le voit, quand le mandataire agissait au nom du mandant, la représentation était complète, si ce n'est qu'on donnait l'action *negotiorum gestorum*, biais qu'on imagina pour éviter les effets de la représentation. Mais la *condictio* finit par être donnée elle-même directement contre le mandant (*Instit.*, IV, 7, § 8).

2° *Précaire.* — Si un mandataire a reçu une chose à titre de précaire, au nom du mandant, celui-ci sera sujet à une action directe du constituant; mais si le mandataire a agi *proprio nomine*, le constituant n'aura d'action que contre lui (1). Il est probable qu'il en était de même pour le *commodat*, qui a, avec le précaire, des rapports nombreux, et qui est souvent soumis aux mêmes règles que lui.

3° *Condictio indebiti.* — Lorsqu'un mandant donne ordre à son mandataire de recevoir un paiement qui ne lui est point dû, ou qui ne lui est dû qu'en partie, celui qui paye peut répéter directement contre le mandant; c'est ce que décident Julien (L. 6, § 9, *Neg. Gest.*) et Papinien (L. 57, § 1, *Cond. Indeb.*), qui ne font en cela qu'appliquer la règle de Paul, qui dit : « Quod jussu alterius solvitur, pro eo est, quasi ipsi solutum esset. » (L. 180, D., *R. J.*)

(1) L. 13, Dig., *de Precario*.

A part ces trois cas, auxquels j'ai ajouté le commodat et auxquels il est fort probable qu'il faut ajouter le dépôt (1), le mandataire ne représente pas le mandant ; il peut bien le soumettre à une obligation par les effets des actions institoires et exercitoires, mais il n'y a pas de représentation puisque le mandataire reste obligé : le créancier aura deux débiteurs tenus *in solidum*. Ces actions, en effet, ne sont pas au fond des actions spéciales, ce ne sont que des actions qui découlent des contrats faits avec le mandataire ; on ne pourra donc pas l'intenter deux fois, une fois contre le mandataire et une autre fois contre le mandant, si donc on a agi contre l'un d'eux, on ne peut plus agir contre l'autre (L. 1, § 24, Dig., *Exercitoria*); mais il reste certain que, quoique les tiers se trouvent en rapport direct avec le mandant, le mandataire reste encore tenu vis-à-vis d'eux, car Ulpien dit qu'ils peuvent choisir, pour diriger leurs poursuites, entre l'*exercitor* et le *magister*. Une fois le choix fait, on ne peut plus agir contre l'autre. C'est là une règle incontestable sous Justinien ; mais elle n'a pas été toujours aussi générale, comme il est facile de le voir par la loi 67, Dig., *Procurat.* et les *Fragmenta vaticana*, §§ 326 et 332. La loi 67, en effet, est incompréhensible dans le Digeste : on ne pourrait pas dire quel

(1) Cela est certain pour le cas où c'est le déposant qui se fait représenter par un mandataire et je ne vois pas pourquoi on n'eût pas admis la même solution dans l'hypothèse inverse.

est le secours du préteur que ne pourra pas invoquer le mandataire, puisqu'on n'en trouve aucune trace dans les textes ; ce n'est que les Fragments du Vatican (*loc. cit.*), qui expliquent cette loi en donnant le texte de Papinien en entier et en montrant la mutilation que lui ont fait subir les commissaires de Justinien. Papinien, en effet, parlait dans ce texte du *procurator absentis* seulement, et lui refuse le secours prétorien qui protége le *procurator præsentis* (constitué en présence du tiers contractant); ce secours prétorien consistait dans le droit de repousser l'action des tiers et de les renvoyer au mandant. Cette théorie concorde avec la loi 5, Dig., 26, 9, qui donne au tuteur et curateur, après la fin de leur administration, le droit de se soustraire en principe aux obligations qu'ils ont contractées dans l'intérêt du mineur, ce texte est aussi de Papinien. Le même Papinien favorise encore cette manière de voir, dans la loi 66, § 3, *Eviction.*, où les mots : « *quæ daretur* » prouvent que l'action n'est pas donnée contre le mandataire ; donc, d'après ce texte, la ratification peut s'adjoindre à un mandat donné loin de la présence du tiers contractant, et elle fait produire au mandat les mêmes effets que s'il avait été donné *coram contrahente.* Enfin Ulpien (L. 79, Dig., *Verb. obl.*) décide que si le *procurator præsentis* a stipulé une caution, l'action *ex stipulatu* appartient incontestablement au mandant. De tous ces textes il résulte qu'il y avait, en matière extrajudiciaire, de même qu'en matière judiciaire, une distinction entre le *procurator absentis* et le *procurator præsentis*. Le manque absolu des textes m'empêche de préciser en quoi consistait cette distinction et quels en étaient les effets, mais je puis affirmer que le *procurator præsentis* représentait presque son mandant, peut-être même le représentait-il complétement. Justinien a aboli cette distinction : sous lui, le mandant et le mandataire sont tenus *in solidum*, et la *litiscontestatio* faite avec l'un libère l'autre, les préposants, s'il y en a plusieurs, sont aussi tenus *in solidum* (1); mais le paiement partiel, de quelque personne qu'il émane, diminue pour tous le chiffre de la dette, le reliquat seul peut désormais être demandé (L. 1, § 24, Dig., *Exercitoria*).

On aurait pu, en invoquant le sénatus-consulte Velléien, soutenir que les actions exercitoires et institoires ne sont pas données contre les femmes ; c'est pourquoi les textes ont prévu la question et ont écarté l'application du sénatus-consulte (7, § 1, Dig., *Instit.*) et avec raison, puisqu'il n'y a pas *intercessio* ; quoique ces actions soient accessoires, l'obligation de la femme est en réalité principale ; le préposé ne s'est engagé que dans son intérêt, à elle ; s'il y a intercession, elle est plutôt dans le fait du mandataire qui répond d'un engagement contracté dans l'intérêt de son

(1) L. 13, § 2. Dig., *Institoria* ; L. 1, § 25, et L. 2, Dig., *Exercitoria*.

mandant. C'est aussi ce que décident les empereurs Dioclétien et Maximien (L. 4, C., *Institor.*).

Une différence remarquable existe entre l'action exercitoire et l'action institoire en ce que, si l'armateur (*exercitor*) est fils de famille ou esclave, et que ce soit par la volonté du père de famille qu'il exerce sa profession, ce dernier est tenu *in solidum* (L. 1, § 19, Dig., *Exercit.*); au cas de l'*institor*, les tiers n'auraient qu'une action tributoire jusqu'à concurrence du pécule et Ulpien, qui rapporte cette décision, l'explique par la faveur qu'avait à Rome le commerce maritime : « quia ad summam rempublicam navium exercitio pertinet » (L. 1, § 20, *ibid.*). Cependant il ne faut pas étendre cette faveur trop loin : la simple connaissance du père de famille ne suffirait pas pour le soumettre à l'action exercitoire, il fallait probablement un fait positif montrant sa volonté.

Une autre différence entre ces deux actions consiste en ce que le *magister navis*, au contraire de tout autre mandataire spécial, peut se substituer quelqu'un sans la permission et même malgré la défense de l'*exercitor* et les actes de cette personne obligent l'*exercitor* (L. 1, § 5, Dig. ; *Exercit.*).

Les actions institoire et exercitoire sont perpétuelles, c'est-à-dire sous Justinien, trentenaires et se donnent *in heredem* et *heredibus* (L. 4, §§ 3 et 4, *Exercit.*; L. 15, Dig., *Instit.*). Mais, naturellement, le mandant est libéré dès qu'il y a novation faite avec le mandataire ou quelque autre personne, car l'obligation a alors changé de nature (L. 13, § 1, *Instit.*).

Il y a des règles spéciales au mandat commercial en ce qui concerne les pouvoirs du mandataire. Ainsi l'*institor* a en principe pouvoir d'emprunter pour faire tous les actes nécessaires à l'exercice du commerce auquel il a été préposé ; et, pour lui enlever ce pouvoir d'emprunter, le mandant doit faire connaître cette restriction aux tiers (1). Le *magister navis* a aussi des pouvoirs très-étendus, il peut faire tout ce qui est commandé par les devoirs de la navigation, il peut acheter, emprunter pour approvisionner ou réparer le vaisseau, ou même pour rembourser les prêts qu'on lui aurait faits dans ce but ; l'action exercitoire sera donnée aux tiers contre l'*exercitor*, même lorsque la somme prêtée aura été dissipée par le *magister navis* ; c'est ce que dit Ulpien (L. 1, §§ 7 à 11, Dig., *exercit.*). Africain n'exige pas que le prêteur surveille l'emploi des fonds, il suffit qu'il se soit assuré qu'il y a en réalité une dépense qui motive l'emprunt (L. 7, Dig., 14, 1), et même alors il n'aura l'action exercitoire qu'autant qu'il n'a pas avancé plus que ne réclamaient les besoins de l'affaire (*ibid.*), à moins qu'il n'ait été trompé sur le prix des choses par le *magister* (L. 1, § 10, *eod.*).

J'ai dit que les actions institoires et exercitoires laissent subsister l'obligation du mandataire :

(1) L. 5, § 12, L. 11, § 8, L. 17, pr., L. 5, §§ 13 à 15, Dig., *Institoria*

« hoc enim edicto non transfertur actio, sed adjicitur. » (L. 5, § 1, Dig., *eod.*); les tiers ont donc intérêt à connaître la cessation des pouvoirs du mandataire; et le droit romain, qui généralement ne se préoccupe pas de la publicité des actes par rapport aux tiers, a essayé dans cette matière d'un système de publicité, dont voici les dispositions principales :

1° Quant au *magister navis*, il devait nécessairement continuer pendant tout le temps du voyage, nonobstant la mort ou le changement d'état du mandant; par cela seul qu'il était à la tête du navire, il obligeait l'armateur à l'égard des tiers.

2° Quant au mandataire commercial ordinaire, on aurait pu le soumettre aux mêmes règles que le mandataire civil; cependant Ulpien, Paul et Papinien (1) sont d'accord pour décider que la mort ou le changement d'état du mandant n'influe pas sur les pouvoirs du mandataire; ainsi il continue à obliger le mandant ou ses héritiers même impubères, tant qu'il n'est point révoqué par le préposant ou ses héritiers, ou par les tuteurs. La révocation devait être annoncée au public par une affiche rédigée dans la langue du pays et placée « ante tabernam vel ante eum locum, in quo negotiatio exercetur, non in loco remoto, sed in evidenti »; ce placard devait rester affiché « per-

(1) L. 11 pr., L. 17, § 2 et L. 19, § 1 Dig., *Institoria*.

petuo »; sa destruction, que la cause en fût fortuite ou malveillante, exposait encore le ci-devant préposant à l'action institoire à moins que le tiers n'eût été lui-même « doli particeps » (L. 11, §§ 2 à 4, Dig., *Instit.*).

Justinien (1) enseigne qu'outre les actions exercitoires et institoires, on donne contre le mandant la *condictio*; cette coexistence des actions prétoriennes et de l'action civile a donné naissance à controverse.

Vinnius croit que toutes les actions « *adjectitiæ qualitatis* » pouvaient être remplacées par la *condictio*, que ce serait là l'œuvre des prudents qui ont consacré directement ce que le droit prétorien n'avait permis qu'indirectement. Cette explication donne trop d'étendue à la *condictio*, et est, par conséquent, en opposition avec le texte des Institutes, qui ne la donne contre le *paterfamilias* que lorsque l'engagement a été fait sur son ordre, ou lorsqu'il lui a procuré quelque enrichissement, comment alors accorder la *condictio* lorsque l'administrateur d'un pécule entreprend le commerce sans ordre du maître et sans enrichissement pour celui-ci, soit qu'il connaisse, soit qu'il ignore les faits de l'administrateur ?

M. Ortolan soutient que la *condictio* n'est donnée contre le *paterfamilias* qu'autant que le contrat est de ceux qui, comme le *mutuum*, produi-

(1) Inst., lib. 4, tit. 7, § 8.

sent d'eux-mêmes la *condictio* (t. 3, n° 2218). On peut invoquer en faveur de cette opinion les mots du § 8 : « tanquam si principaliter eum ipso negotium gestum esset » qu'on traduit alors ainsi : ... dans la même mesure que si on avait directement contracté avec lui ; mais ces mots peuvent aussi se traduire ainsi :... comme si on avait eu affaire au mandant en personne; et ce sens plus naturel fait allusion à la condition exigée dans le principe pour accorder la *condictio:* qu'il y eût une affaire entre le créancier et le débiteur. Cette opinion n'est donc pas conforme aux textes; car, si la *condictio* n'est pas donnée toutes les fois qu'il y a lieu aux actions adjectices, dans les cas où elle est donnée, elle a lieu qu'il s'agisse d'un contrat de bonne foi ou de droit strict, ce qui résulte du § 8 qui ne distingue pas, de la L. 84, Dig., *Pro socio* et, s'il était prouvé que cette loi parle de l'action de société, il resterait toujours à invoquer les lois 29, Dig., *Rebus cred.*, et 17, § 5, *Instit.*, qui donne la *condictio* contre le préposant, sans distinguer si l'obligation provient d'un contrat de bonne foi ou de droit strict.

La raison d'être de cette *condictio* s'explique par son histoire même; quand on arriva à faire disparaître la condition du rapport personnel entre les parties, l'équité l'emportant, on proclama que nul ne devait s'enrichir aux dépens d'autrui, et on donna la *condictio* pour la répétition de cet enrichissement, et le § 8 n'est que l'application de ce principe général exposé unanimement par Ulpien, Africain et Paul (1). Quant au cas où il n'y a que l'ordre du mandant, il faut remarquer que le tiers qui contracte avec l'esclave ou le mandataire par ordre du maître, « fidem domini sequi videtur » (Inst., IV, 7, § 1). Il y a donc *res credita*, comme dit Ulpien : « nam cuicumque rei adsentiamur, alienam fidem secuti, mox recepturi quid ex hoc contractu, credere dicimur. » (L. 1, Dig., 12, 1.) On ne doit donc pas s'étonner de trouver ici la *condictio* (Ducaurroy, n° 1286).

La *condictio* ne prend donc pas naissance dans le contrat qui a produit l'obligation du mandataire; mais, dans le premier cas, elle dérive du fait que le mandant détient sans cause le bien d'autrui; dans le second, elle a sa source dans cette idée que le tiers est censé avoir prêté, non pas au mandataire, mais directement au mandant.

§ 5. *Acquisition des créances par mandataire.*

Le mandataire, stipulant dans l'intérêt du mandat, ne peut acquérir à celui-ci la créance qui résulte de la stipulation, car il ne représente pas son mandant : il aura seul action contre le tiers promettant, sauf à la céder ensuite au mandant. Mais cette cession présentait des inconvénients, qui en rendaient l'usage peu pratique; aussi,

(1) L. 9, § 22, L. 23, et L. 29, Dig., *Reb. credit.*

lorsque l'extension des relations sociales et la multiplication des affaires exigèrent l'emploi fréquent de mandataires *sui juris*, la pratique ne put s'accommoder des conséquences rigoureuses du principe de la non-représentation, et les modifications commencèrent.

Mais, avant d'aborder l'étude de ces modifications, il faut que je fasse ici une remarque très-importante. Il ne faut pas confondre le principe de la non-représentation avec la règle : « alteri stipulari nemo potest» (Inst., III, 19, § 19). Quelques auteurs ont fait cette confusion : « lorsque l'ancien droit romain, dit Étienne (t. 2, p. 117), déclarait nulle la stipulation pour autrui, cela signifiait qu'en stipulant on ne pouvait enrichir d'une créance un mandant ». Il me semble que c'est là une grave erreur; on ne peut stipuler pour autrui, signifie à mon sens, que, abstraction faite de toute idée de mandat, on ne peut pas acquérir un droit de créance consistant à obliger celui avec lequel on a contracté à faire pour autrui ou à donner à autrui, tandis que la prohibition de la représentation signifie qu'en pareil cas la créance n'est pas acquise au mandant alors même qu'on aurait agi d'après son mandat. Au contraire de ce que dit Étienne, je crois que la maxime « nemo alteri stipulari potest » ne peut s'appliquer au cas de mandat, car la stipulation est alors valable parce que le stipulant y a intérêt comme étant tenu envers le mandant de l'inexécution du mandat

(Inst., III, 19, § 20), mais le mandant n'est alors nullement représenté.

Maintenant j'arrive à chercher quelles furent les modifications introduites aux effets du principe prohibitif de la représentation. La solution de la question est très-difficile à cause de la contradiction des textes, contradiction qui s'explique par ce fait que les modifications ont été introduites successivement sous l'influence des nécessités pratiques.

M. Ortolan enseigne que la jurisprudence « dépassant les règles de l'action institoire, a accordé au mandant lui-même, contre les tiers et sous la qualification d'*utiles* », les actions nées des opérations faites par le mandataire avec les tiers ; « cela est indubitable pour le cas de mandat spécial, ajoute M. Ortolan ; quant au mandat général, il semble que l'action utile ait été donnée plus difficilement au mandant, et seulement par secours extraordinaire, lorsque, sans cela, il serait en danger de perdre » (1).

Je ne crois pas à la vérité de cette solution. En effet, les textes qu'on invoque pour décider que, dans le mandat spécial, l'action est toujours au mandant, sont les lois 27, § 1, 28 et 68, Dig., *Procurator.*; or, les deux premières, s'occupant de la caution *judicatum solvi*, sont relatives au mandat judiciaire, et rien ne prouve qu'il ne s'agit

(1) Ortolan, t. 2, n° 1555. — V. aussi Etienne, t. 2, p. 216.

pas là d'une exception faite en faveur du mandat judiciaire ; la loi 68, qui est interpolée (1), prévoit encore un cas spécial, on invoque en outre la loi 13, § 25, Dig., *Act. empti et vend.* qui, il est vrai, est formelle, mais je puis lui opposer la loi 49, § 2, Dig., *Acquir. vel amitt. posses.* qui est non moins formelle en sens contraire, et Paul (L. 5, *Stipulat. prætor.*) ne refuse pas l'action, mais il ne l'accorde qu'en cas de danger, *si rem amissurus sit*, et il s'agit bien d'un mandat spécial puisqu'il suppose un cas de stipulation prétorienne; comme par exemple, celle prévue par lui dans la loi 18, § 16, Dig., *Damno infecto.* A l'époque classique il n'y avait donc pas accord entre les jurisconsultes, et Justinien ayant consacré des textes inconciliables, on ne sait trop quel système il a voulu adopter. Cependant je crois que son opinion se trouve dans les lois 1 et 2, Dig., *Institor.* où il dit que l'institeur n'a pas en principe action contre les tiers, qu'il ne l'aura que « si aliter rem servare non potest »; or, dans la loi 3, *eod.*, il définit l'institeur : « qui negotio gerendo instat »; celui qui est préposé à une seule affaire, c'est-à-dire le mandataire spécial, qui est donc soumis à la règle des lois 1 et 2.

Le mandat général ne donne pas lieu aux mê-

(1) Cujas (lib. 3, *Respons. Papiniani*, ad. leg. 68, Dig., *de Procurator.*), prouve jusqu'à l'évidence que ce texte a été interpolé. Il invoque en ce sens : 1° le texte des basiliques ; 2° la loi 49, § 2, Dig., 41, 2 ; 3° la L. 15, Dig., *Reb. cred.*; 4° la loi 126, § 2, Dig., *Verb. obl.*; 5° et enfin la loi 50 pr., Dig., 41, 2, et les lois 2 et 44, Dig., *Usucap.*

mes difficultés : on n'accorde au mandant une action que lorsqu'il ne peut autrement conserver sa chose (LL. 1 et 2, Dig., 14, 3). Il est vrai qu'Ulpien et Marcellus semblent accorder l'action dans tous les cas et sans distinction (L. 1, *eod.*), mais leurs textes sont peut-être incomplets ; la question n'a, d'ailleurs, jamais fait doute dans le commerce maritime, l'*exercitor* n'a pas d'action contre ceux qui ont traité avec son préposé, mais les préfets des subsistances à Rome et les présidents dans les provinces, pourront « extra ordinem eos juvare ex contractu magistrorum »(L. 1, § 18, Dig., *exercit.*).

Les actions ainsi accordées au mandant sont des actions utiles, qui demeurent soumises aux principes de la cession d'actions, de sorte que, bien qu'elles agissent en nom propre, les parties peuvent faire valoir respectivement les moyens et exceptions qui prenaient leur source dans la personne du mandataire ; c'est là une conséquence de la nature du secours donné par le préteur au mandant : ce secours n'est pas un droit nouveau ; ce n'est que l'action que le mandant avait droit de se faire céder et que le préteur suppose cédée ; et de là Pomponius et Ulpien tirent la conséquence que « procuratoris scientiam et dolum nocere debere domino » (L. 5, *Tributoria*), c'est ainsi qu'en cas de vente, si la chose est affectée de vices rédhibitoires et que le mandataire l'ait su, ni lui ni le mandant n'auront contre le vendeur l'action rédhibitoire, le mandant n'aura contre le mandataire que l'action *mandati* (1); cependant Paul (L. 17, *Ædil. edict.*) admet une exception à cette règle, lorsque le mandataire ayant reçu mandat d'acheter tel esclave déterminé, il l'achète sachant que c'est un homme libre, et encore Cujas (2) croit-il que c'est là une peine contre celui qui a dissimulé sa condition, et que Paul ne donne ici que l'action *in duplum* contre l'homme libre qui s'est laissé vendre. Tout fait imputable au mandant même peut *à fortiori* lui être opposé, alors même que le mandataire y serait étranger, comme le décident, très-justement Pomponius et Africanus (3).

Les actions utiles sont un recours extraordinaire accordé au mandant qui se trouve sur le point de perdre sa chose, mais ce n'est pas un effet ordinaire du mandat; le vieux principe de la prohibition de la représentation volontaire continue en effet à subsister, et le mandataire acquiert pour lui les actions. A cette règle générale il y a certaines exceptions dont les unes sont expressément citées par les textes, et les autres peuvent en être déduites.

1° Ulpien (L. 15, Dig., *Reb. cred.*) décide que

(1) L. 51, § 1, Dig., *Ædil. edict.*; L. 22, § 5, Dig., *Liberali causa*.

(2) Cujas, *ad Africanum* sur la loi 51, *Ædilitio Edicto*.

(3) Pomponius, L. 13, Dig., *Contrah. Empt.*; Africanus, L. 51, § 1, Dig., *Ædil. edict.* Dans le cas prévu par ces textes, le mandataire aurait incontestablement l'action rédhibitoire, car le tiers ne peut faire valoir contre lui des faits qui sont personnels au mandant.

le mandataire qui prête au nom de son mandant acquiert à celui-ci la *condictio ex mutuo*, et, dans la loi 1, § 11, Dig., *Depositi*, il dit que si le mandataire fait un dépôt au nom de son mandant, celui-ci aura contre le dépositaire l'action *depositi*. Je crois qu'il en faut dire autant du précaire : la représentation étant admise au point de vue passif, il faut croire qu'elle existait aussi au point de vue actif et que le mandataire pouvait, en donnant à précaire une chose au nom de son mandant, acquérir à celui-ci le droit résultant de la convention de précaire. La proposition par laquelle commence la loi 15 précitée, me fait croire que cette règle est commune au commodat et à tous les contrats qui se forment *re* à l'exception du gage ; peut-être la cause de cette singularité se trouve-t-elle dans la grande influence de la possession, sur la validité de ces contrats, de sorte qu'on pouvait presque considérer l'obligation comme un accessoire de l'acquisition de la possession, et comme on admettait la représentation dans l'acquisition de la possession, on a été porté à l'admettre aussi dans l'acquisition des droits personnels qui suivaient cette possession.

2° On admit aussi la représentation en matière de paiement de l'indû, car l'obligation de celui qui a reçu un paiement qui ne lui était pas dû a aussi pour cause civile une tradition, aussi si le mandataire a payé indûment au nom de son mandant, ce sera ce dernier qui aura la *condictio indebiti*

(L. 57. Dig., *Cond. indeb.*), même si le paiement a été fait avec les propres deniers du mandataire (L. 6, § 3, Dig., *Cond. indeb.*), cependant dans ce dernier cas, pour éviter un circuit d'actions, on admit (1) que le mandataire pourrait lui-même intenter la *condictio indebiti*.

3° Il est probable aussi que le *procurator præsentis* pouvait, pendant la période classique, représenter son mandant, mais c'est un point sur lequel je reviendrai bientôt.

§ 6. *Extension du principe de la Représentation.*

Pour résumer tout ce que je viens de dire dans ce chapitre, j'arrive à cette conséquence que, même sous Justinien, la prohibition de la représentation existe encore en matière de droits personnels, et que ce n'est que dans des cas exceptionnels et peu nombreux que le mandataire oblige son mandant ou lui acquiert les droits qu'il stipule pour son compte.

Cependant cette proposition a été combattue et on a prétendu que, sous Justinien, la pratique a complétement détruit le vieux principe et que la représentation est devenue la règle, au moins dans les contrats de bonne foi. M. de Savigny (1) arrive

(1) L. 53, Dig., *Cond. indeb*; Pothier, sur le livre 12, tit. 6, n° 38.

(2) *System.*, t. 3, § 113, *Droit des obligations*, §§ 54 et suiv.—V. en ce sens Maynz, *Cours de droit romain*, t. 2, § 307, texte et note 12.

à cette solution en s'appuyant surtout sur l'idée du *nuncius*, qu'il assimile entièrement à un mandataire agissant *procuratorio nomine*, et comme il est incontestable que tous les contrats non solennels pouvaient être conclus *per nuncium*, il en conclut qu'ils pouvaient aussi être consentis par un mandataire agissant au nom de son mandant, et qu'il y avait alors représentation. Cette thèse se fondant sur l'assimilation du *nuncius* et du mandataire agissant *procuratorio nomine*, il faut, pour la réfuter, voir si cette assimilation est vraie.

Pour démontrer cette assimilation, M. de Savigny pose quatre espèces où il veut montrer la progression des agissements du *nuncius*. Le mot messager, dit-il, éveille d'abord l'idée d'une personne qui répète textuellement ou à peu près les paroles du maître ; ainsi, si nous n'avons d'abord pas pu nous entendre sur le prix du cheval que vous voulez me vendre, et qu'ensuite j'envoie un messager vous dire que j'accepte vos conditions, sans qu'il sache de quoi il est question, c'est bien là un *nuncius*. Mais, si je dis au *nuncius* de quoi il est question, le contrat n'en est pas moins valable, car le messager n'a fait que reproduire ma volonté. Enfin, dit-il, si je charge le messager de traiter autant que possible à un prix inférieur à 90 et de donner cependant son consentement à 100, en cas de besoin, le *nuncius* dans ce cas n'est déjà plus complétement sans volonté; cependant qu'il traite à 90 ou à 100, c'est toujours ma volonté qu'il exprime, et on ne peut chercher de différence entre cette hypothèse et les précédentes. Il faut aller même plus loin, dit-il, et dire que si, ayant vu chez un marchand plusieurs chevaux, je donne, à une personne qui s'y connaît mieux que moi, l'ordre de choisir parmi eux celui qu'elle trouvera le plus convenable et de l'acheter en mon nom, en lui laissant une certaine latitude dans la détermination du prix, le représentant a un champ d'action très large; néanmoins s'il conclut le contrat en mon nom, il faut le considérer et le traiter comme le simple messager des cas précédents; car il n'est toujours que le porteur de ma volonté, et qu'il n'importe pas que cette volonté soit unique, ou qu'elle porte sur l'une de plusieurs résolutions entre lesquelles le choix est laissé au représentant.

M. de Savigny soutient, en outre, que son système est fondé sur les textes; il y trouve, en effet, la règle générale, et plusieurs applications à des cas spéciaux. La règle générale se trouve dans la loi 53, Dig., *Acquir. rer. dom.*, où Modestin dit que la représentation est admise dans les actes du droit naturel qu'il oppose aux actes du droit civil ou actes solennels, lesquels n'admettent pas la représentation; et cette règle, ajoute M. de Savigny, est appliquée dans un grand nombre de cas spéciaux, notamment en matière de dépôt et de *mutuum*; on trouve, il est vrai, des textes contraires, mais cela s'explique par le fait que la représentation n'a été admise que peu à peu.

Je crois que le point de départ de ce système est faux, car il y a entre l'agissement du *nuncius* et celui du mandataire, agissant au nom du mandant, une différence capitale au point de vue juridique, différence si grande que M. de Savigny la constate lui-même, lorsque, dans sa troisième hypothèse, il dit : alors le *nuncius* n'est déjà plus complétement sans volonté. Mais, s'il n'est plus sans volonté, il n'est plus *nuncius*, il est mandataire; si les textes, en effet, ne déterminent pas expressément le domaine du *nuncius*, c'est que le mot suffit par lui-même; tous les textes qui parlent du *nuncius* l'assimilent, non pas à un mandataire, mais à une lettre; ce qui montre bien que les jurisconsultes romains prenaient le mot *nuncius* dans son sens vulgaire, et qu'ils entendaient par ce mot celui qui va répéter les paroles de son maître, ce qui leur fait dire que lorsqu'on se sert d'un *nuncius*, il n'y a pas acquisition « per extraneam personam » (1); le messager, comme la la lettre, « non contrahit, sed nunciat dominum contrahere »; il serait absurde de soutenir qu'on a été représenté par une lettre quand on en écrit une pour annoncer qu'on accepte les offres faites par une personne, il est donc aussi absurde de soutenir qu'on est, dans la même hypothèse, représenté par un *nuncius*. Lors, au contraire, que

(1) L. 15, Dig., *Pecun. constit.*

mon envoyé a une certaine initiative, lorsqu'il est libre d'accepter ou de refuser les offres qu'on me fait, sa volonté devient un des éléments du contrat, et c'est là la différence qui sépare le mandataire du messager. C'est une grande erreur que commet M. de Savigny, quand il prétend que ces deux cas ont une nature juridique absolument semblable : le messager n'est qu'un instrument matériel dont la volonté, l'intelligence et la bonne foi sont complétement insignifiantes; dans le second cas, au contraire, c'est la volonté de l'envoyé qui sert de base au contrat : avec l'autorisation du maître, c'est lui qui consent et qui contracte; s'il est de mauvaise foi, s'il s'entend avec le tiers pour tromper le maître, l'acte est nul vis-à-vis de celui-ci; de même, l'erreur de l'envoyé n'est plus sans conséquence, comme dans le premier cas; tous ces effets montrent bien que c'est l'envoyé qui est, en réalité, partie au contrat. — Quant à la loi 53, Dig., 41, 1, je ne sais trop qu'en dire ; c'est probablement une copie maladroite d'une phrase dont on a dénaturé le sens, en la séparant de ce qui pouvait l'expliquer, ou peut-être en en changeant les termes; je ne puis croire au principe général qu'elle renferme, lorsque les Institutes (II, 9, § 5; III, 28) mentionnent le principe contraire, et qu'il y a une foule de textes qui corroborent la règle donnée par les Institutes.

D'après M. de Savigny (*Oblig.*, § 57) les textes contraires à la représentation ou bien s'appliquent à des cas où le mandataire agissait en son nom, ou bien appartiennent à des auteurs qui n'admettaient pas encore la représentation. A ceci je réponds : 1° la loi 41, § 2, Dig., 41, 2, prévoit un cas où le mandataire agit au nom du mandant, puisqu'elle suppose qu'il y a représentation quant à l'acquisition de la propriété et qu'il est certain que, pour qu'il y ait représentation en matière de droits réels, il faut que le mandataire ait agi au nom du mandant ; cependant, même dans ce cas, Papinien déclare que les droits et obligations découlant de la vente sont personnels au mandataire (V. dans le même sens, L. 1, C. 4, 27, où le mandataire agit incontestablement au nom du mandant). 2° On dit que l'existence de fragments contraires à la représentation ne doit pas faire admettre une solution qui est fausse à l'époque de Justinien ; ces fragments, ajoute-t-on, appartiennent à des auteurs et à une époque qui n'admettaient pas encore la représentation. Je me contente, pour toute réponse, de renvoyer aux Institutes de Justinien, II, 9, § 5 ; ce fragment est de Justinien lui-même, on ne pourra donc pas équivoquer sur l'époque de son application.

Il est vrai qu'il y a des cas exceptionnels, plus nombreux sous Justinien, dans lesquels la représentation est admise ; je les ai moi-même mentionnés comme exception au principe général, mais rien ne prouve que l'exception soit devenue la règle ; ce sont cependant ces cas exceptionnels que M. de Savigny présente comme des cas d'application de la règle générale.

Quant à la représentation dans les instances judiciaires, j'en parlerai dans un paragraphe spécial sur les mandataires *ad litem*, au chapitre des diverses applications du mandat.

CHAPITRE V

EXTINCTION DU MANDAT

Le mandat étant un contrat consensuel, toutes les causes qui mettent fin à cette sorte de contrats, forment des causes d'extinction du mandat; ainsi je puis énumérer : le mutuel dissentiment, l'impossibilité d'exécution, etc.

Le mandat s'éteint *ipso jure*, suivant la loi commune, par la réalisation de son objet ; s'il a pour objet un corps certain, il prend fin quand ce corps certain vient à périr ou à être mis hors du commerce sans la faute du mandataire, et, en général, toutes les fois qu'il survient, sans que cela soit imputable au mandataire, une cause qui rend impossible l'exécution du mandat. Ce n'est pas que l'absence de faute de la part du mandataire soit une condition essentielle à l'extinction du mandat: dans les cas ci-dessus prévus, le mandat est toujours éteint, mais la condition du mandataire est différente, selon qu'il y a ou qu'il n'y a pas faute de sa part.

Lorsque le mandat est fait sous condition résolutoire, l'arrivée de la condition, lorsqu'il est contracté sous condition suspensive, la non-réalisation de la condition, mettent fin ou obstacle à l'existence du contrat. De même, le mandat s'éteint encore, *exceptionis ope*, quand il est fait à terme, *usque ad certum diem*, et que le *dies ad quem* est arrivé.

En outre de ces modes d'extinction de droit commun à tous les contrats consensuels, les *Institutes* signalent quatre causes d'extinction spéciales au mandat. Ces causes sont : *ex parte mandatoris :* la révocation et la mort ; et *ex parte procuratoris ;* la renonciation et la mort. Avant de passer en revue ces différentes modes d'extinction, je ferai une observation capitale.

Il n'y a, à proprement parler, extinction du mandat, que lorsque l'un des événements susindiqués se produit quand la chose est encore entière. Alors, pour parler comme Marcellus (L. 12, § 16), *cessat mandati actio*, le contrat est censé n'avoir jamais existé. Mais, si l'événement arrive quand la chose n'est plus entière, il ne peut pas faire que le passé ne subsiste pas, et par conséquent que l'action de mandat n'ait lieu quant aux droits acquis. Le contrat n'est pas éteint alors, il est brisé : « obligatio, nec actio cessat ; » et c'est là l'idée exprimée par Paul et Julien dans la loi 26 pr.

Mais, quand peut-on dire que l'affaire n'est plus entière ? Doneau émet sur ce point des idées très-nettes dont voici le résumé :

La chose n'est plus entière *ex parte mandatoris* si quid ejus interesse cœpit. L'action directe est née alors, et rien ne peut l'empêcher d'être ; ni la mort du mandant, car c'est une action transmissible aux héritiers, comme persécutoire de la chose ; ni la mort du mandataire, parce que, pour la même raison, elle est donnée contre ses héritiers ; ni la renonciation du mandataire, car un droit acquis ne peut être enlevé au mandant malgré lui par le fait du mandataire.

La chose n'est plus entière *ex parte procuratoris* si quid ei abesse cœpit, ce qui a lieu de trois manières : 1° lorsqu'il a mis à fin le mandat. L'action contraire est née alors, et rien ne peut l'enlever, pas plus la révocation que la mort du mandant ou celle du mandataire ; 2° lorsqu'il a commencé l'exécution, mais de telle sorte qu'il est obligé de l'achever. C'est ce qui arrive pour le fidéjusseur, mandataire du *reus*. Dès qu'il a promis, les choses ne sont plus entières : car, une fois engagé, il faut qu'il paye ; si donc il vient à mourir et que son héritier paye, celui-ci aura l'action *contraria mandati*, et *vice versâ* si le débiteur meurt et que le fidéjusseur paye après sa mort ; 3° lorsque le mandataire a préparé l'exécution de telle sorte qu'il peut, sans compromettre l'affaire, la laisser de côté, mais il a fait des déboursés, des frais, il a subi des pertes, etc., l'action *contraria mandati* est née, et rien ne peut l'empêcher d'avoir son cours.

Après cette observation générale, je puis examiner l'une après l'autre toutes les causes d'extinction du mandat.

§ 1. — *Mort du mandataire.*

Le mandat se formant *intuitu personæ*, à raison de la confiance réciproque des parties, on comprend que la mort de l'une d'elles mette fin à ce contrat. On comprend surtout que la mort du mandataire ait cet effet, car c'est surtout eu égard à sa personne que se forme le contrat : on a compté sur l'amitié, sur l'honnêteté, sur l'aptitude personnelle du mandataire à gérer l'affaire qui fait l'objet du mandat, et on comprend sans peine qu'on ne puisse continuer cette mission de confiance aux héritiers qui, le plus souvent, peuvent être inconnus ou suspects (1). En cas de décès du mandataire, il n'y a pas seulement une volonté qui disparaît, mais une certaine capacité

(1) Papinianus, L. 57, *in fine*, *Mand.*

spéciale qui s'évanouit; capacité qui avait motivé le choix du mandant. C'est ce que dit Gaius : « Morte ejus, cui mandatum est, si is integro adhuc mandato decesserit, solvitur mandatum » (L. 27, § 3).

D'après ce texte on voit qu'il y a lieu de distinguer, au point de vue de cette question, entre le cas où la mort du mandataire survient, *rebus adhuc integris*, et celui où les choses ne sont plus entières. Dans la première espèce, d'après la règle générale que j'ai posée plus haut, le mandat disparaît alors, sans laisser nulle trace de son passage; il est comme mort-né, comme s'il n'avait jamais existé. Conformément à la même règle générale, il n'en peut être de même pour le cas où la mort du mandataire survient quand les choses ne sont plus entières. Certes, le mandat est toujours brisé par cette mort; mais pour les actes de gestion accomplis par le mandataire, il existe au profit des héritiers de celui-ci, contre le mandant, et au profit du mandant contre eux, les actions contraire et directe du mandat : les héritiers du mandataire seraient obligés de rendre compte de la gestion de leur auteur, et d'achever cette gestion commencée par leur auteur; le mandant, en conséquence, sera tenu de rembourser non-seulement les déboursés faits par le mandataire, mais aussi ceux faits par les héritiers de celui-ci pour achever la gestion commencée.

Ces actions font partie de la succession, et si un

héritier du mandataire a vendu sa part, soit à un de ses cohéritiers, soit à un tiers, il est tenu de les transmettre à son acquéreur, comme toutes celles qui sont comprises dans sa part de la succession. (L. 14 pr., et § 1.)

S'il y a plusieurs mandataires, l'effet de la mort de l'un d'eux dépend des termes de la procuration : avaient-ils mandat de gérer chacun toute l'affaire? la mort de l'un d'eux n'éteint pas le mandat pour les autres. Au contraire, s'ils n'avaient mandat que de gérer tous conjointement l'affaire, il suffit du décès de l'un d'eux, pour que le mandat soit éteint à l'égard de tous.

§ 2. — *Mort du mandant.*

La mort du mandant est une des causes qui mettent fin au mandat : « mandatum, re integra, morte domini finitur » (L. 15, C.). Ceci tient surtout à ce que, dans le contrat de mandat, l'idée de confiance réciproque des parties est dominante, et que le mandataire, ordinairement, consent au mandat par amitié, par dévouement pour la personne du mandant, *intuitu mandatoris personæ.* D'une autre part, qui est-ce qui peut dire si les héritiers du mandant auraient la même confiance que leur auteur dans la foi et l'amitié du mandataire? Le mandat est généralement contracté dans l'intérêt du mandant; c'est sa volonté qui soutient le contrat, et si cette volonté cesse d'exister, le mandat, manquant de sa base essentielle, s'anéantit (1).

Les mêmes règles sont applicables au cas de mort du mandant, qu'au cas de mort du mandataire. Aussi le § 10 aux Institutes à ce titre, embrasse dans une même phrase cette double espèce, et lui donne une solution unique. Ici aussi, si la mort du mandant survient *rebus integris*, le contrat est censé n'avoir jamais existé. Mais, si les choses ne sont plus entières au moment de la mort du mandant, ses héritiers seront tenus envers le mandataire de tout ce que celui-ci a valablement accompli. C'est ce que dit Paul dans la loi 58 pr. « : Mandatum morte mandatoris, non etiam mandati actio solvitur », c'est-à-dire que la mort du mandant quoique éteignant le mandat, n'enlève pas au mandataire son action contraire pour les actes degestion antérieurs au décès.

Cette règle que le mandat est annulé pour l'avenir par la mort du mandant souffre un tempérament au cas où il a ignoré la mort du mandant. Alors, pourvu que cette ignorance ait eu des justes motifs d'être, et que, dans cette ignorance, le mandataire ait exécuté le mandat, tous les actes qu'il a faits de bonne foi, sont présumés accomplis pendant la durée du mandat, et l'action *mandati contraria* lui sera donnée contre les héritiers

(1) Paul, L. 108. *Solution*.

du mandant, comme si le mandat n'avait pas pris fin par la mort de ce dernier. C'est là ce que Julien résume en ces paroles énergiques : « mandatoris morte solvi mandatum, sed obligationem aliquando durare » (L. 26 pr.) et dans la même loi Paul dit, en application de cette règle : « Si quis debitori suo mandaverit, ut Titio solveret, et debitor, mortuo eo, quum id ignoraret, solverit, liberari eum oportet » (L. 26, § 1). C'est aussi en appliquant cette règle, que Papinien décide que, si, voulant faire à Titius une donation à cause de mort, le créancier de Mævius donne mandat à celui-ci de payer à Titius ce qu'il devait au créancier-donateur, et qu'il meure après avoir donné ce mandat, mais que Mævius ait payé à Titius : « Si Mævius, ignorans dominum vita decessisse, pecuniam, errore lapsus, dedisset : tunc enim portio jure Falcidiæ revocaretur » (L. 77, § 6, Dig., lib. 30, *de legatis*, 2°). Ulpien est bien plus clair quand il applique cette règle dans la loi 19, § 3, Dig., *Donat.* : « Si mandavero tibi, dit-il, ut pecuniam Titio des, cui donare volebam, et tu ignorans me mortuum, hoc feceris, habebis adversus heredes meos mandati actionem : si sciens, non habebis. »

Ce n'est là, du reste, que l'application d'une règle plus générale : Quelle que soit la cause de dissolution du mandat, cette dissolution est indifférente au mandataire qui l'ignore, et qui justifie d'une *justa et probabilis ignorantia*, règle dont on trouve des applications fréquentes au Digeste. (V. L. 11, *Depositi*, Ulp.; L. 51, *Solut.*, Paul.)

Mais si, informé de cet événement, le mandataire n'en tient aucun compte et poursuit ses opérations, il est en faute et n'a pas l'action de mandat. Toutefois, non-seulement il peut, mais il doit même continuer l'exécution du mandat si une brusque interruption de sa gestion devait être funeste aux héritiers du mandant.

A ce point de vue, je puis assimiler à la mort du mandant ou du mandataire, leur changement d'état; la *maxima* et la *media capitis deminutio* du mandant ou du mandataire, produisent le même effet extinctif du mandat, que leur mort. Le mandat finit encore, lorsque le mandant, n'étant lui-même qu'un simple *procurator* et non le *dominus negotii*, ses pouvoirs viennent à cesser pour telle ou telle cause; le mandat s'éteint alors, en vertu du principe : *resoluto jure dantis, resolvitur jus accipientis.*

§ 3. — *Révocation du mandat.*

La révocation des pouvoirs du mandataire par le mandant, met fin au mandat, comme le dit Ulpien d'après Marcellus : « extinctum est mandatum, finita voluntate. » (L. 12, § 16.) Cela n'est-il pas contraire à la règle, qu'une fois le contrat formé, il ne peut être mis à néant par la seule volonté de l'une des parties? Oui, sans doute; mais la dérogation s'explique par la nature particulière du contrat de mandat.

Le mandat, en principe, est fait au profit du mandant, et il n'y a pas de mandat véritable là où l'intérêt du mandant n'existe pas. Partant de cette idée fondamentale, on ne pouvait obliger le mandant à persévérer dans sa résolution, et à continuer toujours et quand même malgré lui les relations d'amitié et les habitudes de confiance qui l'attachaient au mandataire, on ne pouvait l'obliger à continuer de lui confier une mission qui devait lui être profitable, mais qui pouvait lui devenir funeste. Ce serait violer manifestement ce principe essentiel au mandat et que la loi romaine rend ainsi : « *Originem ex officio atque amicitiâ trahit mandatum.* » (L. 1, § 4, Paul.) Comment, en effet, concilier ce principe, avec le droit pour le mandataire de forcer le mandant qui, à l'origine, a cru bien faire, et qui a entrepris une affaire dangereuse, dont il n'a senti les périls que plus tard, à aller jusqu'au bout, à voir peut-être consommer sa ruine.

En résumé cette faculté accordée au mandant de mettre fin au contrat par une simple révocation du mandat s'explique par trois considérations : 1° le mandat, contrat essentiellement gratuit, constitue pour le mandataire, non pas un droit, mais un devoir ; 2° le mandat est un bon office de la part du mandataire ; or, « *invito beneficium non datur* » (L. 69, Dig., *R. J.*); 3° le mandat suppose la confiance : si la confiance du mandant s'altère, le mandat ne pourrait subsister.

Mais il faut, ici aussi, faire application de l'observation générale posée ci-dessus. La révocation du mandat par le mandant ne produit pas toujours les mêmes effets ; ses effets seront différents selon qu'elle intervient *rebus adhuc integris*, ou non. Si elle intervient quand les choses sont encore entières, on peut dire que ce contrat ne produit aucun effet, qu'il n'y a jamais eu de mandat : de l'accord primitif il ne subsiste qu'un souvenir, et cela parce que « mandatarii nihil interest, » dit le président Favre (*Rationalia* sur la loi 12, § 16, *Mand.*). Si, au contraire, la révocation intervient à un moment où les choses ne sont plus entières, elle n'aura d'effet que pour l'avenir ; mais il subsiste dans le passé et le mandataire aura droit de répéter par l'action contraire de mandat, tous ses déboursés et pertes à l'occasion de l'exécution du mandat. Mais, naturellement, le mandat n'est éteint, par rapport à l'action contraire, qu'autant que le mandataire a eu connaissance de la révocation qui est intervenue ; autrement, le mandataire se trouverait en perte sans sa faute, et par le fait du mandant, chose que ne veut pas le jurisconsulte Paul; en effet, il dit à la loi 15 : « Si mandassem tibi, ut fundum emeres, postea scripsissem, ne emeres, tu antequam scias me vetuisse, emisses, mandati tibi obligatus ero : ne damno adficiatur is, qui suscipit mandatum. »

La révocation du mandat peut être expresse ou tacite ; cette dernière résulte de certains faits par lesquels le mandant a manifesté l'intention de retirer au mandataire la procuration qu'il lui avait donnée, par exemple, la désignation postérieure d'une autre personne pour gérer la même affaire : « Julianus ait, eum, qui dedit diversis temporibus procuratores duos, posteriorem dando priorem prohibuisse videri » (L. 31, § 2, Dig., *Procurat.*, Ulp.). Une semblable désignation emporterait révocation du mandat primitif, même quand le second ne serait pas valable : la volonté du mandant, en effet, n'en serait pas moins certaine.

Pothier prétend même que le mandataire devrait se considérer comme révoqué, et ne pas continuer à exécuter le mandat, s'il avait connaissance d'un événement ignoré du mandant, et qui lui fera certainement révoquer le mandat dès qu'il en aura connaissance (n° 45).

Si générale que soit la faculté de révocation, elle n'est pas absolue : il est des cas où, par exception, cette faculté ne peut pas être exercée. Telle est l'hypothèse d'un créancier qui stipule en se ménageant le concours d'un *adjectus solutionis gratiâ*, c'est-à-dire d'un mandataire chargé de recevoir pour lui le paiement de l'obligation. Le mandant n'a pas le droit de révoquer seul ce mandat, car il y a pour le tiers un droit acquis à payer soit entre les mains du stipulant, soit entre les mains de l'*adjectus*, et cette faculté est pour ainsi dire une condition de la stipulation (L. 106, Dig., *Solut.*). L'*adjectus* est, certes, le plus souvent, désigné dans l'intérêt du stipulant, mais il peut l'être aussi à l'avantage du débiteur, et, en fait, celui-ci peut toujours tirer quelque profit de cette facilité de payer à son gré au stipulant ou à son mandataire. Aussi, pour révoquer les pouvoirs de ce mandataire, le stipulant doit, dans l'espèce, s'assurer le consentement du débiteur ; seul, il ne pourrait le faire, comme je le disais, parce que cette faculté pour le débiteur, est une condition de la stipulation (L. 12, § 3, Dig., *Solut.*, L. 106, *ibid.*).

Il en est de même dans tout autre cas où le mandat est la conséquence d'un autre contrat. Je montrerai en outre, en m'occupant spécialement de ces mandataires, que cette faculté de révocation est réduite quand il s'agit de mandataires *ad lites*, ou de *procuratores in rem suam*.

§ 4. — *Renonciation du mandataire.*

Le mandat peut prendre fin par la volonté du mandataire, de même que par celle du mandant, c'est-à-dire que, par sa renonciation, le mandataire peut, sauf certaines circonstances, où elle est intempestive, se soustraire aux obligations de son mandat (L. 22, § 11, *in fin.*; L. 27, § 2). Certes, dès qu'il a accepté le mandat, le mandataire, qui était avant libre de ne pas l'accepter, devient obligé de l'accomplir; mais, comme j'ai déjà eu l'occasion de le dire ailleurs, cette obligation est mitigée par le droit qu'il a de renoncer au mandat accepté. Le principe de cette faculté de renoncer est dans les mêmes considérations qui ont fait admettre le droit pour le mandant, de révoquer le mandat donné. Et d'abord, c'est le caractère de gratuité du mandat; le mandataire, en principe, n'a voulu que rendre service : il doit lui être tenu compte de ce désintéressement. Si, au moment où il a accepté le mandat, il n'a pas compris les difficultés de l'affaire, s'il n'a cru s'exposer qu'à une faible perte de temps, et que l'entreprise dont il s'est chargé soit longue, onéreuse, préjudiciable à ses propres intérêts, il est juste de venir au secours du mandataire désabusé, et de l'autoriser dans une juste mesure à revenir sur son acceptation. Enfin cette matière est dominée par le principe : « *nemini officium suum damnosum esse debet* » (L. 61, § 5, Dig., *Furtis*, Afric.). Ce sont là les raisons qui ont fait admettre que le mandataire pourra toujours, sans autre motif qu'un changement de volonté dont il ne doit compte à personne, renoncer au mandat, pourvu que cette renonciation ait lieu *tempestive*, c'est-à-dire qu'elle intervienne à temps, pour que le mandant puisse encore, soit par lui-même, soit par un tiers, exécuter l'affaire qui fait l'objet du mandat; dans ce cas, le mandataire est relevé de son obligation, sans avoir à présenter d'excuses : « *Cum adhuc integra causa est, semper tempestivè renonciatur,* » car alors sa renonciation n'entraîne aucun effet préjudiciable pour le mandant. C'est pour éviter ces effets préjudiciables, qu'on oblige le mandataire qui renonce au mandat, d'avertir *quam primum*, le plus tôt possible, le mandant, de cette renonciation, afin que celui-ci avise.

Cette obligation d'avertir le mandant de sa renonciation est on ne peut plus juste et logique, car on ne saurait reconnaître au mandataire, dans tous les cas, ce droit de renonciation qui est, en définitive, contraire aux intérêts du mandant. Lui permettre de renoncer à son gré au mandat, c'eût été reconnaître entièrement le but de ce contrat; car le mandant, au lieu d'avoir, suivant l'ordre naturel des choses, le mandataire à son service, eût été à la merci de toutes les volontés, de tous les caprices de celui-ci.

La renonciation du mandataire pourra être même tardive et intempestive, et cependant elle mettra fin au mandat si elle a lieu pour des motifs légitimes : « si justa intervenerit » (Inst., § 11). Les lois 23, 24 et 25 énumèrent ces cas où le mandataire est déchargé, alors même que le défaut de gestion a causé un préjudice au mandant. Le mandataire, en raison des forces majeures énumérées dans ces lois, est alors excusé. Ces excuses sont les suivantes, d'après le texte romain : une maladie grave du mandataire, une inimitié grave survenue entre le mandant et lui, l'insolvabilité du débiteur si le mandat a pour but de poursuivre un recouvrement, l'insolvabilité du mandant (*inanes rei actiones*) ou toute autre juste cause, par exemple un voyage nécessaire, comme le dit Paul (*Sent.*, lib. II, tit. 15, § 1).

A l'occasion de la loi 24, je remarquerai les deux explications qu'en donnent Favre et Pothier : Favre explique ces mots : « *seu ob inanes reis actiones*, » en disant qu'il s'agit de l'insolvabilité du débiteur que devait poursuivre le mandataire. On comprend, en effet, que celui-ci n'ait pas voulu grever son mandant de frais inutiles dirigés contre un insolvable. Pothier, au contraire, pense qu'il s'agit là de l'insolvabilité du mandant, dans le cas où le mandataire aurait à exercer contre lui l'action contraire. Je ne trancherai pas cette controverse, quoique la plupart des auteurs soient partisans de l'explication du président Favre. Il importe peu, au point de vue du résultat, que le texte ait en vue le débiteur ou le mandant ; car, au moyen de la loi 25, « seu aliam justam causam excusationis alleget », on fait entrer sous la protection de la loi l'espèce qui ne serait pas comprise dans les termes de la L. 24.

On considère comme non avenue une renonciation même si elle est fondée sur des motifs légitimes, mais que le mandataire n'a pas, dès qu'il l'a pu, *quam primum*, signifiée au mandant : il sera alors tenu d'indemniser le mandant de tout le dommage qui résulterait pour lui de l'inexécution du mandat.

De même, quand la renonciation du mandataire est coupable, le mandant ne peut pas néanmoins le contraindre à une exécution forcée du mandat ; mais, par l'action directe, il obtiendra réparation de tout le préjudice que lui aura causé la renonciation fautive de son mandataire.

CHAPITRE VI

DES DIVERSES APPLICATIONS DU MANDAT

Après avoir recherché les caractères essentiels du mandat, sa formation, ses effets et ses modes d'extinction, je crois nécessaire, pour faire apparaître le rôle du mandat tel qu'il était, pour en avoir une idée complète, de le suivre dans la vie pratique et le voir se mêler aux autres actes juridiques, qu'il modifie par sa présence, et qui le modifient à leur tour. Les principaux de ces actes sont : l'instance judiciaire, l'intercession, et la cession des créances ; je chercherai à passer rapidement en revue ces actes pour voir comment on y employait le mandat, et quelles modifications il subissait dans chacune de ces applications.

§ 1. — *Du mandat appliqué à l'instance judiciaire, ou* procuratio ad litem.

Le mandat *ad litem* est produit par les mêmes causes, par les mêmes nécessités que le mandat extrajudiciaire : « nam et morbus, et ætas, et necessaria peregrinatio, itemque aliæ multæ causæ impedimento sunt quominus rem suam exequi possint » (Inst., L. IV, tit. X. pr. *in fin.*).

J'ai renvoyé à étudier, sous ce paragraphe, la question très remarquable des progrès de la législation romaine sur cette matière de la représentation judiciaire.

Sous la procédure des actions de la loi, il est de principe que « nemo alieno nomine lege agere potest » (L. 123, D., *R. J.*). Mais il fallut bien admettre tout d'abord quelques exceptions impérieusement exigées, par suite de l'impossibilité radicale où se trouvaient certains possesseurs de droits, de les défendre par eux-mêmes. C'est ainsi que Justinien, en posant le principe de la non-représentation en justice, fait une exception : « nisi pro populo, pro libertate, pro tutela » (Instit., IV, 10, pr.).

Quand on dit que, dès les premiers temps de Rome, on pouvait agir en justice *pro populo*, il faut entendre cela, non-seulement pour le peuple, mais pour les villes, les municipalités, dont l'intérêt collectif ne pouvait naturellement être défendu que par représentants. (L. 1, § 1, Dig., 3, 4.)

Dans les procès en revendication de la liberté, il fallait nécessairement déroger à la règle ; ne pas admettre que l'on puisse agir pour revendiquer la liberté d'une personne qu'on tient comme esclave, c'est ne pas permettre la revendication de la liberté : car la personne qui était en cause ne pouvait se défendre elle-même. C'est en faveur de la liberté, que l'on permet à tout citoyen de se porter *assertor libertatis*.

Il était aussi nécessaire d'admettre le tuteur à plaider pour son pupille *infans* ou absent ; mais, en vertu du principe, « cessante causâ cessat effectus », il a toujours été de règle que le pupille, sorti de l'*infantia*, agit lui-même « cum auctoritate tutoris ». (L. 1, §§ 2 et 4, Dig., 26, 7.)

Enfin, une loi *Hostilia*, dont la date ne peut être précisée, mais dont l'antiquité est incontestable, autorisa, *odio furum*, la représentation en justice des personnes victimes d'un vol, lorsqu'elles étaient en captivité ou absentes dans l'intérêt de la République ; ce privilége fut étendu aux pupilles de ces mêmes personnes, dont l'absence les eût laissés sans défense. (Instit., IV, 10, pr.)

En dehors de ces exceptions, la règle de la non-représentation en justice recevait son application rigoureuse. Cette prohibition primitive ne tarda pourtant pas à être modifiée, et, insensiblement, il arriva que l'exception se substitua à la règle, et que le principe sous l'empire du système formulaire fut le contraire de l'ancien ; aussi Gaius dit-il : « nunc admonendi sumus, agere posse quemlibet aut suo nomine, aut alieno. » (Com. IV, § 82.) Ce progrès du droit ne se réalisa que par degrés ; on admit d'abord un représentant spécial, qui fut appelé *cognitor* et qui, à l'origine, dut vraisemblablement être le seul reconnu, comme prouve M. Demangeat (t. 2, p. 659, note 2), qu'à l'époque de Cicéron, le *procurator* n'était pas encore reconnu (Cic., *Pro Roscio comœdo*, 18 ; *ad Herennium*, II, 13).

Pour constituer valablement un *cognitor*, il fallait employer des paroles solennelles, en présence de son adversaire et devant le magistrat (Gaius, IV, § 83). Il n'était pas essentiel que le *cognitor* lui-même fût présent, mais il n'était réellement *cognitor* que dès l'instant où il avait connu et accepté le mandat ; dès qu'il a accepté, il confond en quelque sorte sa personne juridique avec celle du mandant, il emprunte à celui-ci sa qualité pour agir, en un mot, il le représente, pour employer une expression moderne, mais très-exacte : la sentence est rendue pour ou contre le mandant, qui seul pourra agir contre la partie adverse, ou être actionné par elle, en vertu de la chose jugée (Paul, *Sent.*, I, 2, § 4). Ulpien (1) dit

(1) Fragmenta Vaticana, § 318.

qu'on se montrait moins rigoureux pour un changement dans le choix des paroles solennelles, qu'en matière d'actions de la loi.

Mais, de même que les *actus legitimi*, tels que la *mancipatio*, l'*hereditatis aditio*, la *datio tutoris*, etc., la constitution du *cognitor* ne pouvait se faire à terme ou sous conditions ; toute condition exprimée l'entachait de nullité (L. 77, D.. *R. J.*).

A raison même de la solennité de sa constitution, le *cognitor* présentait certains avantages particuliers et des inconvénients qu'il est facile de prévoir.

Outre les précautions à prendre pour éviter les nullités de forme en prononçant les paroles solennelles, il fallait encore faire participer par sa présence, son adversaire, à cette solennité gênante ; cela formait des entraves à la liberté du mandat. En revanche, le *cognitor* n'était en quelque sorte dans le débat que le porte-voix de l'absent : c'était un vrai représentant, dans le sens moderne du mot ; mais, à cause des inconvénients que présentait la solennité de sa constitution, le *cognitor*, malgré ses avantages, ne pouvait pas être un représentant ordinaire ; aussi bien avait-on recours le plus souvent au simple *procurator*.

Il n'y a aucune solennité de formes dans la constitution du *procurator* : point de paroles consacrées ; un simple mandat suffisait, même à l'insu de l'adversaire. Gaius (IV, § 84) dit même que, suivant certains auteurs, on peut considérer comme *procurator* toute personne qui, même sans mandat, intervient de bonne foi dans le procès et garantit «dominum rem ratam habiturum.» Il arrive souvent, en effet, que le mandat, dont l'existence semble incertaine au début, se révèle dans le cours du procès ; il était donc équitable de permettre au *procurator* d'agir, sans exiger qu'il produisît tout d'abord la preuve de son pouvoir.

Les rôles du *cognitor* et du *procurator* étaient à l'origine très-indispensables ; tandis que le *cognitor* s'identifiait, pour ainsi dire, avec la personne de l'absent, et n'était qu'un instrument, un moyen d'action dans le procès, le simple *procurator* ne représentait qu'imparfaitement son mandant. Sans doute, les droits qu'il faisait valoir en justice étaient ceux du mandant, et les conclusions étaient prises au nom de ce dernier, qui seul figurait dans l'*intentio*, à l'exclusion du nom du *procurator* ; mais, à la différence du *cognitor*, le *procurator* était réellement *dominus litis*, car c'est pour ou contre lui que la condamnation était prononcée (Gaius, IV, § 86). — S'il était condamné, il avait contre le mandant l'action *mandati directa* pour se faire indemniser de tout le préjudice ; si la condamnation était à son profit, par l'action *mandati contraria*, il était tenu de restituer au mandant tout le bénéfice de cette condamnation.

Cette manière indirecte de procéder présenta de graves inconvénients; il importait de régulariser les situations des parties ; car, pour le mandataire, s'il avait été condamné, il est évident que « melius erat non solvere, quam solutum repetere » ; le mandant avait aussi un grand intérêt à cette régularisation des situations, car l'insolvabilité possible du mandataire pouvait l'empêcher de profiter du bénéfice recueilli pour lui par son représentant.

Aussi, bientôt on sentit le besoin de combiner les avantages du *cognitor* avec ceux du *procurator*. Dès le règne d'Alexandre Sévère, on décida que le *procurator præsentis*, c'est-à-dire simplement constitué par le mandant en personne à l'audience, en présence de l'adversaire, mais sans aucune parole solennelle, serait assimilé au *cognitor* : l'action *judicati* est donnée au constituant et contre lui (*Frag. Vat.*, § 331, § 317; Paul, *Sent.*, I, 3, § 1; C. Th., *Cognit. et proc.*, c. 7). — Par une seconde innovation, plus radicale que la première, on en vint à ne plus tenir compte de la présence de l'adversaire, lors de la constitution du *procurator*, et de mettre au rang du *cognitor* tout mandataire dont la procuration était certaine. Il en fut de même pour le *negotiorum gestor*, dont l'administration avait été ratifiée par la personne intéressée ; on désignait plus spécialement ce gérant d'affaires sous le nom de *defensor*, parce que la gestion d'affaires avait le plus souvent pour but de défendre les intérêts d'une personne compromise pendant son absence.

Dès lors, il y eut identité complète entre le rôle

du *cognitor* et celui du *procurator*, et Justinien, au liv. IV, tit. 10, pr., ne parle plus que des *procuratores* qui avaient hérité des avantages conférés aux *cognitores* disparus, tout en dépouillant les inconvénients de cette sorte de mandat solennel, « alieno nomine, y est-il dit, veluti procuratorio, tutorio, curatorio (agi potest). »

Déjà, sous le système des actions de la loi, le tuteur pouvait agir au nom de son pupille ; il représente parfaitement son pupille, comme le ferait un *cognitor*, surtout lorsqu'il n'a pu se dispenser d'agir seul, comme le dit Ulpien (L. 2 pr., Dig. 26, 7) : « Si tutor condemnavit, sive ipse condemnatus est, pupillo et in pupillum potius actio judicati datur, et maxime si non se liti obtulit, sed quum non posset vel propter absentiam, vel propter infantiam, auctor ei esse ad accipiendum judicium. » Les curateurs des fous ou des mineurs de vingt-cinq ans sont, au point de vue dont je m'occupe, traités comme les tuteurs ; comme eux, ils peuvent agir et représenter ceux dont ils gèrent les affaires, dont ils ne sont à vrai dire que les mandataires généraux ; Papinien, appliquant cette idée au cas de mort du fou, dit : « non dabitur in curatorem, qui negotia gessit, judicati actio, non magis quam in tutores (L. 5 pr., 26, 9).

Par suite de ce que l'action était intentée par ou contre un *cognitor* ou un *procurator*, la formule subissait certaines modifications ; ainsi, dans le cas où le demandeur était *cognitor* ou *procurator*, il faisait écrire l'*intentio* du chef de sa partie, et faisait rédiger la *condemnatio* à son profit; dans le cas inverse, l'*intentio* désignait le défendeur lui-même, et la *condemnatio* était dirigée contre le représentant. Si l'action était réelle, l'*intentio* n'était pas différente, soit que l'action fût poursuivie contre un *procurator* ou *cognitor*, soit qu'elle fût exercée contre le *dominus*, car l'*intentio* de ces actions ne désignait pas le défendeur; mais la *condemnatio* était prononcée contre le *cognitor* ou contre le *procurator*.

Paul (lib. 8, *ad Edict.*) dit que la *procuratio ad litem* n'est pas admise pour les demandeurs dans les actions populaires, mais il l'admet pour le défendeur : « Qui populari actione convenietur, dit-il, ad defendendum procuratorem dare potest : is autem, qui eam movet, procuratorem dare non potest. » (L. 5, Dig., *Pop. act.*) La raison en est que les actions populaires étant ouvertes à tous, parce qu'elles tendent à protéger les intérêts de tous (L. 1, Dig., *Pop. act.*), il importe peu qu'elles soient exercées par l'un plutôt que par l'autre. Mais, si l'intérêt privé se mêle à l'intérêt public, alors la faculté d'agir par procureur reparaît; par exemple, si on se plaint de la violation d'une sépulture ou du mauvais état d'une route, etc. (L. 42 pr., Dig., *Procurat.*)

Il y a dans le mandat *ad litem* des limites de capacité qui sont étrangères au mandat ordinaire.

En effet, qu'il s'agisse de la capacité du mandataire vis à vis du mandant, ou de sa capacité vis-à-vis des tiers, on reste dans les termes du droit commun : celui qui contracte avec un incapable subit les conséquences de son imprudente négligence. Mais ici il n'en est plus de même : le plaideur n'est pas libre de suivre l'instance ou de l'abandonner, le *procurator* de la partie adverse lui est imposé, il a donc besoin de garanties ; aussi, si Paul (L. 41. pr., Dig., *Procurat.*) permet à la femme d'être procureur *ad litem* pour son père ou sa mère, en cas d'empêchement d'un autre procureur, et après enquête, dans tout autre cas il défend à la femme, au militaire, au malade incurable, au sourd-muet, à celui qui va s'absenter *reipublicæ causâ*, à celui qui va occuper une magistrature et à celui qui peut être contraint de subir un jugement, d'être *procuratores ad litem* (1).

En sens inverse, toute personne peut agir par procureur, excepté l'agent de la ville, en ce qui concerne les affaires publiques, c'est l'avis d'Ulpien dans le livre 4 de ses *Opiniones* : « Nec civitatis actor, dit-il, negotium publicum per procuratorem agere potest. » (L. 74, Dig., *Procurat.*)

(1) L. 54 et L. 43, Dig., *Procuratoribus*.

§ 2. — *Du mandat appliqué à l'*intercessio *ou* mandatum pecuniæ credendæ.

Ulpien (L. 1, § 5, *ad. S. C. Velleian.*) dit que « intercedere est suscipere in se alienam obligationem » ; intercéder, c'est donc prendre à sa charge la dette d'autrui, s'obliger pour une autre personne, soit pour le libérer immédiatement, soit pour rester obligé avec elle et pour elle. Elle pouvait avoir lieu de diverses manières. Et d'abord *verbis*, au moyen de paroles solennelles. C'est ce qui a lieu au cas d'*adpromissio*, quelle que soit d'ailleurs la forme qu'elle présente. Au fond, l'*adpromissio* n'est qu'une espèce de mandat ; le promettant principal donne mandat à ses *sponsores*, ses *fidepromissores*, ses *fidejussores*, de s'obliger pour lui, et ce qui le prouve, c'est qu'il peut être poursuivi par eux en cette qualité par l'action *mandati* (Gaius, III, § 127). Mais je ne veux entrer ici dans aucun détail sur la *sponsio*, la *fidepromissio*, et la *fidejussio*, car c'est là une matière toute spéciale, et en dehors du cadre que je me suis proposé de donner à cette étude.

L'*intercessio* n'avait pas toujours lieu au moyen de paroles solennelles ; quelquefois un simple mandat ordinaire, résultant du seul consentement des parties, suffisait pour la constituer. Dans ce cas, ce n'est plus le mandataire qui garantit la dette d'autrui, c'est le mandant, qui prend alors le nom de *mandator pecuniæ credendæ*, ou même simplement *mandator*. Ainsi, par exemple, lorsque je vous donne ordre de prêter vos fonds, soit à intérêt soit sans intérêt, à telle personne déterminée, on ne considérait pas comme un simple conseil cette espèce de mandat ; on considérait qu'il y avait, dans la désignation de la personne à laquelle il fallait prêter, un engagement pris par le mandant de rembourser lui-même le mandataire, à défaut de l'emprunteur ; on présume, on admet comme prouvé, que c'est sous l'impulsion unique du conseil du *mandator* que le mandataire a prêté son argent, et alors on applique la décision qu'Ulpien donne, dans la loi 6, § 5.

Ce point n'avait pas été admis sans discussion. Justinien, d'après Gaius (1), dit que les Proculiens n'admettaient pas qu'un tel mandat fût obligatoire ; mais l'opinion contraire des Sabiniens l'avait emporté. Les Proculiens disaient que l'opération du *mandatum pecuniæ credendæ* n'offrait aucun intérêt pour le mandant ; mais ce mandat présentait une grande utilité pratique, et c'est pourquoi la logique des principes fut écartée en cette matière. En effet, au moyen de ce mandat, on peut cautionner de loin, *inter absentes*, la dette d'autrui, au lieu d'avoir à recourir comme auparavant à des cautionnements où votre intervention directe, personnelle, était rigoureusement exigée.

(1) Justin., *Instit.*, III, 26, §6, Gaius, III, §156.

Définitivement reconnu valable, ce mandat était considéré comme l'équivalent ou à peu près, de la fidéjussion ; c'est ce qu'indique Julien à la loi 32 : « Neque enim multum referre (puto) præsens quis interrogatus fidejubeat, an absens mandet. » Le contrat dont il s'agit était si intimement lié, dans l'esprit des jurisconsultes, à la fidéjussion, qu'ils l'en rapprochent partout et que, au Digeste (liv. 46, tit. 1), au Code (liv. 8, tit. 41), et dans la Novelle 4 de Justinien, cette question connexe est traitée sous cette rubrique significative : « *De fidejussoribus et mandatoribus.* »

Mais cette assimilation ne doit pas être poussée trop loin ; il ne faut pas croire que l'analogie soit complète. Sans doute, ce mandat a, avec la fidéjussion, de nombreux points de ressemblauce, mais des différences multiples les distinguent et les séparent. En résumé, et pour ne pas entrer dans des détails trop grands, voici les résultats que fournit leur comparaison.

Ressemblances. — 1° Le *mandatum pecuniæ credendæ* est voisin de la fidéjussion, en ce qu'il est comme elle un mode d'*intercessio* : comme le fidéjusseur, le *mandator pecuniæ credendæ* intervient, sans y avoir intérêt, entre le créancier et le débiteur, pour garantir à l'un le paiement de la dette de l'autre, en s'obligeant lui-même envers le premier ; 2° les prohibitions du sénatus-consulte Velléien s'appliquent au *mandatum pecu-*

niæ credendæ, comme à la fidéjussion ou à toute autre espèce d'intercession, et il interdit aux femmes de se porter *mandatores* pour autrui (LL. 6 et 7, Dig., *ad senatus-consultum Velleian.*) ; 3° comme dans la fidéjussion, le prêteur (créancier) a deux débiteurs : le débiteur principal, et le *mandator* ; il peut poursuivre à son choix, soit l'emprunteur par l'action *ex stipulatu* ou par la *condictio certi ex mutuo*, soit le *mandator* par l'action contraire de mandat ; ce dernier, s'il a payé, aura son recours soit par l'action du mandat, soit par l'action *negotiorum gestorum* contre le débiteur ; 4° de même que le fidéjusseur, le *mandator pecuniæ credendæ* a joui, au fur et à mesure de leur introduction dans le droit romain, des bénéfices de cession d'actions, de division (L. 7, Dig., 27-7; C., *pecun. constit.*), et de discussion (Nov. 4, C., 1).

Différences. — Aux analogies remarquables que je viens de signaler, s'opposent des différences aussi notables, aussi saillantes, que je dois également exposer.

1° Le *mandatum pecuniæ credendæ* est un contrat consensuel, et, partant, il peut se faire *inter absentes* ; la fidéjussion se constitue toujours *verbis, per interrogationem et responsionem*, comme la stipulation elle-même.

2° La fidéjussion est parfois concomitante, le plus souvent postérieure au contrat principal, tandis que le *mandatum pecuniæ credendæ* ne pourrait être qu'antérieur au contrat de prêt, *an-*

tequam pecunia crederetur ; c'est ce que dit, dans la loi 12, § 14, Ulpien, d'après Papinien.

3° De la différence que je viens de citer, il résulte que le préteur traite plus favorablement le fidéjusseur que le *mandator pecuniæ credendæ*, quand ils sollicitent l'un et l'autre les bénéfices extraordinaires dont pourrait se prévaloir le débiteur principal. Si l'on suppose que le débiteur demande et obtienne, à raison de l'engagement par lui contracté, la *restitutio in integrum*, par exemple, parce qu'il était mineur de vingt-cinq ans ; le créancier, suivant que le mineur aura un *mandator pecuniæ credendæ* ou un fidéjusseur, pourra se retourner contre ces débiteurs, mais avec des chances inégales. Le *mandator* ne sera jamais admis à invoquer ce bénéfice, personnel au débiteur principal ; le fidéjusseur pourra y être admis selon les circonstances, *causâ cognitâ*. Le fidéjusseur, en effet, est intervenu dans l'affaire, presque toujours, après la consommation du prêt ou tout au moins sur la sollicitation de la personne qu'il a cautionnée ; tandis que le *mandator*, qui a été, à vrai dire, l'instigateur du prêt, le conseiller de l'affaire, la source du préjudice, ne doit pas pouvoir dégager aussi aisément sa responsabilité ; c'est ce qu'exprime Ulpien en ces termes : « Facilius in mandatore dicendum erit non debere ei subvenire : hic enim velut affirmator fuit et suasor ut cum minore contraheretur. » (L. 13, Dig., *Minor.*)

4° Avant Justinien, si le créancier qui a un débiteur et un fidéjusseur, poursuit l'un d'eux, l'autre se trouve libéré dès qu'il y a *litiscontestatio* avec le premier; la raison en est que le débiteur principal et le fidéjusseur sont tenus d'une même obligation, et qu'en la faisant valoir contre un seul, le créancier a déduit *in judicio* tout son droit. Au contraire, dans le cas du *mandator*, il y a deux contrats distincts : l'un dérivant de la stipulation ou de toute autre cause, entre le créancier et le débiteur principal, l'autre, contrat de mandat, entre ce même créancier et le *mandator;* il y a, conséquemment, deux actions distinctes, et le créancier qui a poursuivi le débiteur sans obtenir son payement, peut encore recourir contre le *mandator* par l'action contraire de mandat (LL. 13 et 71, Dig., *Fidejussor et Mand.;* L. 27, § 5, Dig., *Mand.*). Je dois pourtant dire, en passant, que, sous ce rapport, Justinien a assimilé le fidéjusseur au *mandator pecuniæ credendæ* (L. 28, C., *Fidejus.*).

5° En vertu du principe de la consomption de l'action *litiscontestatione*, dès qu'on était arrivé à cette période du procès, le fidéjusseur ne pouvait plus réclamer et obtenir du créancier poursuivant, la cession des actions qu'il avait contre le principal débiteur et les autres fidéjusseurs. Mais il n'en est pas de même pour le *mandator pecuniæ credendæ;* la *litiscontestatio* intervenue entre l'*actor* et le *reus*, ne change en rien sa situation juridique: et non-seulement la *litiscontestatio* ne le prive pas du droit d'obtenir le bénéfice de cession d'actions, mais il peut encore le réclamer après la condamnation, même après qu'il a effectué le payement et désintéressé son créancier. Il ne faut pas oublier, en effet, que le contrat intérieur qui a eu lieu entre le créancier et le mandant est tout à fait distinct de celui qui s'est passé entre ce même créancier et le débiteur principal; le mandant poursuivi par l'action contraire de mandat, et, de ce chef, condamné, peut réclamer la cession de l'action que le créancier a contre le débiteur principal, la *condictio certi ex mutuo*, qui n'a pas été déduite en justice et qui peut conséquemment être cédée (1).

6° Du même principe découle aussi la différence que le créancier, s'il y a plusieurs fidéjusseurs, ne peut, en principe, n'en poursuivre qu'un, car la *litiscontestatio* avec celui-là libérait les autres; mais s'il y a plusieurs comandants, il peut les poursuivre successivement, jusqu'à parfait paiement, comme dit Papinien : « Plures ejusdem pecuniæ mandatores, si unus credendæ judicio eligatur, absolutione quoque secuta, non liberantur, sed omnes liberantur pecunia soluta » (L. 52, § 3, Dig., *Fidej.*) Cette différence tient au caractère respectif des contrats de fidéjussion et de mandat; le premier étant de droit strict, on

(1) L. 28, Dig, *Mand.*; L. 95, § 10, Dig., *Solut.*; L. 41, § 1, Dig., *Fidej.*

y interprète rigoureusement les engagements pris par les parties, et on applique les principes, sans souci de l'équité : « electione unius cæteri liberantur, » disent les principes, l'équité doit dire : « solutione tantum cæteri liberantur, » aussi dans les contrats de bonne foi, comme le mandat, l'équité l'emporte, et il est vrai de dire que c'est le paiement seul de la dette, et non le choix du débiteur poursuivi qui libère les autres codébiteurs.

7° Si le fidéjusseur, qui s'oblige en vertu d'un contrat de droit strict, est poursuivi, et qu'il réclame la cession d'actions, peu importe que le créancier se soit mis par sa faute dans l'impossibilité de les céder, le fidéjusseur est néanmoins tenu intégralement. Ainsi le créancier, eût-il libéré le débiteur principal par un pacte *de non petendo*, le fidéjusseur, autre débiteur, non libéré, devra, sans soulever aucune objection contre ce pacte de remise, acquitter la dette cautionnée par lui ; en un mot, le fidéjusseur n'a le droit de réclamer que les actions appartenant encore au créancier lors de la *litiscontestatio* (1).

Au contraire, le mandat, contrat consensuel et de bonne foi doit être interprété *ex æquo et bono* ; le mandataire tenu de gérer en bon père de famille, devait conserver avec soin, pour les céder au mandant, toutes ses actions ; s'il en a perdu

(1) LL. 21, *in fin.*, et 22, Dig., *Pactis* ; LL. 15; 15, § 1 et L. 62, Dig. *Fidej.*

par sa faute, il n'a pas rempli son obligation, et le mandant n'est tenu d'exécuter la sienne que dans la même proportion ; il appartiendra au juge d'apprécier *bonâ fide* dans quelle mesure le mandataire a manqué à ses obligations, et, par suite, à dégager le mandant des siennes. Cette idée reçoit une application particulière dans la loi 95, § 11, Dig., *Solut.*, où Papinien suppose que l'*actor* a perdu, par plus pétition, son action contre le *reus*: « Si creditor a debitore culpâ suâ, causâ ceciderit, prope est ut actione mandati nihil a mandatore consequi debeat, quum ipsius vitio acciderit, ne mandatori possit actionibus cedere. » C'est cette dernière règle que le Code civil français applique (art. 2037) à la caution.

§ 3. — *Du mandat appliqué à la cession des créances, ou* procuratio in rem suam.

En étudiant l'effet du mandat à l'égard des tiers, j'ai dit qu'on ne pouvait acquérir par une personne étrangère ni droit réel ni droit personnel ; la conséquence de ce principe fut l'impossibilité de céder une créance : en effet, si cette cession eût été permise, le principe aurait en quelqne sorte disparu, la créance acquise au nom d'une personne eût été immédiatement transférée à une autre, et ainsi l'acquisition indirecte se serait trouvée consommée. On ne comprenait pas à Rome que le lien juridique qui constitue la créance pût se détacher d'une personne pour être rattachée à une autre, sans qu'il fût porté atteinte à l'existence même de l'obligation, et on ne pouvait appliquer aux droits personnels les divers moyens usités exclusivement pour transférer la propriété (Gaius, II, § 38). Il y avait cependant maintes circonstances dans lasquelles un créancier désirait faire passer à un tiers le bénéfice résultant pour lui de l'obligation ; rien n'était plus facile si le débiteur voulait y prêter son concours, en promettant à l'un ce qu'il devait à l'autre : il y avait alors novation par changement de créancier; mais, si l'on voulait se passer du concours du débiteur, ou si ce dernier le refusait, le transport dont il s'agit ne pouvait se réaliser directement.

On ne tarda pas à trouver le moyen de remédier à cet inconvénient, et ce moyen consista dans le mandat donné par le cédant au cessionnaire de poursuivre le débiteur ; il est vrai de dire que le mandataire agit alors dans son propre intérêt, qu'il gère sa propre affaire, c'est pourquoi il est appelé *procurator in rem suam ;* mais ce moyen répondait mal au but des parties, qui se proposaient de faire passer la créance d'un patrimoine dans un autre, en un mot d'aliéner ; or, la *procuratio in rem suam*, comme tout mandat *ad litem* qu'elle est, ne vaut pas entre toutes personnes capables d'aliéner et d'acquérir, et aucun mandat n'est, par lui-même, un acte d'aliénation. Aussi ce n'est qu'avec certains adoucissements qu'on apporta aux principe, que l'on arriva à appliquer le mandat à la cession des créances.

C'est ainsi que l'on dut arriver à permettre d'être *procuratores in rem suam*, à des personnes qui ne pouvaient accepter un mandat *ad litem* : c'est ainsi que, pour ce cas, on releva les femmes de l'incapacité où elles étaient de plaider pour autrui (Paul, *Sent.*, I, 2, § 2 ; L. 8, § 2, Dig., *Procur.*); l'incapacité où étaient les infâmes, de plaider pour autrui, tombant en désuétude, ils purent se faire vendre des créances par le moyen du mandat *in rem suam* (Inst., IV, 13, § 11) ; desorte qu'on peut dire que, dans le dernier état du droit, toute personne ayant la capacité générale de contracter, pouvait être des *mandatores in rem suam*.

Une fois ce mandat accepté, le droit cédé n'en restait pas moins au cédant ; certainement le cessionnaire peut recevoir et poursuivre le paiement, consentir un pacte *de non petendo*, ou déférer le serment (L. 13, § 1, Dig., *Pactis* ; L. 17, § 3, Dig., *Jurej.*); mais, tant qu'il n'a pas consommé le droit, c'est toujours un simple mandataire, et partant, le cédé ne reconnait pour créancier que le cédant; donc : *a*) s'il paye entre les mains de celui-ci, le cessionnaire ne pourra plus rien lui réclamer ; *b*) le cédé peut opposer au cessionnaire les exceptions qu'il acquiert contre le cédant ; *c*) le cédant peut révoquer la *procuratio in rem suam*, poursuivre par conséquent lui-même le cédé, et conclure avec lui une exception à l'effet d'éteindre la créance (L. 23, § 1, Dig., 18-4); *d*) cette espèce de mandat prend fin tant par la mort du cessionnaire que par celle du cédant.

Mais cette théorie sur les effets de la *procuratio in rem suam* se modifia de telle façon, que, vers la fin de l'époque classique, on peut dire qu'il n'en restait plus presque rien. Le *procurator in rem suam* devient alors un véritable acquéreur de la créance ; ceci ne se fit que progressivement : ainsi d'assez bonne heure le cédé fut rendu responsable de son dol envers le cessionnaire, de sorte qu'il ne pouvait plus payer au cédant, ni conclure avec lui une convention à l'effet d'éteindre son obligation, dès que, par un moyen quelconque, il a connu la procuration (L. 17, Dig., *Transac.*); mais aussi en revanche accorde-t-on au débiteur cédé, le droit de repousser l'action du cédant par l'exception de dol (L. 16, Dig., *Pact.*). De ce que le *procurator in rem suam* gérait sa propre affaire, on finit par lui accorder un droit propre, ce qui eut pour effet de le dispenser de l'obligation de rendre compte, et de lui permettre de garder pour lui tout le bénéfice de l'obligation à lui cédée (L. 13, Dig., *Pactis*; L. 42, § 2, Dig., *Procurat.*); on lui accorda de même, de son chef, des actions utiles, ce qui fit que le cédant ne put plus ni l'empêcher de poursuivre en poursuivant lui-même (L. 55, Dig., *Procur.*), ni révoquer, de quelque façon que ce soit, le mandat donné (L. 25, Dig., 33); alors on admit de même qu'un tel mandat subsistera nonobstant la mort de l'une des parties.

Ainsi, en définitive, la *procuratio in rem suam* inventée par les jurisconsultes différait peu, quant à ses résultats, d'une véritable cession. Cette assimilation fut encore plus complète quand on évita au cessionnaire le besoin de fournir la preuve, souvent bien difficile, de la mauvaise foi du débiteur qui a payé entre les mains du cédant : cette innovation eut lieu au moyen d'une signification de la cession que le cessionnaire faisait au cédé, signification qui avait pour effet de rendre le cessionnaire maître du droit cédé, comme il l'eût été par la *litiscontestatio*. (L. 3, C. *Novat.)*

Pour être complet sous ce rapport, je vais dire en terminant, que l'usage de la *procuratio in rem suam* fut restreint d'abord par une constitution d'Anastase qui introduisait dans le droit romain, le retrait litigieux (L. 22, C., *Mand.*), sauf quelques exceptions, savoir : *a*) les cessions intervenant entre cohéritiers et ayant pour objet des actions héréditaires; *b*) celles qu'un créancier accepte comme paiement ou un propriétaire comme garantie et sûreté des choses qui lui ont été transmises ; *c*) celles qui ont nécessairement lieu entre légataires ou fidéicommissaires de créances ou d'actions; *d*) les cessions faites à titre gratuit. Justinien (L. 23 et 24, C. *Mand.*) supprime les exceptions établies par Anastase, sauf le cas de cession à titre gratuit, et encore faut-il que la donation embrasse toute la créance et non une partie.

DROIT CIVIL FRANÇAIS

DU MANDAT

CHAPITRE PREMIER

DE LA NATURE ET DE LA FORME DU MANDAT

§ I. — *Définition.*

L'art. 1984 donne du mandat la définition suivante :

« Le mandat ou *procuration* est un acte par lequel une personne donne à une autre le *pouvoir* de faire quelque chose pour le mandant et *en son nom.* »

« Le *contrat*, ajoute cet article, ne se forme que par l'*acceptation* du mandataire.

On voit par cette définition, radicalement différente de celle de Pothier, que les rédacteurs du Code ont intentionnellement abandonné la théorie de leur guide habituel ; de là cette définition ne manqua pas d'être critiquée par plusieurs jurisconsultes, et notamment par M. Troplong (1), qui cite à cette occasion plusieurs auteurs qui sont de son avis (2), et auxquels je puis ajouter un auteur moins ancien, M. Domenget (3). Ces auteurs critiquent la définition que donne l'art. 1984 et veulent, les uns la suppléer par une autre définition qu'ils croient plus complète, les autres, revenir tout simplement à celle de Pothier.

M. Troplong trouve que l'art. 1984, en donnant la définition du contrat de mandat, contient des expressions équivoques, qu'il est très-vague, et laisse dans l'ombre bien des traits caractéristiques du mandat. En un mot, il dit que cette définition est inexacte et incomplète : elle contient des expressions équivoques, dit M. Troplong, parce qu'elle définit la procuration et non le mandat; elle est inexacte puisqu'elle « rapetisse à l'excès l'idée qu'on doit se faire d'une procuration, quand il veut que le procureur ou mandataire, fasse la chose non-seulement pour le mandant, mais encore au nom de ce même mandant »; enfin, il a critiqué le mot pouvoir, « il n'y a pas, dit-il, seulement pouvoir de faire quelque chose, il y a obligation. » En vérité, en face de M. Troplong et des autorités qu'il cite, on ose à peine entreprendre

(1) *Du Mandat*, n° 7; *du Louage*, n° 810.

(2) Delvincourt, t. 3, p. 238; Duranton, t. 18, n°s 189, 190 et suiv. Les annotateurs de Zachariæ, t. 3, p. 121, note 2. MM. Championnière et Rigaud, t. 2, n° 1479.

(3) *Du Mandat, commission et gestion d'affaires*, sur l'art. 1984.

de justifier le législateur. Cependant, je vais chercher dans ma conviction les forces morales nécessaires pour essayer de montrer que les critiques qu'on a faites de cette définition ne sont pas fondées.

Et d'abord je crois pouvoir répondre au premier chef de cette critique par une simple observation. La définition que le Code donne du mandat est équivoque, dit M. Troplong, parce qu'elle définit la procuration et non le mandat. Cela est certes vrai, si on s'arrête au premier alinéa de l'article 1984, mais est-ce que jamais jurisconsulte peut critiquer une loi avant de se rappeler le principe : « incivile est, nisi totâ lege inspectâ, respondere » (1)? Comment? Est-ce qu'il n'est pas visible que les rédacteurs ont défini le mandat dans l'art. 1984 *tout entier* et non pas dans le *premier alinéa seulement* de cet article? Que fait. en effet, l'art. 1984? il établit d'abord que la *procuration* est un *acte*... et puis il dit que le *contrat* de mandat se forme par l'*acceptation* de la procuration. Quoi de plus exact ? Qui est-ce qui pourrait nier que le *contrat* de mandat se compose de deux *actes*, la procuration donnée au mandataire, et l'acceptation de cette procuration par celui-ci.

C'est au moyen de la même observation que je vais essayer de répondre au troisième chef de cette critique. Quand M. Troplong dit que le manda-

(1) L. 24, *de Legibus*, Dig.

taire n'a pas seulement pouvoir de faire quelque chose, mais il en a l'obligation, il a raison ; mais quand il dit que le Code est inexact en employant cette expression de « pouvoir, » il a tort. En effet, le mot « pouvoir » ne se trouve dans l'art. 1984, qu'au premier alinéa; or, je viens de démontrer que, dans ce premier alinéa, le législateur n'a pas défini le contrat de mandat, mais seulement la procuration. Or, « le contrat ne se forme que par l'acceptation du mandataire, » dit l'art. 1984 ; avant cette acceptation, il n'y a pas de contrat; donc, pas d'obligation : il n'y a qu'un simple « pouvoir » accordé au mandataire par cette procuration. Qu'il accepte, et le contrat se formera : la *procuration* se changera en *mandat*, le *pouvoir* se transformera en « *obligation* » ! Rien donc n'est plus exact, que le mot « pouvoir » employé dans le premier alinéa de cet article, dans la définition de la procuration.

La rédaction de l'article me paraît aussi irréprochable quant aux mots « et en son nom ». M. Troplong dit, et c'est là le reproche le plus grave qu'il fait à cette définition, que l'insertion de ces mots rapetisse à l'excès l'idée qu'on doit se faire de la procuration. Cette représentation évidemment possible, dit M. Troplong, n'est pas nécessaire comme l'exige l'art. 1984. « Il y a une foule de cas, dit-il (1), où le mandataire n'agit pas au

(1) *Du Mandat*, n° 8.

nom du mandant, quoiqu'il agisse pour lui. Rien n'est plus connu que l'usage du commerce de constituer des mandataires qui opèrent avec les tiers, en leur propre nom, et s'obligent personnellement, bien qu'ils ne soient que les procureurs d'autrui. Ce mode de procéder n'est même pas particulier aux affaires de commerce ; il a lieu très fréquemment dans les matières civiles. Pothier(1) en donne des exemples usuels; la pratique et l'expérience en offrent de quotidiens....... Enfin, pour ne pas multiplier les citations, contentons-nous de rappeler le contrat de command qui donne à l'art. 1984 un si remarquable démenti. » Voilà les paroles textuelles de M. Troplong. L'accusation est grave, le démenti est sérieux ,mais je vais essayer de démontrer qu'elle n'est pas fondée.

Je répondrai pour cela que, dans les cas que M. Troplong cite, et dans tous ceux qu'il a eus en vue et qu'il ne cite pas, il n'y a pas, à vrai dire, mandat, mais un contrat *sui generis* qui ressemble en certains points au mandat. Ainsi, quand M. Troplong cite le contrat de command, croit-il que ce soit là un vrai mandat, dans l'acception où le mot est pris dans le titre XIII du livre III du Code civil? Evidemment non! Dans le contrat de command il y a ceci de particulier que le nom de celui pour le compte duquel l'acte se fait de-

(1) *Mandat*, n° 88.

meure caché pendant un certain délai (trois jours après l'adjudication, dit l'art. 707, C. pr. civ.). Mais il y a plus, et même si on veut soutenir qu'il y a là un vrai mandat, je maintiendrai mon opinion en ce qui concerne ce reproche qu'on fait au Code. En effet, ne pourrais-je pas alors dire que le contrat de command rentre exactement dans la définition de l'art. 1984 ? Oui, car le commandé n'agit pas en son nom propre, il agit *au nom d'une personne* qui reste inconnue jusqu'au moment où l'acte se consomme.

En ce qui concerne le contrat de commission, je dirai de même que ce n'est pas là un mandat dans le sens où le mot est pris dans l'art. 1984, mais un contrat à part, un contrat *sui generis*, un contrat que l'art. 94 du Code de commerce définit en disant que: « le commissionnaire est celui qui agit *en son propre nom* ou sous un nom social, pour le compte d'un commettant » ; définition qui diffère essentiellement de celle que l'art. 1984 donne du mandat. Il est vrai que l'exactitude de cette distinction a été vivement contestée par M. Troplong (*Mandat*, n° 251), en ces termes : « Il semblerait à un esprit superficiel que cette situation d'un mandataire agissant en son propre nom est particulière au contrat de commission, tandis que celle du mandataire agissant au nom du mandant est propre au droit civil. *Mais il n'y aurait pas de plus grande erreur......* » Je l'avoue, je suis un de ces esprits que M. Troplong caractérise de superficiels, et je continue à croire que dans le mandat, le mandataire devra agir *au nom* du mandant. Je pourrai même retourner contre lui la dernière proposition du passage de M. Troplong : *Il n'y a pas de plus grande erreur*, pourrais-je dire, que de croire que le mandataire civil peut agir en son propre nom. Cette erreur est justifiable chez un esprit superficiel, mais non chez un jurisconsulte aussi savant, aussi consommé que M. Troplong ; car cette erreur est tout simplement le produit d'une confusion entre le sens du mot *mandat* dans les acception diverses qu'il reçoit dans la langue française ; il désigne, en effet, tantôt le contrat qui fait l'objet de cette étude et où l'agissement a lieu au nom du représenté, tantôt une foule d'autres contrats *sui generis*, où l'agissement a lieu au nom du représentant (1), en sorte que, pris dans un sens large, le mot mandat comprend et le mandat proprement dit et la commission : le mandat est le genre, la commission est l'espèce. C'est là l'origine de l'erreur de M. Troplong. Mais, dès qu'on le prend par opposition au mot commission, on le renferme nécessairement dans un sens étroit, dans le sens d'un agissement pour le représenté et au nom de ce même représenté. Ceci me sera on ne peut plus facile à démontrer, par l'art. 94 du Code de commerce qui dit, dans son deuxième alinéa : « les de-

(1) Paul Pont, *Petits Contrats*, t. I, n° 796.

voirs et droits du commissionnaire qui agit *au nom d'un commettant* sont déterminés par le Code Napoléon, livre III, titre XIII. » Que veut dire cet article, sinon que le commissionnaire contracte en vertu d'un mandat quand il agit au nom du commettant, et en vertu d'un contrat de commission toutes les fois qu'il agit en son propre nom? Tout ceci, malgré la critique que fait M. Troplong de cet article, me parait décisif !

On ajoute encore, pour critiquer les expressions « et en son nom » employées par l'art. 1984, qu'il y a bien, en dehors du contrat de command et de la commission, « une foule de cas où le mandataire n'agit pas au nom du mandant quoiqu'il agisse pour lui. Pothier, dit-on, en donne des exemples usuels ; la pratique et l'expérience en montrent de quotidiens. Et on cite en ce sens les hypothèses suivantes : « Vous priez un ami, qui va voyager en Suisse, de vous rapporter une montre de Genève ; vous écrivez à votre ami de Nancy de vous acheter comptant à Baccarat un vase de cristal, et de vous le remettre à son premier voyage à Paris ; il est clair que cet ami n'a pas besoin de faire savoir au vendeur qu'il agit en votre nom, qu'importe, en effet, au vendeur qui est payé comptant » (1) ?

Je répondrai ici, pour défendre le législateur, que, sans doute, j'admets toutes ces conventions,

(1) Troplong, *Mandat*, n° 8.

car elles n'ont rien d'illicite. Mais ce que je conteste, c'est que, dans ces hypothèses, il y ait mandat. Certes il y aura mandat dans l'acception vulgaire de ce mot ; il y aura peut-être mandat dans une acception très-large de ce mot ; mais il n'y aura jamais mandat dans l'acception où ce mot est pris par le Code civil, au titre XIII du livre III. Il n'y a pas plus véritable mandat dans ces hypothèses, qu'il n'y a vente dans la convention qui consiste à me promettre la possession libre et paisible d'une chose moyennant un certain prix. Comment, quand le Code définit si bien, si clairement le mandat, voudrait-on soutenir qu'il y a mandat dans ces hypothèses ? En vertu du principe de la liberté des conventions, proclamé par la loi, je reconnais que celle dont il s'agit est valable et fait loi entre parties ; mais ce n'est qu'en tant qu'un contrat *sui generis* qu'il sera obligatoire ! Ce ne sera qu'un contrat innomé, qu'une espèce de commission de droit civil, et non pas un mandat ! Ainsi je ne lui appliquerais pas les règles spéciales au mandat, celles qui ne sont écrites dans le Code que pour le contrat de mandat, comme sont, par exemple, celles contenues dans l'art. 1990 relatif à la capacité du mandataire, celles des articles 1997 et 1998 relatifs aux obligations envers les tiers ; je ne lui appliquerais pas davantage aucune des décisions que j'émettrai et qui auront pour motif l'idée de représentation du *dominus* par le gérant. Car, je le maintiens, il n'y a pas de mandat en dehors de cette représentation ; cette représentation est la condition *sine quâ non* du contrat de mandat.

Enfin, en dernier lieu, on ajoute que l'art. 1998 prouve l'absence de représentation puisqu'il impose au mandant l'obligation d'exécuter les engagements contractés par le mandataire. Ce dernier argument me semble tout aussi facilement réfutable que les autres. En effet, cette obligation d'exécuter les engagements contractés par le mandataire existe vis-à-vis des tiers ; or, je le demande, en quoi cette obligation est-elle exclusive de l'idée de représentation ? Je crois, au contraire, qu'elle s'harmonise admirablement avec cette idée ; je crois parfaitement que cette obligation pourrait avoir pour motif la représentation, et qu'on pourrait dire comme M. Paul Pont (1) que : « c'est parce que le mandataire est à *l'image du mandant et ne fait que le représenter* » (2) que les engagements pris par lui lient et obligent le mandant envers les tiers, sans l'obliger lui-même (art. 1997). Ainsi l'art. 1998 confirme la définition de l'art. 1984, loin de la modifier.

Cette idée de représentation me paraît essentielle au contrat de mandat. Il me semble qu'il ne peut y avoir de mandat en dehors de cette re-

(1) *Petits Contrats*, t. I, n° 826, *in fine*.

(2) M. Tarrible dans son rapport au Tribunat (Locré, t. XV, p. 254, 255 ; Fenet, t. XIV, p. 600, 601).

présentation juridique du mandant par le mandataire, et que c'est là vraiment le trait distinctif et caractéristique du mandat, que c'est là le sens de cette maxime: *qui mandat, ipse fecisse videtur.* Et qu'on ne cherche pas à insinuer que la fonction représentative du gérant est une condition commune au louage d'ouvrages et au mandat, ce serait une erreur. En effet, l'art. 1710 définit le loúage d'ouvrage « un contrat par lequel l'une des parties s'engage à faire quelque chose pour l'autre, moyennant un prix convenu entre elles. » Où voit-on là l'idée d'une représentation? Pour moi, je n'en vois rien dans cet article; tout ce que j'y vois, c'est l'idée d'une convention conclue entre deux personnes, dont l'une fera quelque chose pour l'autre, mais, en agissant de son chef, par sa propre aptitude, pour son propre compte et intérêt, en considération du prix convenu ou du bénéfice que lui procurera l'exécution de la convention. Je n'y vois guère l'idée de représentation que je trouve, au contraire, impliquée essentiellement dans la définition que donne du mandat l'art. 1984; l'idée de représentation en ressort avec une évidence palpable et rien que cet article suffit pour que je sois autorisé à dire que c'est là précisément ce qui caractérise le contrat de mandat. Mais ce n'est pas là le seul article du Code qui soit conçu en ce sens: il y a plusieurs dispositions qui convergent à cette même idée; ainsi je pourrais citer comme le fait M. Paul Pont, en outre de l'art. 1998, une foule d'autres articles. C'est ainsi, par exemple, que parce que le mandataire n'agit pas pour lui et de son chef, parce qu'il est l'organe du mandant, parce que sa personne doit disparaître *comme un échafaudage devenu inutile après la construction de l'édifice* (1), que sa capacité personnelle n'est d'aucune considération dès que le mandant est capable de contracter (art. 1990).

Voilà quel est, à mon sens, le trait distinctif et caractéristique du mandat : la représentation du *dominus* par l'agent. Représentation qui, certes, pourra se retrouver accidentellement jointe à un autre contrat, mais qui est essentielle, nécessaire pour que le mandat puisse se contracter. En dehors de cette condition, je n'admettrai jamais l'existence d'un mandat.

Différence essentielle entre le louage d'ouvrage et le mandat.—En citant tout à l'heure l'art. 1710 qui donne la définition du contrat de louage d'industrie, j'ai fait remarquer que cet article, sauf l'idée représentation, était absolument identique à l'art. 1984. En effet, que trouve-t-on dans l'un et l'autre contrat ? Une partie qui s'engage à faire quelque chose pour l'autre, c'est là l'obligation que contractent et le locateur d'ouvrage et le mandataire; de plus, d'après moi, je ferais d'autres différences en ce qui concerne l'objet du contrat, et la

(1) Tarrible dans son rapport au Tribunat (Locré, t. XV, p. 249 ; Fenet, t. XIV, p. 595 et 596).

représentation. Si, comme le font certains auteurs, et notamment M. Troplong, on retranche de l'art. 1984, cette expression « et en son nom, » que reste-t-il, sinon un contrat de louage? Aussi les auteurs qui critiquent la définition du mandat contenue dans l'art. 1984, en disant que cette définition est incomplète, parce qu'elle ne contient pas le « *noble caractère de gratuité* (1) » du mandat. Pour que cette définition soit complète d'après eux, il faut ajouter, avec l'art. 1986, que « le mandat est gratuit s'il n'y a convention contraire, » et interpréter cet article dans le sens que, même lorsque, par suite de la convention, le mandataire reçoit un salaire, ce salaire n'est pas un *prix* véritable, mais une *indemnité*, un *honoraire*.

La question de savoir en quoi consiste la différence entre le louage d'ouvrage et le mandat salarié est très-importante, car une convention produira des effets tout à fait différents, suivant qu'elle formera l'un ou l'autre de ces deux contrats. Ainsi : 1° celui qui a commandé le service, n'est tenu, vis-à-vis des tiers, que jusqu'à concurrence de ce qu'il doit à l'entrepreneur, s'il y a louage; au contraire, s'il y a mandat, le mandant se trouve obligé comme s'il avait contracté lui-même et sans qu'il puisse s'acquitter entre les mains du mandataire; 2° en principe, la solidarité doit être expresse et résulter de la convention; le

(1) Troplong, *Louage*, t. II, n° 810 *in fine*, citant M. Berlier, orat. du gouvern. (Fenet, t. XIV, p. 584.)

principe a été maintenu à l'égard du louage pour l'une et l'autre partie; à l'égard du mandat, la solidarité (art. 2002) est établie en faveur du mandataire contre les comandants, la réciproque n'est pas admise; 3° il n'y a aucun privilége applicable au mandat; le louage d'industrie, au contraire, en présente un grand nombre (art. 2101, 3°; 2101, 4°; 2102, 3°; 2102, 6°; 2103, 4°; et art. 191, 8°, Code de commerce; art. 271 et 549 du même Code); 4° le mandat peut avoir une durée illimitée; au contraire, quand il s'agit du louage de services des domestiques et ouvriers, le contrat est nul, s'il n'est fait pour un certain temps, ou pour une entreprise déterminée; 5° le mandat prend fin par la volonté du mandant (révocation) ou par celle du mandataire (renonciation); cela n'arrive jamais pour le louage d'industrie, à moins qu'on n'ait fixé aucun terme exprès ou tacite; 6° le mandat prend fin aussi par le changement d'état de l'une ou l'autre partie; le louage d'ouvrage n'admet pas ce mode d'extinction; 7° le mandat finit toujours par la mort du mandant; le louage d'industrie persiste malgré la mort du maître, à moins qu'il n'apparaisse d'une manière bien évidente que le contrat a été fait *intuitu personæ domini*; 8° le mandat étant un contrat unilatéral, il pourra être fait par un écrit en exemplaire simple; le louage d'industrie, au contraire, devra être constaté par un écrit fait double conformément à la règle de l'art. 1325.

A part ces différences de pur droit, où, « il faut l'avouer, n'est pas la véritable importance de la question, la question a une portée bien plus haute; elle touche aux problèmes les plus délicats et les plus élevés de la philosophie et de l'économie sociale; et elle y touche, non pas seulement d'une façon abstraite et métaphysique, mais de manière à mettre en jeu une des choses les plus chères au cœur de l'homme, l'amour-propre de sa profession, la dignité même de son travail » (1). Voilà la véritable importance de la question; voilà pourquoi on a cherché à insinuer que la définition donnée par l'art. 1984 est équivoque, inexacte, incomplète !

Dans un premier système, soutenu par plusieurs jurisconsultes éminents (2), et notamment par M. Troplong qui examine très-longuement la question, on en revient à la théorie de Pothier, au système de la théorie romaine que M. Troplong résume ainsi : « Ce système est parfaitement homogène et rationnel. Il gravite sur cette idée, que le prix est la condition nécessaire du louage d'ouvrage; qu'ainsi tout travail gratuit, ou même tout travail libéral, et, par conséquent, inestimable,

(1) M. Clamageran, *Louage d'industrie*, n° 293, Paris, 1856. Ouvrage couronné par la Faculté de Paris.

(2) Merlin, *Rép.*, v° *Notaire*, § 6, n° 4; M. Troplong, *Louage*, article 1779, et *Mandat*, art. 1984 et 1986; Championnière et Rigaud, *Traité des droits d'enregistrement*, t. II, n° 1479 et suiv.; Demolombe, *Revue de législ.*, t. II, année 1846, p. 443; Marcadé, art. 1779; Duranton, XVIII, 196; Domenget et De Peyronny, *du Mandat*, n°s 32 à 38.

ne saurait donner lieu à un contrat de louage d'ouvrage; que c'est dans le mandat seul qu'il faut aller chercher, dans ce dernier cas, la règle de la position des parties » (1). Ce système consiste donc à dire que la différence entre le louage d'ouvrage et le mandat, se trouve : 1° dans la différence des faits qui en font l'objet : les uns émanent de l'intelligence et du cœur; leur ensemble constitue ce que l'on appelle les professions libérales; les autres émanent de la force physique seulement; leur ensemble constitue les professions illibérales, sordides; 2° dans la différence entre le *prix* et l'*honoraire*: le prix est un équivalent des services rendus, c'est un lucre, un bénéfice; l'honoraire n'a pas les mêmes caractères, ce n'est qu'une indemnité, qu'une récompense, qui loin d'être un équivalent du service rendu, maintient une dette purement morale, une dette de reconnaissance envers celui qui a rendu le service. Aussi, dit-on que le prix et l'honoraire s'enchaînent et se lient avec les professions sordides et les professions libérales.

Malgré l'importance des jurisconsultes qui soutiennent ce système, malgré tout le poids de leur autorité, je vais chercher à démontrer que ce n'est pas celui du Code, que, vu l'état de civilisation de la société d'aujourd'hui, le Code n'aurait pas pu admettre ce système ! Pour soutenir ce

(1) *Louage*, n° 801.

système, on a cherché des arguments, soit dans la philosophie, soit dans l'histoire, soit dans les textes; c'est sur ce terrain donc, que je vais essayer de poursuivre, examiner et discuter ce système; c'est sur ce même terrain que j'espère en démontrer le peu de fondement; c'est là que je vais, enfin, essayer d'établir le véritable système de la loi, qui est, à mon avis, celui qui consiste à dire que la différence entre le mandat et le louage, le trait caractéristique du mandat, consiste dans la représentation du mandant par le mandataire, système qui ne reconnait aucune distinction entre les professions.

Au point de vue philosophique, on reconnait, dans le système que je vais essayer de combattre, que la distinction entre le prix et les honoraires, entre les professions libérales et les professions viles, ignobles et sordides, est juste et bonne en soi; on accuse même les partisans du système contraire d'être des matérialistes, de vouloir renverser l'ordre social, de vouloir faire entrer par une porte dérobée, le matérialisme chassé de la société. « Ici, dit M. Troplong (1), notre question s'élève à une grande hauteur; elle touche aux principes les plus essentiels de la philosophie sociale. Le matérialisme vaincu de bien des côtés et chancelant dans les convictions, cherche à faire sa rentrée dans la société par l'industrialisme. Si de l'industrialisme il pouvait passer dans la partie

(1) *Louage*, art. 1779.

du droit qui règle les professions industrielles, la conquête serait immense. L'école utilitaire l'a tenté..... mais j'espère que ses efforts resteront infructueux. » Il continue longuement sur le même ton, en disant que le système de M. Duvergier, qu'il combat, méconnait les intincts les plus nobles de l'homme ou les confond avec les plus grossiers. Il fonde, enfin, la distinction sur deux idées : 1° différence entre les travaux manuels et les travaux intellectuels ; 2° différence du mobile. Ce sont ces deux idées dont je vais m'attacher à démontrer le peu de fondement avant de chercher à démontrer l'utilité du système que j'admettrai.

Par la nature même des choses, je pourrai commencer par nier l'existence même de la première de ces deux différences ; en effet, n'est-il pas exact de dire que les travaux les plus simples, les plus grossiers en apparence exigent toujours un certain développement et une certaine application de l'intelligence ? quel est, au contraire, le travail intellectuel qui ne suppose pas une certaine action physique ? Alors, la différence dont on parle, n'est plus qu'une différence du plus au moins, qui ne peut servir de fondement à la distinction ; car, en effet, où sera placé le point d'arrêt des professions manuelles, où commenceront les professions intellectuelles ? La transition serait bien embarrassante ! Mais je suppose que tout cela soit bien établi et que l'on connaisse au juste quels sont les travaux manuels et quels sont ceux de l'intelligence ; je suppose, enfin, que, si l'on se trouve en face d'un service rendu, on pourra toujours dire si c'est un service manuel ou intellectuel, il y aura toujours une question qui restera entière, c'est celle de savoir quand il y aura lieu à des honoraires et quand c'est un prix qu'il faut donner. On voudrait peut-être dire, comme on l'a fait, que le prix interviendra pour les professions manuelles, tandis que les services intellectuels seront récompensés par des honoraires, mais cette conclusion n'est pas logique. Où l'a-t-on trouvée ? quelle est la loi qui la pose ? Pourquoi n'appliquerait-on pas le prix aux travaux de l'intelligence ? Pour moi je ne vois rien dans la nature de ces travaux qui les rende incompatibles avec l'idée d'un *prix*. Qu'est-ce que le prix, en effet, si ce n'est *le résultat de la balance entre l'offre et la demande ?* Ce qui fait varier le prix, c'est la rareté de l'objet ou du service que l'on paye ; plus il est recherché, plus il est cher ; au contraire, plus il est offert, plus il est à bon marché ; et ceci, je le dis aussi bien des professions libérales que des professions illibérales, parce que je n'aperçois aucun motif sérieux pour faire la distinction entre ces deux catégories de professions. Un avocat, un professeur, un médecin, des professions on ne peut plus libérales, se font payer leurs consultations, leçons ou visites d'autant plus cher, qu'ils sont plus savants, plus habiles, plus recherchés ; en quoi ceux-ci diffèrent-ils du mécanicien qui, lui aussi, loue ses travaux, son industrie, d'autant plus cher, qu'il est plus savant, plus habile, plus recherché ? J'ai beau chercher, je ne vois pas la différence. Certes, aux yeux de M. Troplong, il y a une différence, car il croit que le prix est l'*équivalent* du service rendu, tandis que l'honoraire n'est qu'une indemnité beaucoup au-dessous du service reçu et qui impose à la personne qui a reçu le service, d'être à jamais reconnaissante envers celle qui le lui a rendu ; il est impossible, dit-il, de trouver l'équivalent du service que nous rend le médecin qui nous sauve la vie, l'avocat qui nous sauve l'honneur ; s'il n'y a pas d'équivalent, il n'y a pas de prix, il n'y a que l'honoraire. Ce raisonnement est faux, car, s'il n'est pas possible de trouver l'équivalent de ces services, dits libéraux, il n'est guère plus facile de récompenser certaines professions qui pourtant sont rangés dans la classe des professions viles et sordides, aussi largement que l'on devrait le faire pour arriver à l'équivalent du service rendu : aussi, pour moi, il est tout aussi difficile de trouver un équivalent digne d'être offert au laboureur qui travaille pour me permettre de vivre, à l'ouvrier qui me vêtit, à la nourrice qui allaite et soigne mon enfant, qu'au médecin et à l'avocat. C'est là que se trouve l'erreur de M. Troplong, c'est dans cette confusion qui lui a fait croire que le prix est l'équivalent du service rendu. Cependant ceci est impossible à trouver, le prix considéré comme équivalent n'est qu'une chimère ; en effet, le prix diffère essentiellement de la chose vendue ou louée, donc il n'y a pas et ne peut y avoir de commune mesure possible entre eux, partant il ne peut y avoir d'équivalent. Ce qui a été cause de l'erreur de M. Troplong, c'est encore qu'il a cru que, dans le louage, on payait le résultat du travail ; c'est une erreur, le résultat de l'opération n'entre pour rien dans l'estimation du prix : ce que l'on considère, c'est la plus ou moins grande difficulté d'obtenir le service rendu, le travail exécuté. Ce qui est juste, c'est que le prix soit en rapport avec l'activité réelle de l'ouvrier, non avec les conséquences plus ou moins lointaines de cette activité : il suffit souvent du moindre effort pour sauver la vie à un homme, quand il faut un travail pénible et ardu pour lui rendre un service presque frivole. S'il fallait que le prix soit l'équivalent du résultat du service rendu, celui qui aura sauvé la vie serait payé très-cher quoiqu'il n'ait presque pas eu de travail à faire, tandis que celui qui a fait un travail pénible n'aurait presque rien parce que la conséquence de ce travail, n'est qu'un service frivole. Ce que soutient M. Troplong, c'est que les travaux intellectuels ne sont pas susceptibles de *prix;* la meilleure preuve du contraire, c'est qu'ils sont susceptibles de *vente*. Si les hommes de génie vendent leurs productions, pourquoi ne pourraient-ils pas louer leur travail? Est-ce qu'on peut raisonnablement faire une différence entre le tableau, création sublime de l'artiste, et les leçons par lesquelles il enseigne son art ?

Dans les deux cas, il s'agit d'un travail accompli et d'un travail qui peut se payer ; le prix des leçons variera, comme le prix du tableau, selon que les beaux-arts seront plus ou moins goûtés, selon que l'artiste aura plus ou moins de mérite, plus ou moins de réputation, plus ou moins de rivaux. Certes, il est possible que la vente d'une œuvre artistique diffère sous certains points de la vente d'une œuvre ordinaire, toujours est-il que les deux se confondent au point de vue du prix ; or, c'est tout ce qu'il faut pour démontrer que les œuvres intellectuelles sont, aussi bien que les œuvres matérielles, susceptibles d'être appréciées en argent.

La deuxième différence entre les professions libérales et les professions ignobles et sordides, consiste, d'après les auteurs que je combats ici, dans la *différence du mobile.* Les carrières illibérales, disent-ils, n'ont d'autre mobile que le lucre, l'appât du prix est la seule raison qui fait agir celui qui a une de ces professions ignobles et sordides; les professions libérales, au contraire, ont pour mobile le dévouement, l'amour de l'humanité, ou, tout au moins, le culte de l'art, de la science, de la religion, la passion de la gloire, tout ce qu'il y a de plus pur et de plus noble dans le cœur de l'homme. Si c'est une question d'amour-propre, je commencerai par faire, moi aussi, la déclaration que j'admire les arts libéraux! Je dirai aussi que ce sont des professions dignes de tout le respect dont on les entoure généralement; je dirai même plus, j'ai une sorte de vénération pour ces professions qui donnent le ton de la civilisation moderne, de cet état avancé où tous les besoins de l'homme de quelque nature qu'ils soient, physiques ou moraux, cherchent et trouvent satisfaction. Mais mon culte pour ces professions est, et reste, purement platonique: il n'aveugle pas mon raisonnement; il me permet de voir clair dans le mobile, dans la raison d'agir de ceux qui les exercent. Eh bien! je ne crois pas du tout que le dévouement soit ce mobile, cette raison d'agir. Le dévouement, il ne faut pas le confondre avec le sentiment du devoir: ce sont deux choses radicalement différentes; l'un le dévouement, c'est l'abnégation, c'est le sacrifice. Le dévouement ne stipule rien, ne demande rien, pas même à la justice; il est en dehors du droit et même au-dessus de la justice; car le droit a pour but de rendre à chacun ce qui lui appartient, *suum cuique tribuere*, il a pour principe la réciprocité, l'égalité; le dévouement est au-dessus du droit, le dévouement a pour principe de préférer un autre à soi-même, le dévouement rend service pour le seul plaisir de rendre service, aucune autre pensée n'y préside, il n'y a pas de réciprocité, pas d'égalité dans le dévouement; il n'y a rien de ce qu'il y a dans le droit; c'est ce qui fait que ces deux principes sont incompatibles; le dévouement est certes de beaucoup supérieur au droit, mais il l'exclut. S'il était vrai que les professions libérales eussent pour mobile le dévouement, ce n'est plus au jurisconsulte à s'en occuper, ces professions dépasseraient le domaine du jurisconsulte, parce qu'elles dépasseraient le domaine du droit; elles monteraient au-dessus du droit, dans la sphère de la philosophie, car dans le droit on rencontre partout des principes de réciprocité, d'égalité, de *suum cuique*, tous principes inférieurs au dévouement, et qui ne méritent pas l'honneur de le régir. Mais cela n'est pas! Au fond des choses, j'ose affirmer que le dévouement n'est pas le mobile de ces professions! Je conteste qu'il en soit l'esprit véritable! Comment? Quand un avocat fait une plaidoirie, qu'il la prépare avec attention, quand un professeur prépare ses savantes leçons, quand un médecin soigne et guérit un malade, quand un artiste exerce son art, il a fait un acte de dévouement? Mais, encore une fois, où est donc ce dévouement? A-t-il, en exerçant sa profession, sacrifié sa vie, son honneur, sa santé, sa fortune? En un mot, a-t-il fait le sacrifice de quelque chose des biens de ce monde? Je ne le vois pas. Sans doute il a fait un travail difficile, mais qui l'est moins pour celui qui le pratique tous les jours, pour un spécialiste, que pour celui qui le ferait une fois par hasard; du reste, comme généralement il faut avoir des connaissances spéciales pour pouvoir faire ces travaux, il est très-rare que de tels services soient rendus par des personnes qui n'en font pas leur profession. Il y a de plus ceci, que ce travail ne reste pas sans récompense: il en reçoit une double. D'abord, c'est une récompense purement morale qui consiste dans l'acquisition de connaissances nouvelles ou de l'exercice même du travail, car ce genre de travail a ceci de particulier que plus on s'y livre, plus on cultive son intelligence, plus on la développe et on l'agrandit. Il y a ensuite une récompense matérielle, car ce travail est rétribué, il est même rétribué d'une manière beaucoup plus large que le travail manuel d'un ouvrier, parce que précisément les services rendus exigent plus de talent et d'activité de la part de celui qui les rend. Il reçoit même une troisième récompense qui consiste dans l'augmentation de la considération dont il jouit, dans les honneurs, enfin dans un changement en sa faveur de sa position sociale! Eh bien! dans tout cela où a-t-on eu l'idée de voir du dévouement? Est-ce par dévouement que certains artistes se font payer excessivement cher pour se faire entendre dans un concert? Est-ce par dévouement surtout qu'ils n'entrent pas en scène avant d'avoir touché leur salaire? et on voudrait encore appeler ce prix du nom pompeux d'*honoraire*? Cependant, c'est bien exercer une profession libérale, que d'être un chanteur plein de talent! Où est le dévouement? Moi, je n'en vois pas! Je n'en vois pas non plus de la part du médecin qui soigne un malade et qui reçoit pour cela le prix de ses services, prix qui parfois dépasse toutes les limites du raisonnable: cependant on le paie, pourquoi? Certes ce n'est pas pour faire un équivalent à la santé du malade, tout l'or du monde n'y suffirait pas, mais justement pour rétribuer le médecin des soins qu'il a donnés, soins d'autant plus précieux qu'ils sont plus rares, que le médecin a plus de talent, plus de science, plus de réputations. Eh bien, où est le dévouement?... Ah! si le médecin soignait ses malades pour rien, si c'était par simple bienfaisance que l'avocat a fait ses plaidoiries, j'accorderais qu'il y a là du dévouement, de l'amour de l'humanité! Mais ce n'est pas là le cas général; certes, les médecins ont souvent des heures de consultations gratuites; les avocats plaident souvent d'office sans toucher aucun prix, mais ce n'est là que l'exception. Aussi, je reconnais que les professions libérales donnent souvent *occasion* à de grands exemples de dévouement, ces professions plutôt que toute autre sont à même de donner de pareilles occasions, mais ce n'est pas là l'hypothèse ordinaire. Certes, quand le médecin brave une maladie contagieuse pour la guérir, quand il approche le malade, le touche de sa main, sachant qu'il peut gagner la même maladie et en mourir, il se dévoue; quand un savant étudie pour le progrès de la science, sur des cadavres, sachant que si le couteau lui glissait tant soit peu entre les doigts, il se tuerait, il accomplit là un acte de dévouement; quand le professeur enseigne la vérité méconnue sans craindre les proscriptions, quand Galilée enseignait que la terre tournait sur son axe et qu'il se laissa brûler par l'Église, il se dévouait à la science, à la postérité. Mais ce que je ne puis admettre, c'est qu'alors ces gens pensent à la récompense matérielle, ils s'inquiètent bien peu si c'est un honoraire ou un prix qu'ils vont recevoir! Je dirai même plus, généralement, dans ces occasions-là, ils ne sont presque jamais payés! Voilà du dévouement! il cherche sa récompense dans le seul plaisir que l'on éprouve à rendre service à ses semblables. Mais ce n'est pas là la règle générale, ce n'est que des cas exceptionnels. Du reste, même sous ce rapport je ne vois pas pourquoi on distinguerait entre les professions libérales et illibérales. Est-ce que celles-ci ne donnent pas, aussi bien que celles-là, *occasion* à des actes de dévouement et d'abnégation? Comment qualifier l'acte de l'industriel qui, au moment d'une crise, expose toute sa fortune pour donner du pain à ses ouvriers? Peut-on lui refuser le qualificatif de dévouement? N'y a-t-il pas au moins autant d'abnégation chez cet homme qui risque sa fortune et même son honneur (puisqu'il peut faire faillite), rien que pour être utile aux ouvriers qu'il a employés dans son usine? Qui est-ce qui oserait méconnaître le dévouement dans l'acte de l'ouvrier qui, au moment d'une explosion, se précipite pour arrêter la terrible machine et préserver ainsi la vie des autres, aux risques de perdre la sienne? Comment serait-ce l'appât du gain qui ferait que cet homme risque d'enlever à ses enfants leur père, leur unique soutien, pour aller repêcher un noyé, ou pour sauver les habitants et les biens d'une maison en incendie ? Non, je ne crois pas qu'on puisse aller jusque-là ! Le matelot qui, au milieu de la tempête, monte au haut des mâts pour sauver le navire du naufrage, est-ce qu'il n'accomplit pas un acte de dévouement ? Le guide qui vous conduit à travers les précipices des montagnes, n'a-t-il pas besoin de sang-froid, d'une certaine abnégation, dans l'exercice de sa profession ? Il en est de même jusqu'aux plus infimes des professions. Quel n'est pas, en effet, le dévouement du simple domestique dont les veilles se passent à vous soigner ? Je crois que si je voulais les citer toutes, il ne resterait guère de professions, fussent-elles les plus infimes, qui ne donnent souvent occasion à des actes de dévouement et d'abnégation. Pourquoi donc distinguer ? Pourquoi dire que le mobile de telle ou telle profession est le dévouement et l'abnégation, tandis que le lucre, le prix est le seul mobile de l'autre ? Je ne vois pas la raison de distinguer. Est-ce que l'on pourrait jamais prétendre qu'il y a plus de dévouement dans l'acte du médecin qui, au péril de sa vie, soigne une maladie contagieuse, que dans l'acte de ce matelot qui expose, pour sauver les voyageurs et l'équipage, au milieu du naufrage, non-seulement sa vie, mais le pain de ses enfants ? Eh bien ! pour moi, il y a plus de dévouement et d'abnégation dans l'acte de ce dernier, car il ne tire aucun profit de sa bonne action, tandis que celui-là ne fait qu'augmenter sa vogue, sa renommée, et même, puisqu'il est constant que ses honoraires sont en rapport avec sa vogue, il y gagne pécuniairement, parce qu'il pourra augmenter le prix de ses visites ! Quel est le bénéfice que tire de sa bonne action, le matelot dont je parlais? Rien; s'il meurt, ses enfants seront sans soutien; s'il survit et qu'il ait été mutilé, il ne pourra gagner tout au plus qu'une place à l'hôpital! Toutes ces professions qui ne sont pas rangées parmi celles dites libérales donnent donc aussi lieu à des actes de dévouement, et leur désintéressement est d'autant plus pur, que leurs actes ne sont entourés d'aucun éclat, et qu'aucun retentissement ne les accompagne. Ainsi donc, tout en reconnaissant que toutes les professions sont susceptibles d'inspirer le dévouement, je maintiens qu'aucune n'a le dévouement pour principe. Elles reposent toutes sur ce sentiment intime de l'homme, qui lui dit que toute peine mérite son salaire, que tout se compense dans la société, qu'un service rendu en attire un autre; ce sentiment est à la fois un espoir et une règle de conduite; un espoir parce qu'il nous montre la récompense au bout du but; une règle de conduite, parce qu'il nous apprend à nous rendre utiles à nos semblables.

A cela, M. Troplong se récrie : « La philosophie et le droit, dit-il, n'admettent pas que le magistrat soit un producteur d'arrêts, comme le tisseur est un producteur de calicots; que le prêtre soit un producteur de prières, comme l'ébéniste est un producteur de meubles ; que le génie de la poésie et des lettres produise des drames, des épopées, des livres, comme un mécanicien produit des ressorts d'automate. La philosophie, la morale et le droit soutiennent, avec raison, que ce n'est pas à une science qui a pour objet spécial de ses études la richesse publique qu'il faut emprunter les notions par lesquelles on estime le mérite des actes dont le dévouement et l'amour de l'humanité, bien plutôt que l'utile, sont le principe généreux. » Certainement, les adversaires de l'opinion que je soutiens, confondent : ce que j'ai cherché à démontrer jusqu'ici, c'est justement que le dévouement n'est pas le principe, le mobile des professions dites libérales ; l'équité, la réciprocité, voilà le véritable principe de toutes les professions. Le prêtre lui-même, dont la profession est un apostolat, se soumet à ce principe du jour où il demande un salaire; ce jour-là il ne s'abaisse pas, il ne s'avilit pas, comme on le prétend, il ne fait qu'obéir aux nécessités de la nature humaine, à la loi fondamentale de l'organisation des sociétés.

« Pour moi, dit encore M. Troplong, je suis de l'école de Montesquieu, qui disait : *il y a un lot pour chaque profession* (1). Je relève d'Aristote (2), qui classe les arts et métiers suivant une échelle

(1) *Esprit des lois*, liv. 13, ch. 20.

(2) *Politique*, l. 1, ch. 11, p. 65, de la traduction de M. Barthélemy-Saint-Hilaire.

où la supériorité relative dépend du degré d'intelligence ; de telle sorte que les uns sont relevés et les autres dégradés et serviles. Je n'oublie pas la démarcation si justement tracée par Cicéron (1), entre les professions libérales et les professions sordides..... Ce n'est pas de l'homme qu'il s'agit ici ; c'est de la profession considérée en elle-même, dans sa cause et ses moyens. Or, il n'est pas possible d'envelopper dans les mêmes catégories le travail mécanique et le travail de l'esprit, l'art exercé par intérêt et l'art exercé par dévouement, les services donnés dans une vue sordide, et les services inspirés par l'amour de la gloire, de la patrie, de l'humanité (2). » Loin de moi l'idée d'empêcher M. Troplong de suivre Montesquieu, de relever d'Aristote, et même d'appliquer des distinctions et démarcations faites par Cicéron, mais il me semble que le monde a marché depuis le temps de Cicéron et d'Aristote, et que la philosophie, comme toutes les autres branches des connaissances humaines, a dû se laisser entraîner par la loi du progrès. Voilà pourquoi je n'ai pas cru devoir trouver bonnes, aujourd'hui, des distinctions qui étaient peut-être excellentes au temps de Cicéron et d'Aristote, qui n'étaient pas mauvaises pour Montesquieu. Je développerai encore davantage ce point quand j'examinerai la question au point de vue historique.

(1) *De officiis*, l. 42.
(2) *Mandat*, n° 183.

Après avoir combattu la prétendue différence entre le prix et l'honoraire, et la différence du mobile dans les professions qui exercent l'activité humaine, je vais examiner l'argument qu'on tire du prétendu sentiment de reconnaissance qu'inspirent certains services à ceux qui les reçoivent. Eh bien ! je crois qu'on ne saurait, pour soutenir la division des professions en libérales et sordides, invoquer davantage ce sentiment de reconnaissance, que le dévouement. En effet, ces deux idées, la reconnaissance et le dévouement, sont des corollaires l'une de l'autre : le sentiment de reconnaissance suppose, presque toujours, de la part de celui qui rend le service, un certain dévouement, ou du moins une certaine constance de zèle, de soins et d'exactitude. Si ces deux idées ne sont que la conséquence l'une de l'autre, si elles ne font que se compléter l'une l'autre, pourquoi, une fois que j'ai démontré que le dévouement n'est pas le monopole des professions dites libérales, ne dirais-je pas que la reconnaissance peut se rencontrer, comme le dévouement, quelle que soit la nature de profession de celui qui rend le service? Est-ce que vous aurez plus de reconnaissance pour l'avocat qui a plaidé votre cause, que pour l'ouvrier qui a travaillé longtemps chez vous de suite, avec activité, et avec probité ? Est-ce que le médecin qui vient tous les jours, au cours d'une maladie, soigner la personne malade qui vous est chère, a plus de droits à votre reconnaissance que la garde-malade qui passe au chevet du malade tous ses instants? Pourquoi la simple garde-malade qui est aux plus petits soins envers le malade, qui cherche à prévenir ses moindres caprices, qui se résigne à subir toute la mauvaise humeur du malade, n'aurait-elle pas autant de droits à votre reconnaissance, que le médecin qui n'y passe que vingt minutes tous les jours? Est-ce qu'il n'y a pas au moins autant de dévouement dans l'acte de celle-là que dans celui du médecin? Cependant personne n'a pensé à mettre les garde-malades dans la catégorie des professions libérales. On voit par là l'inconséquence du système que je combats !...

« Une certaine continuité dans les relations de la vie et dans l'échange de services mutuels, dit M. Clamageran (1), nous dispose favorablement l'un pour l'autre, et si les services sont d'une part purement pécuniaires, de l'autre personnels, ils doivent exciter une reconnaissance plus vive chez celui qui a reçu ces derniers; mais ce sentiment de reconnaissance n'est l'attribut exclusif d'aucune profession; il est la récompense de tout homme qui sait faire aimer ses services (quels qu'ils soient) par la manière dont il les rend. »

Voilà comment j'ai cru pouvoir combattre cette théorie qui a sa raison d'être dans la distinction entre les professions libérales et illibérales, viles,

(1) *Du louage d'industrie*, n° 299 *in fine*.

ignobles ou sordides, sur la différence entre les honoraires et le prix. Je crois avoir démontré que ces distinctions sont fausses, qu'aux yeux du jurisconsulte, toutes les professions sont égales du moment qu'elles sont également utiles. Pour moi, je ne puis me faire à cette idée que certaines professions sont *par elles-mêmes* plus honorables que d'autres; au point de vue du droit, il me semble qu'elles sont toutes égales! que l'honneur n'est pas dans la profession elle-même, mais dans la manière dont on l'exerce, et je suis bien plus porté à dire que Vatel, maître d'hôtel de M. le prince, a agi poussé par un sentiment bien plus respectable, que certains médecins qui refusent leur secours toutes les fois que le malade n'a pas les moyens de payer leurs visites au prix qu'ils touchent ordinairement! M. Troplong (1) a beau railler avec madame de Sévigné (2) le désespoir qui fit que Vatel se poignarda parce que la marée n'était pas arrivée! Ils ont beau dire qu'*il se crut perdu d'honneur à force d'avoir de l'honneur à sa manière!* Je crois qu'il y a là un désintéressement qui place le sentiment de maître Vatel au-dessus de ce médecin qui refuse le secours de son art au malade pauvre qui ne peut le payer, ou qui ne peut le payer assez cher pour qu'il se dérange! Un autre exemple, qui aura le mérite d'être moins extraordinaire: n'y a-t-il pas plus d'honneur dans

(1) *Louage*, n° 807.
(2) Lettre 95.

l'exercice de la profession d'un humble facteur de poste, qui porte des paquets contenant des sommes relativement immenses, que dans l'exercice de la profession de ces administrateurs des grandes Compagnies qui, malheureusement trop souvent, se sauvent à l'étranger emportant l'argent des malheureux actionnaires? Qu'il me soit permis, en terminant, de protester contre une idée qui se retrouve souvent dans les raisonnements de l'opinion que je combats. Les auteurs qui soutiennent cette opinion, supposent sans cesse que le locateur d'ouvrage loue *sa personne*. Ainsi, M. Troplong (1) dit : « Le monde et la société méprisent ces pauvres diables de folliculaires que Voltaire représentait allant à la quête comme des moines mendiants. Ils les méprisent parce qu'ils se louent; mais quand Louis XIV demandait à Molière un chef-d'œuvre pour les pompes de sa cour, on savait bien que le grand poëte ne se louait pas au grand roi. Le génie de l'un répondait au génie de l'autre. »

Cette idée, que les locateurs d'ouvrages louent leur personne, me paraît inexacte et immorale. Elle est inexacte, car le louage consiste à louer ses services et non sa personne. Elle est immorale, car louer sa personne, pour un homme, ce serait trafiquer de sa conscience; pour une femme, ce serait se prostituer. On ne peut pas considérer

(1) *Louage*, n° 808 *in fine*.

ainsi le contrat de louage d'industrie, sans manquer, non-seulement aux lois positives, mais même aux lois de la morale, et je ne peux pas concevoir que ceci soit soutenu par des jurisconsultes qui se posent comme les défenseurs de la morale, comme les défenseurs de la philosophie spiritualiste, et qui accusent de matérialisme le système que je défends (1), système qui, pourtant, peut se défendre sans qu'on soit obligé d'en arriver aux inconséquences auxquelles arrivent, comme je viens de le montrer, ceux qui soutiennent l'opinion contraire.

Cette distinction est amèrement critiquée aussi par Championnière, qui trouve qu'elle est peu fondée, que l'inégalité des professions, pur préjugé résultant de cette inégalité des personnes et des biens qui faisait la base de la constitution romaine et du régime féodal, n'est qu'une opinion qui doit tomber et s'éteindre (2). Cependant, Championnière adopte en définitive l'opinion de M. Troplong, et il dit qu'il l'adopte à regret, mais qu'il croit qu'aussi mauvaise qu'elle soit en elle-même, cette distinction a été maintenue par les rédacteurs du Code : « Nous sommes loin de prétendre, dit-il, que ces règles distinctives du louage et du mandat salarié soient à l'abri de la critique. Nous pensons, au contraire, qu'elles reposent sur des distinctions peu fondées. Cependant

(1) V. Troplong, *Louage*, n° 807.
(2) *Traité des droits d'Enregistrement*, n° 1487, texte et note.

elles existent; elles sont constatées par la loi romaine, enseignées par Pothier, soutenues par Merlin, consacrées par un arrêt de la Cour de cassation, et, plus que tout cela, rendues nécessaires par le Code civil. En déclarant, en effet, le mandat susceptible d'un salaire, l'art. 1986 exige impérieusement une distinction entre ce contrat et le louage, car les conséquences de ces deux conventions sont bien différentes; on ne peut, sans brouiller les choses, appliquer à l'une les lois de l'autre. Or, peut-on prendre d'autres règles distinctives que celles que nous avons fait connaître? Un tribunal peut-il les rejeter sans excéder ses pouvoirs, et soutenir, sans nier ce qui est certain, qu'elles n'étaient pas celles que le législateur avait en vue? Comment d'ailleurs les remplacer (1)? »

On voit bien de là que Championnière n'est pas du tout adversaire du système que je défends; c'est tout simplement un partisan résigné de l'opinion adverse, qui ne demanderait pas mieux que d'en changer, quand on lui indiquera une combinaison qui remplace les distinctions qu'il blâme. Donc, quand j'aurai démontré qu'au point de vue même des textes et de l'histoire le système que je soutiens est bien celui du Code, je pourrai dire que Championnière compte parmi les partisans, et non pas parmi les adversaires de ce système.

(1) *Ibid.*, t. II, p. 443.

Je ne veux pas quitter l'examen de cette question sans faire remarquer, qu'au point de vue de la philosophie et plus particulièrement de la législation, Marcadé lui-même, qui combat pourtant l'opinion de Championnière citée ci-dessus, n'est pas un adversaire du système que je défends. Quoiqu'il critique, au point de vue purement philosophique, l'opinion de Championnière qu'il traite d'exagérée, quoiqu'il dise que ce sont là « de fâcheuses paroles que lui ont sans doute arrachées quelques instants de maladie ou de découragement(1) », pourtant, au point de vue de la législation, il blâme, lui aussi, le système de M. Troplong qui consiste à dire que les travaux des professions libérales sont des cas de mandat ; il préférerait qu'ils fussent l'objet d'un contrat spécial et *sui generis*. Tout en n'adoptant pas l'opinion que j'adopte, il critique, en législation, l'opinion adverse : « Dans une loi à faire, dit-il, (2) les œuvres de l'esprit et du cœur ne devraient être, selon nous, ni l'objet d'un mandat ni l'objet d'un louage ; car, s'il répugne d'admettre que le zèle de ces missionnaires qui vont arracher des peuplades sauvages à la barbarie, que la charité de ces saintes religieuses qui renoncent aux joies du monde (et quelquefois de la fortune) pour soigner dans nos hôpitaux les maladies les plus repoussantes, que le dévouement du médecin,

(1) Marcadé, sur l'art. 1779, II, *in fine*, p. 527, de la 6e édit.
(2) *Ibid.*, p. 525.

du soldat, de l'avocat et du professeur, que le génie de l'artiste et du savant, avec sa brûlante ardeur, son inspiration et son enthousiasme, que toutes ces saintes et belles choses ne sont que des choses à louer, n'est-il pas aussi par trop bizarre et contraire à toutes les idées reçues de voir un mandat, comme le fait le second des systèmes exposés, dans tout travail fait sans prix, de telle sorte que le savetier qui raccommode mes bottes se trouvé élevé à la dignité de mandataire le jour où il veut bien, pour une fois en passant, les raccommoder gratis! » J'aurais beau chercher, il me serait impossible de trouver une meilleure plaidoirie contre le système qu'en définitive Marcadé admet!

Maintenant que je crois avoir réfuté l'opinion adverse au point de vue philosophique, je vais m'attacher à l'examiner au point de vue historique et au point de vue des textes.

Au point de vue historique. Comme je l'ai déjà dit, la théorie que je combats ici était admise en droit romain, comme le prouve d'une façon indiscutable le § 13, *de mandato* aux *Institutes* de Justinien. Il est incontestable que cette théorie a été admise dans l'ancien droit français : Pothier (1) l'explique, dit qu'elle est reçue en France, et la justifie. Ainsi, quant à ce point, pas de doute. De là des auteurs, comme MM. Duranton, Marcadé, Troplong, et Domenget et de Peyronny, ont conclu

(1) *Mandat*, nos 26 et suivants.

que, puisque ce double fait historique leur est acquis, le silence du Code suffit pour faire admettre le même système en droit français ; car ce silence confirme l'ancien état des choses; pour y déroger, il aurait fallu que les rédacteurs se fussent donné la peine de faire une disposition expresse. Moi, je conteste et le silence du Code, et la conclusion qu'on en tire.

Et d'abord, même si j'admettais, pour un instant, que le Code ne s'est pas exprimé dans le sens de l'opinion que je soutiens, je contesterais encore la conclusion à laquelle on arrive, et ceci tient à ce que je disais plus haut, que le Code non-seulement n'a pas admis ce système, mais qu'il ne pouvait même pas l'admettre, malgré tout le bon vouloir du législateur, sans offusquer les nouvelles bases de la société. La société, en effet, comme l'homme, est sujette à la loi du progrès, qui la transforme et l'améliore. Ces transformations, qui peuvent ne pas être les mêmes pour toutes les sociétés dans un même espace de temps, sont pourtant fatales: tôt ou tard, elles doivent s'opérer. Depuis l'ancien droit romain jusqu'à nos jours, ces transformations ont été lentes, mais aussi elles ont été profondes et radicales; bien des principes, qui étaient en vigueur autrefois, sont devenus incompatibles avec le nouvel ordre des choses. La distinction entre les professions libérales et les professions sordides est un de ces principes. Elle a subi des transformations radicales ;

ce qui le prouve, c'est l'étymologie même des mots. Les professions libérales, ce sont les professions dignes des hommes libres ; l'existence de professions sordides suppose donc des esclaves, car si tous les hommes sont libres, toutes les professions sont libérales. Cette distinction a été très-bien assise dans le droit romain à cause qu'elle avait son fondement sur la division des personnes en libres et esclaves; on comprend qu'elle se soit maintenue dans l'ancien droit, car alors il y avait encore le servage, qui pourrait être considéré comme ayant pris la place de l'esclavage du droit romain ; il y avait encore des classes, comme à Rome, des castes distinctes dans la société; des nobles d'un côté, des vilains des autres; les uns vivant par le fer, les autres par le travail; le travail était considéré comme une chose honteuse: il était donc tout simple, il était même bon, dans l'intérêt de la civilisation, que la culture des arts et des sciences pût échapper à cette espèce de mépris sous le voile protecteur d'un mot heureux, précisément parce qu'il était vague et indécis : il était utile que le prix se cachât sous les honoraires (V. Clamageran, n° 301).

Cette distinction était donc utile, nécessaire même dans l'ancien droit. Mais il n'en est pas de même aujourd'hui ; la Révolution, ayant proclamé l'égalité civile de toutes les classes de la société, l'égalité devant la loi a implicitement condamné toute distinction du genre de celle dont je m'occupe, toute distinction qui avait pour fondement l'inégalité des personnes dans l'ancien droit. Considérant, en effet, que pour l'homme de bien le travail est la grande affaire de la vie, que, pour ainsi dire, la vie s'absorbe dans le travail, on ne peut proclamer cette division des professions en nobles et ignobles, sans, par là même, affirmer qu'il y a deux espèces de travaux correspondants aux catégories des professions ; mais comment dire qu'il y a deux espèces de travaux sans distinguer en même temps la société civile en deux classes : l'une, dont le travail et, par conséquent, la vie entière seraient réputés ignobles et sordides ; l'autre, qui aurait le monopole des instincts élevés et du désintéressement? Quoi de plus contraire aux principes de la Révolution et au principe de l'*égalité* surtout? Peut-on, à défaut de textes précis, admettre une pareille doctrine? Certainement non, car alors ce serait rejeter une telle inconséquence sur le législateur, ce qui excède les droits du simple interprète, du simple commentateur!

On a senti tout le poids de ce raisonnement, et on a essayé de trouver dans les travaux préparatoires des arguments en faveur de l'opinion que j'ai entrepris de combattre ici. Ainsi on a dit que les rédacteurs du Code ont voulu conserver au mandat « *son noble caractère de gratuité.* » Mais où donc se trouvent ces expressions ? C'est dans l'exposé des motifs fait par M. Berlier au

Corps législatif (1), et j'en conclurai quelles indiquent une interprétation de la loi, interprétation personnelle à M. Berlier, plutôt qu'elles ne manifestent l'intention du législateur. C'est qu'il faut bien remarquer que ce n'est pas dans le cours de la discussion au Conseil d'Etat que ces paroles se trouvent : alors, il est vrai, elles montreraient l'intention du législateur ! Et puis, quand même on admettrait que le législateur a voulu conserver au mandat le noble caractère de gratuité, s'ensuivrait-il qu'il ait voulu conserver la vieille distinction entre les professions libérales et les professions ignobles, sordides, viles ? Je ne le crois pas ; et je m'appuie, pour le soutenir, sur ce que nulle part, dans les travaux préparatoires, on ne parle des professions dites libérales opposées aux professions illibérales. Certes, dans le discours que M. Bertrand de Greuille prononça au Corps législatif au nom du Tribunat, on trouve le mandat salarié comme un acte désintéressé ; mais il n'en faut nullement conclure que ce soit là manifester l'intention de conserver la théorie du droit romain et de l'ancien droit. Voyez, en effet, à quelle hypothèse il fait allusion quand il dit que « *l'essence de la gratuité n'est pas altérée par la permission de stipuler un salaire* (2) ! Il ne fait allusion qu'au cas où un ami se charge, par hasard, d'une affaire, la soigne et reçoit pour ses soins

(1) Séance du 12 ventôse an XII.
(2) Locré, *Lois civiles*, t. XV, p. 262.

une récompense, et alors on appelle cette récompense une indemnité et non un prix. Il me semble que ce langage doit exclure implicitement la distinction entre les professions libérales et ignobles. Loin de là, c'est sur elles qu'on cherche à s'appuyer pour poser cette distinction ! Non-seulement on ne peut fonder cette distinction sur ces paroles de M. Bertrand de Greuille, mais, au contraire, c'est en faveur de mon système que je vais puiser un argument dans son discours. En effet, après avoir parlé d'un ami qui soigne, par hasard, quelques affaires de son ami, et après avoir dit que c'est là un acte de dévouement et de désintéressement, que, quand ces affaires exigent des soins si prolongés, si assidus, un grand développement de moyens, l'ami le plus dévoué ne pourra s'en charger sans rétribution, après avoir enfin caractérisé cette rétribution du titre d'indemnité, et avoir dit qu'elle n'altère pas l'essence gratuite du mandat ; en parlant, un peu plus tard, non plus d'un ami, mais d'un mandataire de profession, il ne s'exprime plus de la même façon, il a un tout autre langage à tenir au Corps législatif ; il est bien plus dur envers le mandataire salarié qu'envers un mandataire gratuit, justement parce que le mandataire salarié, par la stipulation du salaire, resserre de plus en plus les liens de son engagement, justement parce qu'alors ce n'est plus un service d'ami qu'il rend ; parce que, par la stipulation du salaire, le mandataire perd le droit à la reconnaissance du mandant ; parce que le mandataire qui stipule un salaire *reçoit le prix des services qu'il s'oblige à rendre.* N'est-ce pas là la négation la plus formelle de la théorie qui prétend que, même après la stipulation du salaire et son paiement, le mandant doit reconnaissance à son mandataire qui lui a rendu un service dépendant d'une profession libérale ? N'est-ce pas la condamnation même de la distinction entre les professions libérales et les professions viles et ignobles ? Du reste, je vais laisser un instant la parole à M. Bertrand de Greuille (1) : « La responsabilité des fautes qui ne tiennent pas au dol personnel, doit être moins rigoureusement appliquée au mandataire gratuit qu'à celui qui reçoit un salaire : parce que le salaire accepté par le mandataire resserre de plus en plus les liens de son engagement, et qu'il est tout naturel d'exiger plus de diligence et d'attention d'un homme qui *reçoit le prix du service qu'il s'oblige à rendre,* que de celui dont le zèle est uniquement dirigé par le sentiment de la bienfaisance. » Voyons, franchement, n'y a-t-il pas là une condamnation catégorique de l'opinion, que j'essaie de combattre ?

Mais, comme je le disais plus haut, ces paroles n'indiquent guère l'intention des législateurs : elles font partie du discours de M. Bertrand de Greuille, donc elles ne peuvent représenter que son opinion personnelle : aussi, de même que je

(1) Locré, t. XV, p. 265.

n'admets pas l'objection qu'on fait à mon système des paroles de M. Berlier, de même je n'invoque pas en faveur de mon opinion, celles de M. de Greuille qui sont pourtant bien plus claires, plus catégoriques et moins pompeuses que celles de M. Berlier. Aussi me contenterai-je, au point de vue historique, et en raisonnant dans l'hypothèse du silence du Code sur la question, d'invoquer les raisons philosophiques qui ne permettent pas de croire que le législateur a pu être inconséquent au point d'admettre, à côté de l'égalité devant la loi, la distinction entre les professions nobles et ignobles.

Au point de vue des textes, et abandonnant l'hypothèse du silence du Code, je vais essayer, non-seulement de combattre l'opinion adverse, mais d'établir que mon système est le seul admissible ; je vais tâcher de prouver, que le Code n'a pas gardé le silence, comme on le soutient, mais qu'au contraire, le système que je défends a été admis par le Code d'une façon, sinon assez claire, du moins assez précise pour qu'on puisse voir l'intention du législateur d'innover sur la théorie romaine et de mettre la loi en rapport avec l'état actuel de la société et de la philosophie.

Pour soutenir, au point de vue des textes, l'opinion que je combats, on a invoqué d'abord le silence du Code au chapitre du *Louage d'industrie* en ce qui concerne les services dépendant de professions libérales. Le Code, a-t-on dit, ne parle, en traitant du louage d'industrie, que du service des domestiques et des ouvriers : donc il a entendu exclure les services de ceux qui se trouvent en dehors de ces deux catégories. Rien n'est moins fort que cet argument : il ne prouve rien parce qu'il prouve trop; car le Code n'a pas parlé non plus, dans le chapitre dont il s'agit, du louage des apprentis, ni du louage des matelots : irait-on jusqu'à dire que ce n'est pas là des cas de louage d'ouvrages? Certes non; du reste, pour exclure ces professions de la classe des services qui donnent lieu à un contrat de louage, il aurait fallu une disposition expresse du législateur, ce qui ne se trouve nulle part; donc on ne peut induire du silence du Code à ce chapitre, que les professions libérales font l'objet d'un contrat de mandat, pas plus qu'on ne peut tirer du même silence, que les engagements des matelots et ceux des apprentis ne forment plus aujourd'hui des contrats de louage d'industrie.

Un autre argument en faveur de l'opinion que je cherche à combattre ici, est tiré de l'art. 1986 du Code civil : « Le mandat est gratuit, s'il n'y a convention contraire », dit cet article. De là on a cherché à tirer une conclusion favorable à cette opinion : le mandat, dit-on, est un contrat désintéressé de sa nature; un prix ne peut être stipulé pour récompenser le mandataire des soins qu'il a donnés aux affaires du mandant, il n'y a qu'un *salaire* de possible, et de là on déduit que le Code a maintenu la différence entre le prix et l'honoraire (salaire) et la différence entre les professions libérales et illibérales. Sans doute, de l'art. 1986 on voit bien que, pour le législateur, le mandat est gratuit, désintéressé, de sa nature ; mais cela ne dit pas qu'il soit *toujours* gratuit ; lorsqu'il est salarié, il cesse d'être gratuit ; donc il n'est plus désintéressé, voilà, je crois, la conclusion juste à tirer de l'art. 1986. Mais j'admets que, même quand il est salarié, il reste un contrat désintéressé, cela prouverait-il que certaines professions soient nécessairement désintéressées ? cela autoriserait-il à maintenir dans la législation actuelle, cette distinction des professions libérales et ignobles, et de faire des premières les seules capables de n'agir que sous l'inspiration du désintéressement ? Je ne le crois pas ! Au contraire, je serai bien plus porté à croire que l'art. 1986 plaide plutôt en faveur de mon système. Si le Code, en effet, avait maintenu l'ancienne théorie des Romains, il aurait, par une conséquence logique, déclaré que le mandat est *toujours* et *essentiellement* gratuit, que l'honoraire ne fait pas obstacle à la gratuité parce qu'il n'est pas un prix. Mais le Code, au contraire, proclame le mandat gratuit s'il n'y a convention contraire ; donc, s'il y a convention contraire, il n'est pas gratuit ; en conséquence, il cesse d'être désintéressé dès qu'un salaire a été stipulé. Il y a de plus ceci : le Code oppose le mandat gratuit au mandat qui n'est pas gratuit, au mandat qui est payé, *salarié*, comme le disent les art. 1992 et 1999 et quelle expression plus forte, plus énergique aurait pu trouver le Code, pour indiquer qu'il veut se départir de la théorie de l'ancien droit et du droit romain?

Voilà donc, non pas un argument du système opposé, mais au contraire un argument en faveur de celui que je soutiens.

Je tirerai un autre argument en faveur de mon opinion de l'art. 272 du Code de commerce qui dit que « toutes les dispositions concernant les *loyers*, pansement et rachat des matelots, sont communes aux *officiers* et à tous gens de l'équipage. » De là je tire deux arguments en faveur du système que j'ai admis. Et d'abord, si on se place au point de vue de l'opinion que je combats, quelle profession plus noble, plus libérale que celle de capitaine de navire? Quelle profession a tous les caractères d'une profession libérale, autant que celle de capitaine de navire? En est-il une qui exige plus de dévouement, qui suppose plus d'intelligence? Certes, non! Pourtant l'art. 272 du Code de commerce déclare que c'est un simple louage d'ouvrage que fait le capitaine quand il s'engage à commander un navire! Cet homme qui, au point de vue de la noblesse de la position sociale, va être bientôt, non-seulement le chef de l'équipage, de tous les matelots, non-seulement tout le monde du bord lui devra le respect, mais qui sera, pour ainsi dire, l'arbitre de la destinée du navire, eh bien ! cet homme est traité par le Code de la même façon que ses gens d'équipage ! L'enseignement à tirer de l'art. 272 du Code de commerce, c'est que, si noble que soit sa profession, le capitaine de navire *loue* ses services, qu'il les loue *comme tout simple matelot*, dont la profession est cependant bien humble, bien peu libérale ! Que faites-vous, en face de cet article, de la distinction des professions en nobles et ignobles ou viles, en libérales et illibérales ou sordides ?

Un autre argument que je pourrais tirer en faveur du système que je soutiens, sort de l'art. 1998 qui déclare que le mandant est obligé par les agissements du mandataire dans les limites du mandat. Ne pourrais-je pas, en effet, conclure de là que le mandataire agit toujours au nom du mandant ? Comment sans cela le mandant serait-il obligé par l'agissement du mandataire ?

Enfin, comme dernière preuve, preuve accablante et péremptoire en faveur de mon opinion, j'invoquerai l'art. 1984, la définition *légale* du mandat. C'est justement parce qu'ils ont senti le poids de cette preuve, que les adversaires de mon opinion ont essayé de condamner et rejeter cet article, qu'ils lui ont fait des reproches que j'ai examinés et réfutés plus haut, et qu'ils ont substitué une autre définition à la définition qu'il donne du mandat. Mais, quoi qu'ils en disent et quoi qu'ils fassent, l'art. 1984 subsiste en dépit de leurs efforts, il contient toujours la définition *légale* du contrat dont je m'occupe, et c'est lui seul qui doit en déterminer la nature, parce que lui seul est l'émanation du législateur : toutes les autres définitions du mandat sont apocryphes, parce qu'elles viennent de personnes qui avaient mission de commenter et interpréter la loi et non pas de la corriger ! De quel droit, je le demande, vient-on, quand la loi a un sens et un sens éminemment doctrinal et éminemment pratique à la fois, de quel droit vient-on la remplacer par des dispositions nouvelles? De quel droit vient-on refaire les textes ou les torturer pour les interpréter à sa guise? Tout cela est arbitraire, tout cela est dépasser les pouvoirs du jurisconsulte qui peut commenter et interpréter les dispositions du droit positif, et prendre la tâche du législateur qui seul a le droit de modifier ces dispositions ou d'en créer de nouvelles !

Aussi c'est pour ces raisons que je me suis appliqué à étudier la question sous toutes ses phases, parce qu'elle intéresse au plus haut point l'économie politique et les principes qui président à l'organisation sociale. Il s'agissait en outre de combattre et détruire de vieux préjugés, de rendre en quelque sorte l'honneur à des professions utiles et même nécessaires, qu'on a trop longtemps dédaignées. Parce que surtout, cette question contient en elle-même la tendance fatale, conséquence d'une doctrine erronée, qui surexcite l'amour-propre de la jeunesse et la pousse (sans tenir compte de ses aptitudes et de ses goûts) dans les carrières qui sont seules nobles, qui ont seules pour mobile le dévouement et l'affection de la patrie, de la gloire et de l'humanité, qui donnent seules lieu à la reconnaissance éternelle de ceux avec qui l'on traite. Certes, à la suite de telles théories, il ne faut pas s'étonner si on est poussé à croire ces professions seules dignes des efforts de l'homme, il ne faut pas s'étonner si on est dévoré par les suites de cette doctrine, par *la fonctiomanie*, une des plaies les plus dévorantes du siècle. Il ne faut pas s'étonner non plus, si on voit que souvent les bras manquent soit pour labourer la terre, soit pour travailler dans les usines et les industries : on s'est tant escrimé contre ces professions ! on a tant raillé et dédaigné ces carrières viles, ignobles et sordides, que vraiment, si l'on ne mettait bon ordre dans l'application de ces distinctions, bientôt on aurait comme à Rome, besoin d'esclaves pour exercer ces professions : aucune personne libre, en effet, ne voudrait plus exercer des professions illibérales !

§ 2. — *Caractères essentiels du mandat.*

I. Le mandat en droit civil est, comme en droit romain, un contrat *consensuel*, il se forme et reçoit sa perfection par le seul consentement des parties, sans exiger, comme d'autres contrats (1), la tradition d'une chose; dès que l'acceptation du mandataire est intervenue, il est obligé de gérer l'affaire dont il s'est chargé. C'est un point que j'ai déjà développé en droit romain, et je crois inutile d'y insister davantage.

II. Ce contrat est gratuit par sa nature, « il est gratuit s'il n'y a convention contraire », dit l'art. 1986; de là il faut conclure que la gratuité est présumée, quand la convention des parties est muette sur ce point.

Si aucun salaire n'a été stipulé, le contrat est certainement unilatéral (art. 1103); les obligations du mandataire sont les seules qui naissent du contrat même, de la perfection du contrat; les obligations du mandant ne naissent que *ex post facto*, comme je l'ai déjà dit plus haut, en droit romain.

Mais il faut ajouter que la stipulation d'un salaire n'enlève pas au mandat son caractère propre, ne change pas le mandat en un *contrat synallagmatique;* l'obligation du mandant d'acquitter le salaire est purement éventuelle; elle ne pourra naître que par l'exécution du mandat; elle ne prendra pas naissance si le mandat n'est pas exécuté comme, par exemple, si le mandant révoque les pouvoirs qu'il avait conférés (art. 2004); donc, je puis dire qu'ici encore il n'y a pas d'obligation réciproque dès le principe.

(1) Par exemple le *dépôt*.

Une conséquence importante à tirer de ce caractère du mandat, c'est qu'il échappera à l'application de l'art. 1325. Le mandat étant un contrat unilatéral, même quand il est salarié, il peut être constaté par un seul écrit; la formalité des doubles n'est pas nécessaire (1).

III. L'objet du mandat doit être une affaire *à gérer, negotium gerendum*, non pas une affaire *déjà gérée, negotium jam gestum*. Si l'affaire sur laquelle il est intervenu avait déjà été consommée au moment de la formation du mandat, il sera sans effet (2) ; la principale obligation du mandataire étant de mener à bonne fin l'affaire qui fait l'objet du mandat, c'est de là que résulte ce caractère que doit avoir l'affaire. Je crois inutile d'insister sur ce point, après ce que j'en ai dit en droit romain.

IV. L'objet du mandat doit être *licite*, car la loi ne peut pas forcer à l'accomplissement d'une chose défendue, soit par la loi, soit par les bonnes mœurs, soit par l'ordre public. C'est pourquoi les Romains avaient dit : *Rei turpis nullum mandatum est, et ideo hac actione non agitur*. Ceci est, du reste, décidé par les art. 1108 et 1131 du Code civil, qui exigent une cause licite à toute obligation; par conséquent, il n'y aura pas de mandat dans l'ordre que l'on donnerait à quelqu'un d'ache-

(1) MM. Troplong, n° 105; Duranton, t. 18, n° 217; Pont, art. 1984, n° 801.

(2) Pothier, *Mandat*, n° 6; Duranton, t. 18, n° 204.

ter des marchandises de contrebande, serait nul (Turin (1), 12 déc. 1807). Est de même nul, le mandat pour se livrer aux opérations prohibées de Bourse (2); de même pour la traite des noirs (Req., 7 nov. 1832).

Je rappelle, toutefois, que le mandataire n'est privé d'actions qu'autant qu'il a été l'instrument d'agissements qu'il savait mauvais, qu'autant qu'il a été *conscius fraudis*. Mais, s'il a ignoré le but coupable poursuivi par le mandant, sa bonne foi le sauvegarde de tout préjudice, et il peut par l'action contraire de mandat recourir en indemnité contre le mandant.

V. L'objet du mandat ne doit pas consister dans une affaire *incertaine*, car dans une pareille hypothèse, le mandataire ne peut savoir ce qu'il doit faire. Il suffit, du reste, que l'objet puisse être certain d'après ces circonstances pour que le contrat soit valable, comme par exemple si je donne à quelqu'un mandat d'acheter à une vente aux enchères publiques, en mon nom, des livres de droit.

VI. Il faut aussi que l'affaire soit de telle nature que le mandant puisse la faire par l'entremise d'un mandataire. Serait nul, par exemple, le mandat qu'on donnerait à quelqu'un d'épouser une personne au lieu et place du mandant.

VII. Le mandat n'est valable qu'à la condition

(1) Dalloz, V. *Mandat*, n° 33, note 1.
(2) Troplong, *Mandat*, n° 30.

que le mandant ait un intérêt à son exécution. C'est là une condition que j'ai déjà examinée en droit romain. Je ferai donc seulement ici les observations que j'ai déjà faites plus haut, en disant que le mandat est valable s'il est fait dans l'intérêt du mandant seul, ou dans l'intérêt tout à la fois du mandant et d'un tiers; que le mandat conféré dans l'intérêt exclusif d'un tiers n'est pas valable, du moins immédiatement : ceci résulte des principes du mandat et de ceux de la gestion d'affaires, combinés : le mandat dont il s'agit ne sera obligatoire qu'autant qu'il aura reçu un commencement d'exécution.

VIII. Une autre condition très-essentielle pour la validité du contrat de mandat, c'est que les parties aient l'une et l'autre l'*intention de s'obliger* : le mandataire à accomplir la mission qui lui est confiée, le mandant à supporter les conséquences des actes qu'il a chargé le mandataire de faire en son nom et pour son compte. Le mandat ne sera donc valable qu'autant que le mandant aura donné un *pouvoir* d'agir, pouvoir que le mandataire *accepte* et qui, par cette acceptation, se transforme en *obligation*, comme je le disais plus haut à propos de la définition du mandat donnée par l'art. 1984 et critiquée par quelques auteurs. Cependant, il faut ici faire une restriction et dire que le contrat n'est formé par l'acceptation du mandataire, qu'autant que celui-ci, en acceptant, a eu l'intention de s'obliger : il peut arriver, en effet, qu'une personne accepte un pouvoir qui lui est offert, sans avoir pour cela l'intention de contracter un engagement définitif et irrévocable, comme par exemple, une personne, devant entreprendre un voyage, accepte de l'un de ses amis le pouvoir de faire ou recevoir un paiement pour lui, dans une ville où elle doit passer; s'il ne résulte pas des circonstances que cette personne a eu l'intention de s'obliger irrévocablement, on décidera que cette personne ne s'est obligée que pour le cas où elle fera en effet le voyage projeté, et qu'elle pourra accomplir son mandat sans négliger ses propres affaires; on ne la considérera pas comme obligée. Mais il ne faut pas croire que ce soit là une correction, une atténuation que je fais à l'art. 1984, car je dis tout simplement, qu'une telle acceptation d'un pouvoir n'est pas une véritable acceptation, n'est pas une acceptation dans le sens où l'art. 1984 emploie ce mot.

IX. J'ai réservé pour la fin une dernière condition que doit remplir l'objet du mandat. Le pouvoir dont parle l'art. 1984, doit avoir pour objet l'accomplissement d'un ou de plusieurs *actes juridiques* par le mandataire, au nom du mandant : c'est là une condition essentielle à la validité du mandat dans le droit civil français. Cela résulte de la définition légale du mandat, telle que la donne l'art. 1984. Cet article, en effet, parle que l'objet doit être quelque chose à faire par le mandataire, pour le mandant et *en son nom*. Or, la représentation ne peut avoir lieu que s'il s'agit d'un acte juridique, d'un acte où la personnalité civile se trouve engagée, actes dont les conséquences juridiques rejaillissent sur le mandant. L'art. 1998 n'est pas moins probant en faveur de ce système : « Le mandant, y est-il dit, est tenu d'exécuter les engagements contractés par le mandataire, conformément au pouvoir qui lui a été donné. » Enfin, je pourrais invoquer en faveur de mon opinion les art. 1988 et 1989, qui citent à titre d'exemple, certains actes dont l'accomplissement peut faire l'objet du mandat : ces articles ne se réfèrent qu'à des actes juridiques, c'est-à-dire à des actes constitutifs d'obligations ou translatifs de droits réels. Ces actes sont les seuls, en effet, qui puissent produire au profit des tiers, des engagements que le mandant soit tenu d'exécuter; les seuls, par conséquent, que les rédacteurs du Code aient considérés comme pouvant faire l'objet du mandat quand ils posaient les règles du mandat, dans les articles que je viens de rappeler.

§ 3. — *De la forme du mandat.*

En étudiant la nature et les caractères généraux du contrat de mandat, j'ai indiqué que c'était un contrat purement consensuel, c'est-à-dire se formant par le seul consentement des parties. Les rédacteurs du Code ont vu qu'il y avait avantage à ne pas gêner par aucune exigence de forme, l'action d'un contrat aussi nécessaire aux progrès de la civilisation. La loi romaine déjà, qui entravait si souvent de formalités gênantes les agissements des parties contractantes, avait assuré au mandat cette indépendance de formes qui le rendait accessible à tous : il eût été bien étrange que le législateur français, qui a rompu avec toutes les traditions formalistes de la législation romaine, eût, dans le contrat de mandat, montré moins de libéralisme que les jurisconsultes romains !

D'après l'art. 1985, le mandat n'est subordonné, pour sa validité, à l'observation d'aucune formalité extrinsèque. La procuration, d'après cet article, peut être donnée par écrit ou verbalement : la preuve en reste soumise à l'art. 1341. L'acceptation peut n'être que tacite et résulter de l'exécution qui lui a été donnée par le mandataire. Le mandat peut être donné ou par acte authentique ou par écrit sous seing privé, même par lettre, ou verbalement. Voilà ce qui résulte clairement de l'art. 1985.

D'après cet article, la procuration peut être donnée par acte authentique ou par écrit sous seing privé. Mais ce qu'il ne dit pas, c'est quand une procuration authentique est nécessaire, quand une procuration sous seing privé suffit? Aussi, si on a reconnu qu'en général l'écrit sous seing privé est suffisant, s'est-il, au contraire, élevé de sérieuses difficultés sur la question de savoir dans quels cas la procuration aura nécessairement besoin d'être faite par acte authentique, et encore, dans ces espèces exceptionnelles, si la procuration authentique doit être en minute ou en brevet.

Pour la première question, celle de savoir si, en dehors des cas où la loi exige un mandat authentique, une simple procuration sous seing privé est toujours suffisante, il s'est présenté deux opinions : la première soutient que le mandat sous seing privé suffira dans tous les cas où la loi n'en exige pas un par acte authentique ; la seconde, au contraire, décide que le mandat doit être donné en la forme authentique toutes les fois que la loi exige cette forme pour l'acte à faire en vertu de ce mandat.

Premier système. — Il y a plusieurs hypothèses où le mandat doit être donné dans la forme authentique. Tels sont les actes de l'état civil (article 36 du Code civil), les oppositions au mariage (art. 66) et les acceptations des donations (article 933). Hors ces cas, disent MM. Troplong (1) et Duranton (2) les procurations sous seing privé sont suffisantes, même lorsque les actes à faire en vertu du mandat doivent être revêtues de la forme authentique. Ainsi un mandataire sous seing privé peut faire une donation entre-vifs au nom de son mandant ; reconnaître un enfant

(1) *Mandat*, n° 104; *Hypothèques*, II, n° 510.
(2) T. 8, n° 433.

naturel ; conférer une hypothèque ou donner mainlevée d'une inscription hypothécaire, pourvu, bien entendu, que son mandat ait pour objet une telle fin. La jurisprudence a aussi été longtemps en ce sens et a consacré cette opinion, par de nombreux arrêts ; c'est ainsi que la Cour de Toulouse décide le 19 août 1824 qu'on peut, en vertu d'une procuration sous seing privé, faire une donation par contrat de mariage ; c'est ainsi aussi que la Cour de cassation n'exige pas que le mandat de conférer hypothèque soit revêtu de la forme authentique par l'arrêt du 27 mai 1819 et du 5 juillet 1827 ; c'est aussi en appliquant cette théorie que la Cour de cassation décide, par arrêt du 21 mars 1826, qu'il ne faut pas une procuration authentique pour qu'on puisse faire, au nom d'une personne, une donation par contrat de mariage. C'est dans le même sens que la question a été résolue par grand nombre de jurisconsultes, (1) et principalement Marcadé dans une belle dissertation insérée dans la *Revue critique* (2).

DEUXIÈME SYSTÈME. — Malgré l'autorité des jurisconsultes qui soutiennent l'opinion indiquée plus haut, je crois devoir accepter le système qui décide que la procuration devra être donnée par écrit authentique toutes les fois que l'acte à faire en vertu de cette procuration, devra nécessaire-

(1) Battur, Hyp., t. 1, p. 167 et 168; Persil, art. 2127, n° 6; Rolland de Villargues (V. *Act. not.*, n° 26) ; Baudot (*Form. hyp.*, t. 1, n° 525).

(2) T. II, p. 199.

ment se faire en la forme authentique. Je crois devoir adopter cette théorie, parce que telle est, ce me semble, la pensée intime de la loi, parce que, sans cela, la loi serait inconséquente, et donnerait elle-même, à ceux qui voudraient l'éluder, le moyen le plus commode que l'on puisse imaginer pour éluder le texte le plus formel de la loi; moyen qui, consistant à éluder indirectement la pensée, laisserait intact le texte de la loi, et serait, par là, hors l'atteinte de la Cour de cassation; or, on ne peut pas supposer une telle inconséquence de la loi! Il faut remarquer, en effet, que, en ce qui concerne la donation, l'art. 933 du Code exige que l'acceptation par mandataire soit faite en vertu d'une procuration notariée. Si la simple acceptation ne peut avoir lieu par mandataire verbal ou sous signature privée, à plus forte raison en doit-il être de même de la donation, qui a pour objet de faire sortir la chose des mains de son propriétaire et dans laquelle les surprises, les fraudes, la captation trouvent si fréquemment leur place. De même, en ce qui concerne la constitution d'hypothèque, le mandat à l'effet de consentir hypothèque, et l'acte constitutif d'hypothèque, sont très-intimement liés entre eux. Lorsque la loi dit que telle convention ne peut être consentie que par acte passé en forme authentique, elle dit par cela même que c'est en cette forme que doit être manifesté le consentement de celui qui fait cette convention. C'est là le désir de la loi! L'acte constitutif d'hypothèque n'est pas seulement celui où le mandataire stipule au nom du mandant, c'est surtout celui où ce dernier manifeste sa volonté de constituer cette hypothèque; si la loi a voulu que la constitution d'hypothèque se fasse par acte authentique, il est naturel qu'elle ait entendu que le consentement du propriétaire à cette hypothèque soit manifesté en la forme authentique. Je généralise et je dis que, quand la loi a voulu que tel ou tel acte se fasse dans la forme authentique, ce qu'elle a voulu, c'est que celui qui le fait soit à couvert contre les surprises, qu'il soit assisté d'un notaire qui lui représente les conséquences de l'acte qu'il veut faire, qui l'éclaire de ses connaissances juridiques; or, en accordant aux parties le droit de faire cet acte par un mandat sous seing privé, n'est-ce pas éluder la loi? N'est-ce pas priver celui qui donne ce mandat de toutes les garanties dont la loi a voulu entourer celui qui se décide à faire un tel acte? Où donc nous conduirait cette théorie, sinon à la négation de la loi? Mais, il y a plus, quand le législateur a voulu que certains actes soient faits avec toutes les solennités qu'exige la forme authentique, il a voulu, par là, couper court à une foule de procès qui pourraient naître, soit au point de vue de la date de l'acte, soit au point de vue du consentement même de celui qui consent à faire un tel acte; or, permettre qu'un tel acte puisse être fait par un mandataire qui ne serait muni que d'une procuration sous seing privé, c'est manquer le but que la loi s'est proposé, c'est donner occasion aux parties de méconnaître leur signature et l'écriture du mandat, leur permettre de rendre incertains les droits à consentir en vertu du mandat, leur permettre multiplier les procès, c'est donner cours à la chicane et apporter le trouble dans la société! Est-ce là le but de la loi? Je le demande.

On objecte, il est vrai, que l'art. 1985 a posé en principe que le mandat peut être donné ou par acte public, ou par acte sous seing privé, et on ajoute que, quand le législateur a voulu déroger à cette règle, il a eu soin de l'exprimer. Mais c'est en vain qu'on fait cette objection ; elle se détruit par une observation : l'art. 1985 énonce bien les divers modes de donner un mandat, mais il est loin de préjuger la question de savoir dans quels actes on devra recourir à tel mode plutôt qu'à tel autre. Suivant la judicieuse remarque de Merlin, cet article « doit être entendu, non dans un sens absolu, mais dans un sens distributif et *secundum subjectam materiam*, c'est-à-dire que la forme du mandat est nécessairement subordonnée à la forme essentielle de l'acte qu'il a pour objet, et que si cet acte exige, pour sa perfection, l'intervention d'un officier public, le mandat devra aussi être authentique » (1). Il est, du reste, extraordi-

(1) Merlin, *Rép.*, V. *Hypoth.*, sect. 2, § 2, art. 10, note dans les additions, t. 16, p. 392 de la 4e édit.

naire et déraisonnable de ne permettre au mandant de consentir l'hypothèque ou la radiation que par un acte authentique et l'autoriser à faire le même acte par un simple écrit sous seing privé s'il a eu l'idée de se servir d'un procureur fondé. C'est dans ce sens qu'est écrit l'art. 933 qui proclame l'opinion que je soutiens, plutôt qu'il ne la combat, car, pour moi, il me semble que cet article ne fait qu'indiquer la volonté du législateur d'exiger que la procuration s'identifie avec l'agissement à faire en vertu de cette procuration, et revête les formes qui sont exigées pour la validité de cet agissement.

Ce n'est du reste qu'à propos de la convention d'hypothèque et de la radiation d'une inscription hypothécaire que peut se poser aujourd'hui la question, car la loi du 21 juin 1843 l'a tranchée, dans le sens de mon opinion, pour tout ce qui concerne les donations entre-vifs, entre époux, révocation de donations ou de testaments, reconnaissance d'enfants naturels, « *les procurations pour consentir ces divers actes*, dit l'art. 2 de la loi du 21 juin 1843, seront, *à peine de nullité*, reçus conjointement par deux notaires ou par un notaire et deux témoins. C'est dans le sens de cette opinion que la jurisprudence paraît s'être tournée. Ainsi, déjà avant la loi de 1843, la Cour de Dijon jugeait par arrêt du 15 janvier 1840 et la Cour de cassation par arrêt de rejet du 19 avril 1843, que la procuration pour faire une donation devait être notariée (1); et depuis la loi de 1843, la question fut soumise à la jurisprudence et résolue dans le même sens (Douai, 10 août 1846, et Req., 1 décembre 1846, D., p. 46, 2, 159 et 47, 1, 15). Et même quant à la question de la constitution d'hypothèque, je trouve que la jurisprudence a abandonné son ancien système et qu'elle juge maintenant dans le sens de l'opinion que je soutiens. Ainsi, il a été décidé que l'hypothèque consentie en vertu d'un mandat sous seing privé, est nulle. (Riom, 31 juillet 1851, D., 52, 2, 222. Rej., 7 févr. 1854; Dall., 54, 1, 149. Cass., 12 nov. 1855. Dall., 55, 1, 453. Amiens, 9 avril 1856. Dall., 57, 2, 20. Toulouse, 9 juillet 1859. Dall., 59, 2, 201. Req., 19 janv. 1864. Dall., 64, 1, 221. Bordeaux, 26 avril 1864. Dall., 64, 2, 220).

C'est aussi dans le même sens que la jurisprudence avait décidé de la question, pour la radiation de l'inscription hypothécaire; même avant la loi de 1843, on avait décidé que l'inscription hypothécaire ne pouvait être radiée, qu'en vertu d'un mandat revêtu de la forme authentique. (Voy. Lyon, 29 décembre 1827; Req., 21 juillet 1830. Dall., v° *Mandat*, n° 151.) — A l'appui de cette opinion, je puis citer, en outre, bon nombre d'auteurs, et non des moins autorisés : ainsi, cette théorie est soutenue par MM. Paul Pont, *Hypoth.*, t. 1, art. 2121, n° 470; Merlin, *loc. cit.*, Grenier,

(1) Voy. pour les deux arrêts cités, Dalloz, V° *Dispos. entre-vifs*, n° 1121.

Hypoth., t. 1, n° 68 ; Zachariæ, t. 2, p. 140, n° 15; Taulier, t. 7, p. 260 ; Merville, *Revue prat.*, t. 2, p. 107 ; Aubry et Rau, t, 2, p. 725; Rivière, *Jurisprudence de la Cour de cass.*, n° 535 et suiv. ; Saint-Espès-Lescot, *Donations* ; Domenget et de Peyronny, *Mandat*, n° 98 ; et enfin M. Troplong lui-même qui modifie son opinion dans son *Traité des donations*, t. 3, n° 1084.

J'arrive maintenant à une question des plus importantes qu'on ait soulevées à l'occasion de la forme du contrat de mandat. *Le Code admet-il le mandat tacite* ? Telle est la question qui se pose et sur laquelle les auteurs se divisent en deux camps bien distincts : les uns tiennent pour l'affirmative, d'autres pour la négative.

Pour l'affirmative on dit que le mandat tacite était admis en droit romain (L. 60, Dig., *R. J.*), qu'il a toujours été reconnu dans l'ancien droit français où Pothier (*Mandat*, n° 29) disait que le mandat tacite avait la même autorité que le mandat exprès, et que, par conséquent, on ne peut le considérer comme abrogé par le Code à moins d'un texte formel qui le proscrive ; on ajoute que le mandat tacite est toujours en harmonie avec les principes du Code sur cette matière, et que le Code n'a pas entendu l'abroger. Les auteurs qui soutiennent ce système reconnaissent, il est vrai, que le Code, au titre 13 du livre 3 où il traite de ce contrat, a omis de parler du mandat tacite, mais ils disent que cette simple omission ne peut autoriser les commentateurs à décider que cette sorte de mandat soit supprimée par le législateur ; ils prétendent que l'art. 1372 ne fait que sanctionner en droit français la disposition de la loi 60, Dig., *R. J.*, qui reconnaît qu'il n'y a que gestion d'affaires, et non mandat, dans la gestion faite à la connaissance du maître, lorsque la connaissance n'avait lieu qu'après la gestion commencée (L. 9, Dig., *Neg. gest.*); tandis qu'au contraire, il y avait mandat toutes les fois que l'agissement avait commencé *au su* du maître (L. 15, Dig., *Neg. gest.*). Ils soutiennent que l'art. 1372 ne proscrit pas le mandat tacite, car alors il serait en contradiction avec l'art. 1578 qui déclare le mari qui a joui, sans opposition, de sa femme, et partant sans mandat exprès, des paraphernaux, comptable comme un mandataire ; ils invoquent en leur faveur l'art. 1922 où on se contente du consentement tacite de celui dont la chose est déposée pour que le dépôt soit régulièrement formé, dans ce cas, disent-ils, il y a bien mandat tacite de faire un dépôt. Ils invoquent encore les travaux préparatoires qui prouvent, disent-ils, que c'est dans leur sens que l'art. 1372 a été entendu dans la discussion, où tous les orateurs supposent l'absence ou l'ignorance du maître au moment où la gestion a commencé (Fenet, t. 13, p. 466 et 471), et par conséquent le manque de volonté de sa part. Ils réfutent, enfin, l'argument qu'on tire, en faveur de la négative, de l'art.

1985, en disant que, si l'on se réfère aux discussions de la loi, on verra que, dans le principe, le projet exigeait toujours une procuration écrite et n'admettait les actes non écrits que relativement à l'acceptation et le Tribunat en ayant fait l'observation, on inséra des réserves en faveur du mandat verbal et de la preuve testimoniale sans songer au mandat tacite, s'en référant, en conséquence, aux principes du droit commun à cet égard, principes qui admettent tous les moyens de donner le consentement, soit expressément soit tacitement. Cette opinion a été soutenue avec beaucoup de talent par MM. Marcadé, art. 1372, 2; Delvincourt, t. 3, p. 238, notes ; Zachariæ, t. 3, p. 411 ; Troplong, *Mandat*, n° 124, et Dalloz, v° *Mandat*, n° 167. La jurisprudence est favorable à cette interprétation, et plusieurs arrêts sont invoqués en sa faveur (Toulouse, 30 mai 1829 ; Dall., v° *Mandat*, n° 168 ; Req., 3 décembre 1835 ; Dall., v° *Responsabilité*, n° 308 ; Req., 10 juin 1841 ; Dall., v° *Mandat*, n° 168 ; Req., 24 mars 1830, *J. P.*, à sa date).

Malgré le poids de l'autorité des jurisconsultes qui soutiennent le système que je viens d'exposer, je n'hésite pas à me déclarer partisan de la négative, parce qu'il me semble que le Code a tranché la question. En effet, l'art. 1372 ne permet plus de considérer comme emportant mandat le silence d'une personne qui, témoin de l'immixtion d'un tiers dans ses affaires, ne s'oppose pas à la gestion.

Les rédacteurs du Code ont abandonné ici la théorie de Pothier et du droit romain, de la même façon qu'ils l'ont abandonnée quant à la définition même du contrat qui fait l'objet de cette étude (art. 1984). Et d'ailleurs, les textes mêmes du droit romain d'où l'on tire cette prétendue distinction entre la connaissance qu'a eue le maître au commencement de la gestion et celle qui n'est intervenue que pendant la gestion, ne sont-ils pas l'objet de discussion ? Est-on bien fixé sur la valeur et la portée de ces textes ? Que dit la loi 60, Dig. *R. J.* ? Comment la concilier avec la loi 6, § 9 et § 10, avec la loi 9, Dig., *Neg. gest.* ? Voilà des questions qui ne sont pas assez claires pour qu'on puisse dire que tel est le principe en droit romain et que, partant, tel il doit être en droit français. Ce qui prouve, du reste, encore mieux que le législateur français n'a pas entendu admettre la règle « *semper qui non prohibet pro se intervenire mandare creditur* », c'est justement que, dans l'art. 1985, il permet l'acceptation tacite du mandat sans permettre que l'ordre soit tacite ; cet article porte que le mandat peut être donné par acte public ou sous seing privé, même par lettre ; il ajoute qu'il peut être aussi donné verbalement, mais il ne dit point qu'il peut être formé tacitement. Au contraire, la disposition finale de cet article dit que « l'acceptation du mandat peut n'être que tacite ». Cette disposition ainsi mise en opposition avec l'acte du mandat ou la procuration, fait assez voir qu'elle est limitative et que le Code n'admet point le mandat tacite. Vu cette opposition entre les deux parties de l'art. 1985 et considérant que l'art. 1372 dit que le fait de la personne qui connaît la gestion de son affaire par un tiers, n'est pas suffisant pour former ce consentement formel et positif sans lequel le contrat de mandat ne peut pas exister, j'adopte cette opinion qui est aussi celle de MM. Toullier (t. 11, n° 25) et Proudhon (*Usufruit*, 13, n° 1327). L'art. 1372, en effet, ne laisse aucun doute sur ce point, puisqu'il met au nombre des engagements qui se forment sans convention, les obligations qui résultent de la gestion des affaires d'autrui, soit que le propriétaire ait connu la gestion, soit qu'il l'ait ignorée; or, le mandat est un contrat, il suppose une convention ; donc, dire que, dans l'espèce, l'engagement se forme sans convention, n'est-ce pas dire qu'il n'y a pas de mandat, mais une simple gestion d'affaires ?

Cependant, j'admettrai avec M. Paul Pont (1), que le mandat tacite subsiste encore sous le Code, sans que l'art. 1985 y fasse obstacle, « seulement en tant qu'il résulte soit de la situation respective des parties, soit de faits précis ou de circonstances impliquant nettement l'idée que celui qui agit au nom d'une autre personne est investi du pouvoir d'agir; mais en présence de l'art. 1372, il ne serait

(1) *Petits Contrats*, t. 1, art. 1985, n° 847.

plus vrai de dire, sous le Code Napoléon, que *sola patientia inducit mandatum*. En un mot, le Code Napoléon n'a pas supprimé, par l'art. 1985, tous les mandats tacites; mais par l'art. 1372, il a proscrit l'application particulière que le droit romain faisait, dans un cas spécial, de la théorie du mandat tacite à la gestion d'affaires. En sorte qu'en définitive il appartient aux juges de décider en fait si une personne dont on a pris en main l'affaire est censée avoir donné au préalable le pouvoir sans lequel il n'y aurait pas contrat de mandat, mais que devant ce droit d'appréciation une limite est posée que le juge ne doit pas franchir, celle de l'art. 1372. »

Ainsi donc, et en définitive, je crois que les rédacteurs du Code ont voulu, par l'art. 1372, abolir la règle romaine citée par Pothier (1), mais rien de plus; ils ont aboli le mandat tacite résultant du seul silence du maître qui connaît la gestion de ses affaires entreprise par autrui, mais n'ont pas entendu exiger, pour l'existence du mandat, des formalités substantielles telles que la parole ou l'écriture; ils n'ont pas voulu entraver le mandat de solennités : tout ce qu'ils ont voulu, c'est que la procuration soit un *ordre*, un *pouvoir donné*, et en cela l'art. 1985 est d'accord avec la définition que donne du mandat l'art. 1984; mais que cet ordre soit donné au moyen d'un geste, d'un signe ou même d'un fait quelconque émané

(1) *Mandat*, n° 28.

du mandant, peu importe; l'essentiel, c'est que le mandataire ne s'immisce pas de lui-même dans les affaires d'autrui. L'art. 556 du Code de Procédure démontre bien que telle a été l'intention du législateur : « La remise de l'acte ou du jugement à l'huissier, dit cet article, vaudra pouvoir..... » La remise de l'acte chez l'huissier est un fait qui émane de la spontanéité de celui qui l'a faite; ce fait est un véritable ordre d'instrumenter, car il ne s'expliquerait pas autrement, donc il vaut procuration!

Tel est, en définitive, le système que j'adopte sur cette question, système que la jurisprudence a consacré dans plusieurs arrêts. Ainsi, quant aux femmes mariées, ce système leur est appliqué par un arrêt de la Cour de Bordeaux, 29 mars 1838, S.-V. 38, 2, 389; quant aux commis-voyageurs, Angers, 12 août 1825, S.-V. 26, 2, 328; quant aux clercs de notaire, Rejet, 2 décembre 1824, *Journal du Palais*, à sa date.

L'intérêt de cette question est considérable si l'on réfléchit aux différences existant entre le mandat et la gestion d'affaires, entre le mandataire dont le fait suppose un pouvoir donné par le mandant, et le gérant d'affaires dont la gestion procède d'une immixtion volontaire et toute spontanée. M. Toullier ne songeait pas à ces différences, assurément, quand il écrivait que, dans tout ceci, il n'y a qu'un intérêt purement théorique, et qu'il est très-indifférent que l'exécution des engagements résultant de la gestion, soit poursuivie par l'action dite *negotiorum gestorum*, ou par l'action de mandat (1). Comme le fait très-bien remarquer son annotateur, M. Duvergier, rien n'est moins indifférent que cela : car s'il y a mandat tacite, dans la circonstance donnée, le mandataire aura le droit d'exiger le remboursement des déboursés faits en exécution du mandat, même des déboursés inutiles (art. 1999), tandis que, s'il y a simplement gestion d'affaires, le gérant n'aura droit qu'aux dépenses utiles (art. 1375) ; dans le premier cas, le mandat finira par la mort du mandant, et le mandataire ne sera tenu d'achever l'affaire qu'autant qu'il y aura péril en la demeure (art. 1991), tandis que, dans le second, le gérant devra toujours, nonobstant la mort du propriétaire ou du maître, continuer l'affaire commencée jusqu'à ce que l'héritier ait pu en prendre la direction (art. 1373); la preuve du mandat est soumise au droit commun (art. 1985), tandis que la gestion d'affaires, étant un quasi-contrat, pourra être prouvée par témoins, ou même par simples présomptions, quelle que soit la valeur du litige; les comandants sont tenus solidairement envers le mandataire (art. 2002), tandis que celui qui gère une affaire commune à plusieurs personnes n'aura pas d'action solidaire contre elles.

(1) Toullier, t. II, n° 26.

§ 4. — *Preuve du mandat.*

L'art. 1985 porte que, «la preuve testimoniale du mandat ne peut être reçue que conformément au titre *des contrats ou des obligations conventionnelles en général.*» Certainement il ne peut pas être question là du cas où le mandat est constaté par écrit : l'acte même, l'écrit contenant le mandat, en prouvera l'existence; quel que fût cet écrit, même une lettre, y suffira. C'est ce que décide l'arrêt de Cass., 6 févr. 1837, Dall., 37, 1, 146. En fait, cette disposition de l'art. 1985 est donc faite pour le mandat non écrit ; que ce mandat soit tacite ou qu'il soit verbal, il pourra être prouvé seulement d'après les règles consacrées par les art. 1341, 1343, 1353. Ainsi donc, à défaut de convention écrite, la preuve du mandat, verbal ou tacite, pourra se faire par l'aveu ou le serment; mais lorsque la convention n'est ni reconnue ni avouée, la preuve testamoniale n'en pourra être faite qu'en cas où la valeur du litige n'excède pas la somme de 150 francs, ou au cas où il y a un commencement de preuve par écrit. Bien entendu, ce n'est que dans les mêmes cas qu'on admettra, pour prouver l'existence d'un mandat, les présomptions, car telle est la disposition de l'art. 1353.

On a soutenu que les règles que je viens d'exposer sur la preuve du mandat ne sont applicables qu'entre parties, mais qu'au contraire on doit décider que les tiers pourront toujours prouver par tous les moyens possibles, et quelle que soit la valeur du litige, l'existence du mandat (1). On a admis ce système parce que le mouvement des affaires serait entravé si les tiers étaient dans la nécessité d'exiger la représentation d'un mandat écrit conférant le pouvoir d'agir à celui avec qui il traite. Si bon que me paraisse ce système en législation, je ne crois pas pouvoir l'admettre dans le Code, parce que le texte précité de l'article 1985 est absolu et n'établit ni directement, ni indirectement, en faveur des tiers, aucune dérogation aux règles ordinaires sur la preuve. Tel est le sentiment de la Cour de cassation dans l'arrêt du 7 mars 1860 (S.-V. 60, 1, 542; Dall. 60, 1, 114; *Journ. du Palais*, 1861, p. 221). Tel est aussi l'avis de M. Paul Pont (2).

La preuve de l'acceptation du mandat est soumise à des conditions moins rigoureuses : « l'acceptation du mandat, dit la disposition finale de l'art. 1985, peut n'être que tacite et résulter de l'exécution qui lui a été donnée par le mandataire. » La voie des conjectures est donc ouverte, et le juge pourra toujours l'induire de tout ce qu'il croira de nature à constituer un commencement d'exécution de la part du mandataire. Le pouvoir d'appréciation des tribunaux est donc fort

(1) MM. Troplong (nos 142-145); Boileux (t. 6, p. 571); Taulier (t. 6, p. 516).

(2) *Petits Contrats*, t. 1, n° 876, art. 1985.

étendu ici. Ce pouvoir n'est cependant pas illimité; ils ne doivent admettre comme preuve de l'acceptation du mandat que des faits se rapportant tellement au mandat, qu'on ne puisse les comprendre et qu'ils n'aient de raison d'être que comme en étant l'exécution.

§ 5. — *De la capacité que doivent avoir le mandant et le mandataire.*

La capacité du mandant se détermine d'après la nature de l'affaire qui fait l'objet du mandat. Le Code, au titre *du Mandat*, ne s'occupe pas de fixer la capacité exigée dans la personne du mandant : c'est pourquoi on la soumet aux règles générales sur la capacité en matière de contrats; il doit donc, pour conférer valablement un mandat, avoir la même capacité qui serait requise de sa part pour faire par lui-même l'acte dans lequel il donne à un autre pouvoir de le représenter. Si donc le mandat a pour objet un acte d'aliénation, le mandant doit être capable de disposer de ses biens; si c'est une donation qui fait l'objet du mandat, le mandant devra de plus être capable de disposer à titre gratuit en faveur de la personne à qui il veut donner; mais, si le mandat a pour objet un simple acte d'administration, il suffit que le mandant soit capable d'administrer sa fortune. Cela est juste, comme l'a dit le tribun Tarrible (1) : « Ce contrat n'ayant d'autre objet que celui de conférer au mandataire la gestion d'une affaire dont tout l'intérêt se rapporte au commettant, il est évident que celui-là seul qui a la capacité de traiter cette affaire peut en confier l'exécution à un autre..... Les auteurs du projet de loi ont donc regardé comme superflu d'exprimer, relativement aux personnes qui pourraient donner le mandat, un principe qui dérivait de la nature de ce contrat. »

Si le mandant est incapable de faire par lui-même l'acte qu'il donne à un autre le pouvoir de faire, il est évident que le mandat est nul, et les conséquences en devront être réglées conformément au droit commun (art. 1124 et 1125). Le mandataire pourrait se trouver obligé envers le mandant, mais celui-ci ne serait tenu, soit envers le mandataire, soit envers les tiers, que *de in rem verso, in quantum locupletior factus est*, c'est-à-dire qu'il ne sera tenu que du profit qu'il aura retiré du mandat. Et la nullité n'est pas effacée par la capacité survenant ultérieurement en la personne du mandant (Cass., 2 nivôse an 5, Dall., *nouv. Rép.*, v° *Mandat*, n° 58), comme aussi la bonne foi du mandataire et des tiers est impuissante à assurer au mandat ses effets (Req., 14 janvier 1862; *Journ. du Pal.*, 1862, p. 129; Dall., 62, 1, 198; S.-V., 62, 1, 398).

(1) Rapport au Tribunat (Fenet, t. 14, p. 594; Locré, t. 15, p. 248).

Il n'en est pas de même du mandataire ; je puis dire qu'aucune capacité n'est requise chez lui. C'est une conséquence fort rationnelle du principe de la représentation, admis d'une manière absolue par le Code, en matière de mandat ; aussi l'art. 1990 porte-t-il formellement que « les femmes et les mineurs émancipés peuvent être choisis pour mandataires » et je crois qu'on peut y ajouter d'autres espèces d'incapables, tels que les interdits, les mineurs non émancipés, les personnes pourvues d'un conseil judiciaire ; l'art. 1990, en effet, n'est pas limitatif dans l'énumération qu'il contient : le législateur n'a pas eu pour but d'y indiquer les personnes à qui un mandat peut être conféré, mais la suite de cet article prouve très-clairement qu'il a eu pour objet, selon la remarque très-juste de MM. Aubry et Rau (1) « bien moins d'énumérer les personnes capables de recevoir un mandat que de déterminer les effets de l'acceptation du mandat conféré à une personne jouissant de l'administration de sa fortune sans en avoir la disposition. »

Au premier abord, il semble anormal d'attribuer à des incapables, la faculté de faire pour un

(1) T. 4, § 411, p. 639, note 10. — Voy. dans le même sens MM. Duranton, t. 18, n° 212 ; Troplong, n° 332 ; Delvincourt, t. III, p. 239, note 5 ; Boileux, t. 6, p. 582 ; Delamare et Lepoitevin, *Commission*, I, 54, 55. Voy. aussi *Rouen*, 27 févr. 1855 ; Dall., 56, 2, 275 ; S.-V., 56, 2, 22. — En sens contraire, voy. De Fréminville, *De la minorité*, II, 941 *ter*.

tiers, ce que la loi leur a interdit de faire pour eux-mêmes. Mais le législateur a parfaitement compris que cela découlait naturellement de la nature du contrat de mandat, tel qu'il est fixé par le Code, et du rôle purement représentatif qu'y joue le mandataire. Il est, en effet, absolument indifférent au tiers qui traite avec le mandant par l'intermédiaire du mandataire, que celui-ci soit capable ou incapable, comme l'a dit avec beaucoup de raison Tarrible dans son rapport au Tribunat : « Le mandataire ne traite pas de ses propres intérêts; il ne contracte aucune obligation personnelle; il fait l'affaire de son commettant d'après les intentions tracées dans le mandat; il n'est que le simple organe de ce même commettant, qui demeure seul obligé envers les tiers par la transaction passée en son nom lorsqu'elle est conforme au vœu qu'il a exprimé. Le commettant ne peut être soumis, dans le choix de son mandataire, à d'autres règles que celles de sa confiance » (Locré, t. 15, p. 249; Fenet, t. 14, p. 595 et 596). « Que le mandat ait été donné à un mineur ou à un majeur, à une femme mariée ou à un homme jouissant de la plénitude de ses droits civils, la personne du mandataire disparaît comme un échafaudage, devenu inutile après la construction de l'édifice, et la transaction relativement au commettant, seul intéressé, a toute la solidité dont elle est susceptible. » Telles sont les paroles de Tarrible (*ibid.*) par lesquelles il justifie cette disposition qui paraît anormale, mais qui, je le répète, est en accord parfait avec le principe de la représentation qui forme la base du mandat d'après le Code civil. Les tiers n'auront donc pas à savoir qu'elle est la capacité du mandataire : qu'il soit majeur ou mineur, femme mariée, fille ou veuve, qu'il soit mineur émancipé ou non, qu'il soit interdit, demi-interdit ouqu'iljouissedetous ses droitscivils, cela ne regarde pas le tiers, pourvu que celui avec qui il traite par intermédiaire, pourvu que le mandant en un mot, soit dans les conditions de capacité nécessaires pour faire par lui-même l'acte qu'il a donné au mandataire pouvoir de faire, pourvu encore que le mandataire n'excède pas la limite de ses pouvoirs, car le mandant n'est obligé envers les tiers qu'en tant que le mandataire n'a pas agi en dehors des pouvoirs que lui conférait le mandat.

Mais dans les rapports du mandant et du mandataire il est, au contraire, fort important de connaître la capacité de ce dernier. Si ce dernier est incapable, le mandant, quoique tenu de tous les engagements pris par le mandataire envers les tiers, n'aura pas d'action contre ce mandataire, à raison soit de l'inexécution du mandat, soit de son exécution mauvaise ou incomplète : le mandataire incapable pourra toujours lui opposer la nullité du contrat, et il ne pourra être tenu qu'exceptionnellement, par l'action *de in rem verso*, s'il s'est enrichi à l'occasion de l'exécution du mandat, ou à raison de son dol, s'il a présenté un acte faux pour faire croire à sa capacité (art. 1307), ou si, dans sa gestion, il a commis quelque délit (art. 1310). Si dure que puisse être parfois cette situation faite au mandant, il n'a pas néanmoins le droit de s'en plaindre : c'est à lui de savoir avec qui il contracte, et par conséquent à placer pour le mieux sa confiance, comme dit très élégamment Ulpien : « qui cum alio contrahit, vel est vel esse debet non ignarus conditionis ejus. » Sauf, bien entendu, si le mandant avait été victime d'une erreur commune, cas auquel les tribunaux pourront apprécier jusqu'à quel point cette erreur est excusable.

Cette disposition qui paraît dure pour le mandant, lui est pourtant très-favorable. Celui-ci sait mieux que tout autre quelle est la personne dont le concours lui sera le plus utile, et le législateur devait, comme il l'a fait, laisser à son droit d'option la plus complète latitude. Ne peut-il pas, en effet, se faire qu'un mineur, une femme mariée, ou tout autre incapable, inspirent à une personne, dont les intérêts sont en souffrance et qui a besoin d'un secours étranger pour les relever, plus de confiance qu'un homme de beaucoup de capacité, mais de peu de foi? Peut-être que, pressé par les circonstances, vous serez trop heureux de confier un mandat à un incapable qui se trouve au moment voulu à votre disposition, alors qu'il vous serait peut-être très difficile, impossible même, de trouver un mandataire agréé par la loi et qui aurait votre agrément.

On a objecté contre la décision de l'art. 1990 que cette faculté qu'il accorde aux femmes mariées de servir de mandataires, pourrait troubler l'harmonie conjugale, et, suivant l'expression pittoresque de Tarrible, blesser le respect dû aux chastes nœuds du mariage. Mais après un soigneux examen de cette question, le législateur n'a pas cru devoir accorder grande valeur à cette objection. Le rapporteur du projet disait bien qu'on avait craint que les démarches accessoires à l'exécution du mandat ne pussent devenir des moyens de désordre et de corruption, mais le tribun Tarrible, dans son langage emphatique, repousse ainsi l'idée d'un pareil danger (1) : « Oh ! ce n'est pas dans l'exercice de la bienfaisance que les mœurs s'altèrent ! Cette disposition de cœur qui nous porte à être utiles, n'a jamais produit que des sentiments honnêtes. Le vice n'a pas une source aussi pure ! » Ces arguments de Tarrible ont produit, je crois, moins d'effet auprès des législateurs, que cette considération, que le danger à courir n'était pas bien grand pour la vertu des femmes. Qui ne sent, en effet, combien serait chancelante la vertu d'une femme qui trouverait, dans l'accomplissement d'un mandat, des occasions de débauche ? Et ce ne sont pas des vertus

(1) Fenet, t. 14, p. 597.

aussi fragiles qu'on pourrait sauver par des mesures législatives !

Le principe qu'on peut choisir pour mandataire une personne incapable, reçoit exception lorsque le mandat a pour objet une exécution testamentaire (art. 1028, 1029 et 1030). Cela tient à la nature toute spéciale du pouvoir conféré à l'exécuteur testamentaire, lequel n'est pas choisi par les héritiers dont il est appelé à gérer les affaires, et ne peut être révoqué par eux que pour des motifs graves. La loi veut que l'intervention forcée d'un semblable mandataire soit soumise à une garantie sérieuse et efficace ; aussi n'admet-elle pas que l'autorisation de justice puisse, du moins en général, rendre la femme mariée capable d'accepter une exécution testamentaire, parce que les héritiers ne trouveraient pas dans la nue propriété de ses biens une garantie suffisante de sa bonne administration. L'autorisation du mari est donc indispensable en cette circonstance, à moins que la jouissance des biens de la femme ne soit pas réservée à ce dernier, comme il arrive sous le régime de la séparation de biens, ou sous le régime dotal, lorsque tous les biens sont paraphernaux.

J'ai dit que le mandant seul doit être capable. Je ferai remarquer que la capacité générale et absolue de faire des actes du genre de ceux où il se fait représenter, ne suffit pas ; qu'il faut en outre qu'il ait la capacité de faire en personne l'acte même qu'il donne au mandataire pouvoir d'accomplir pour lui. Ainsi, le tuteur qui est en général capable d'acheter, ne peut donner mandat d'acheter pour lui les biens de son pupille, parce que la loi lui défend de le faire par lui-même (article 450).

Il y a pourtant certains cas où l'on ne peut agir par soi-même et où par conséquent, l'emploi d'un mandataire devient indispensable, par exemple pour les actes de procédure ; mais, quoi qu'en ait dit M. Troplong (*Mandat*, n° 33), il n'y a rien là de contraire à la règle que je viens de poser : ce qui est défendu alors au mandant, c'est, non pas de faire l'acte lui-même, mais de le faire en personne et sans se servir d'un mandataire.

A l'inverse, il est évident que le mandataire n'a pas plus besoin de la capacité spéciale de faire l'acte dont il est chargé, que de la capacité générale de faire des actes de même nature. Ainsi, celui qui est chargé de vendre certains biens et qui, aux termes de l'art. 1596, ne peut les acheter pour lui-même, reçoit mandat valable de les acheter au nom et pour le compte d'un tiers.

§ 6. — *Des diverses espèces de mandats sous le rapport de leur étendue.*

L'art. 1987 indique deux variétés de mandats, qu'il oppose l'une à l'autre. Le mandat est, dit cet article, « ou spécial et pour une affaire ou certaines affaires seulement, ou général et pour toutes les affaires du mandant. » A s'en tenir à la lettre de cet article, on devrait dire qu'il n'y a de mandat général que celui qui embrasse toutes les affaires quelconques du mandant : la question semblerait très-facile. Cependant l'état de la doctrine sur ce point montre combien il est malaisé de formuler à cet égard des définitions nettes et précises. En effet, si on s'en tenait à la lettre de l'art. 1987 on devrait en arriver à la définition que donnent, du mandat général, MM. Aubry et Rau (1): « Le mandat est général, disent-ils, lorsque, d'une part, il embrasse toutes les affaires du mandant, et que, d'autre part, il confère au mandataire le pouvoir de faire, au nom et pour le compte de ce dernier, tous les actes juridiques susceptibles d'être accomplis par un mandataire. Le mandat qui ne présente pas ce double caractère, n'est que spécial, quelle qu'en soit d'ailleurs l'étendue. » Cette définition du mandat général me paraît inexacte ; si, en effet, elle est en harmonie avec les derniers mots de l'art. 1987 qui qualifie de général le mandat donné pour toutes les affaires du mandant, il faut convenir que la définition que ce même article donne du mandat spécial, résiste à l'idée que l'on puisse considérer un mandat comme spécial par cela seul qu'il ne comprendrait pas toutes les affaires quelconques du mandant. Cet article disant, en effet,

(1) MM. Aubry et Rau, t. IV, p. 640, § 412.

que le mandat spécial est celui qui concerne « une ou *certaines affaires* seulement », on ne peût pas dire que, quand il embrasse toutes les affaires, moins une ou deux, ce mandat soit spécial (1).

M. Troplong (2) enseigne, au contraire, que « la procuration est générale, alors même qu'elle renferme le mandataire dans une certaine fonction, pourvu que, dans cette fonction, on lui laisse le pouvoir de faire toutes les affaires prévues qui s'y rattachent successivement. » Et il finit par décider qu'il y a deux espèces de procurations générales et deux espèces de procurations spéciales. « Deux espèces de procurations générales, dit-il, l'une qui comprend toutes les affaires du mandant, *cui omnes indefinite commissæ*; l'autre qui ne comprend qu'un certain genre d'affaires, *certum genus causarum*. — Deux espèces de procurations spéciales : l'une qui a trait à une ou deux affaires certaines, précises, à conduire jusqu'au bout avec tous leurs détails ; l'autre, à un certain acte isolé d'une certaine affaire, mais pas aux autres : *ad unius causæ actum unum, vel plures, sed non omnes* » (3).

D'après M. Paul Pont (*loc. cit.*) « cette difficulté, qu'en y regardant de près, on éprouve à donner une définition nette et précise, soit du mandat général, soit du mandat spécial, tient à ce que le

(1) M. Paul Pont, *Petits Contrats*, t. 1, art. 1987, n°s 894 et 895.
(2) *Mandat*, n° 274.
(3) *Ibid.*, n° 275.

sens de ces mots varie suivant les circonstances. » D'après lui l'art. 1987 n'a qu'une valeur purement théorique, il a pour but d'exposer plutôt que de disposer, et, en définitive, la question manque d'utilité pratique et d'intérêt. » Je crois que les vues de M. Paul Pont sont exactes et il me semble que la question de savoir si un mandat est général ou spécial, doit être laissée au jugement des tribunaux, lesquels auront en vue, pour leur décision, les termes, assez malheureux du reste, de l'art. 1987.

Une autre grande distinction, nettement établie par le Code, présente de grandes utilités : c'est celle que fait l'art. 1988 entre le *mandat conçu en termes généraux*, et le *mandat exprès*. Le caractère distinctif du premier, c'est qu'il ne détermine pas les actes que le mandataire est autorisé à faire, et est, dans tous les cas, un mandat spécial ; cela n'est pas douteux lorsqu'il n'embrasse pas toutes les affaires du mandant, et l'art. 1988 a l'air d'en dire autant pour le cas contraire.

J'ai indiqué ailleurs la controverse qui existait en droit romain et dans l'ancien droit, sur la distinction entre le procureur *omnium bonorum simpliciter*, et le procureur *cum liberâ*. C'est dans le but de trancher cette controverse qu'on fit l'art. 1988, sans tenir compte de l'opinion qui dominait alors, le législateur a sanctionné l'opinion de Vinnius. On peut dire que le Code n'admet pas de mandat général conçu en termes généraux. Il résulte *a contrario* de la première disposition de l'art. 1988 que tout pouvoir, à l'effet de passer au nom d'autrui des actes de disposition, ne résulte jamais que d'un mandat exprès, c'est-à-dire qui autorise formellement le mandataire à passer tels ou tels actes de cette nature ; comme s'en explique très-clairement le second alinéa du même article : « S'il s'agit d'aliéner ou d'hypothéquer ou de quelque autre acte de propriété, le mandat doit être *exprès.* »

Et c'est avec intention que j'emploie, avec le Code, cette dernière expression ; il ne faut pas conclure, en effet, de ce que je viens de dire, que tout mandat portant procuration de faire des actes de disposition, doive être spécial, en ce sens qu'il ne pourrait s'appliquer qu'à une ou plusieurs affaires déterminées ; ce serait exiger plus que n'a fait l'art. 1988 lui-même. Le mandat est valable pourvu qu'il indique expressément les actes de disposition qu'il a pour objet, bien qu'il ne mentionne pas les affaires dans lesquelles ils devront intervenir ; c'est ainsi que l'on aurait satisfait aux exigences de l'art. 1988, en donnant mandat d'emprunter, sans indiquer pourquoi ni jusqu'à concurrence de quelle somme ; de vendre ou d'hypothéquer, sans indiquer les immeubles qui doivent être aliénés ou grevés d'hypothèque (1).

Une procuration de ce genre ne sera regardée

(1) MM. Aubry et Rau, t. IV, § 412 ; Paul Pont, art. 1988, n° 900.

comme insuffisante que dans les cas où la loi exige un mandat spécial; il devrait alors, à peine de nullité, y être fait mention de l'affaire en vue de laquelle interviendrait le mandat. Telles seraient, par exemple, les procurations à l'effet de représenter le mandant dans la confection d'un acte de l'état civil ou dans un conseil de famille, ou en matière d'aveu judiciaire (1).

A raison du principe absolu de la spécialité en matière d'autorisation maritale, le mandat donné par la femme, soit à un tiers avec l'autorisation du mari, soit au mari lui-même, de faire pour elle des actes juridiques déterminés seulement quant à leur nature, ne saurait être valable s'il ne spécifiait les objets ou s'il ne limitait les sommes pour lesquels ces actes devraient porter (M. Demolombe, t. IV, n° 210).

Il est évident que, dans le cas où la loi exige un mandat spécial, la procuration doit mentionner l'acte à passer ou l'affaire qu'elle a pour objet, d'une façon, non pas énonciative, mais limitative; elle ne remplirait évidemment pas le but de la loi, si elle laissait au mandataire la liberté de faire usage de son pouvoir, toutes les fois que semblable occasion s'en présenterait.

La convention des parties, relativement à l'étendue du mandat, doit toujours être interprétée restrictivement et les pouvoirs du mandataire ne

(1) Art. 36, 66, 412, 1356 du Code civil. Il en est de même dans les hypothèses des art. 198, 216, 352 et 556, C. Procéd. civ.

peuvent en aucun cas, être étendus au delà des limites qu'elle a fixées. Ainsi la procuration portant pouvoir de faire certains actes juridiques déterminés, oblige le mandataire, quoi qu'il arrive, de restreindre sa gestion à ces actes. A l'inverse, étant donné le mandat de faire toute espèce d'actes juridiques relatifs à telles ou telles affaires du mandant, le mandataire ne peut faire le moindre de ces actes au sujet d'une affaire autre que l'une de celles indiquées dans la procuration. En un mot, les pouvoirs du mandataire ne peuvent jamais être étendus par voie d'analogie, ni par voie d'interprétation. Je vais essayer maintenant d'appliquer ces principes à quelques exemples.

« Le mandat conçu en termes généraux, porte l'art. 1988, n'embrasse que les actes d'administration. » Mais que doit-on entendre par actes d'administration? On doit entendre par là tous les actes qui tendent à conserver et à faire valoir la fortune d'une personne, non à l'augmenter ou la diminuer. Ainsi le mandat conçu en termes généraux comporte pour le mandataire le droit : 1° de recevoir les capitaux dus au mandant et d'en donner quittance (Bordeaux, 22 févr. 1827) ; de faire des emprunts pour grosses réparations ou pour les nécessités de commerce confié au mandataire (Rejet, 15 févr. 1830); d'intenter les actions mobilières et possessoires (1) ; de faire des

(1) Merlin, *Rép.*, v° *Procureur*, § 2.

saisies mobilières; de vendre des objets qui dépérissent par le temps ; d'interrompre une prescription; tous ces actes, en effet, ne tendent qu'à conserver la fortune du mandant, et sont, par conséquent, des actes d'administration. 2° Il pourra, de même: percevoir les revenus de tout genre; vendre des récoltes, produits manufacturés, marchandises, etc.; acheter des ustensiles, instruments et autres choses nécessaires pour l'exécution du mandat; passer des baux pour les choses dont la gestion lui est confiée, en se conformant toutefois, pour la durée de ces baux ou leur renouvellement, aux dispositions de l'art. 1429; car tous ces actes, tendant à faire valoir la fortune du mandant, sont considérés comme des actes d'administration. Mais on ne peut pas, en vertu d'un mandat conçu en termes généraux, faire des actes de disposition; on ne pourra donc pas : aliéner en dehors des cas ci-dessus indiqués (art. 1988, 2e al.) ; hypothéquer (*ibid.*); emprunter, sauf le cas de nécessité pour la conservation de la chose ; intenter des actions immobilières qui tendent à compromettre la propriété de l'immeuble; faire les saisies immobilières dont les frais et les longueurs sont de telle nature qu'on ne saurait les ranger parmi les actes de simple administration; transiger ; compromettre ; cautionner ; accepter des successions, même sous bénéfice d'inventaire (art. 461); accepter une donation (art. 403); consentir un bail de plus de neuf ans.

Enfin, la loi n'exigeât-elle pas un mandat spécial, et lors même qu'il s'agirait d'actes qui paraîtraient la conséquence directe et nécessaire de ceux que le mandataire a reçu pouvoir de faire pour le mandant, ou qui seraient de la même nature, il faudrait encore s'en tenir strictement aux termes du mandat; c'est là une règle formulée par l'art. 1989: «Le mandataire ne peut rien faire au delà de ce qui est porté dans son mandat: le pouvoir de transiger, ajoute cet article, ne renferme pas celui de compromettre.» Et cela est fort rationnel; car on peut avoir confiance en un mandataire lorsqu'il s'agit d'éviter un procès par une transaction, tandis qu'on ne serait pas disposé à s'en rapporter à lui sur le choix d'arbitres auxquels il soumettrait la contestation par un compromis. De même, le pouvoir de vendre un immeuble n'emporte pas en général celui d'en toucher le prix, ou de régler ce prix en billets (1); mais je crois que le pouvoir de toucher le prix emporterait celui de donner mainlevée du privilége du vendeur ou de toute hypothèque qui lui aurait été donnée pour garantir le paiement.

(1) MM. Aubry et Rau, t. IV, § 412, note 10, citent un grand nombre d'arrêts en ce sens.

CHAPITRE II

DES OBLIGATIONS DU MANDATAIRE

§ 1. — *Obligations envers le mandant.*

Les obligations du mandataire, dont je vais m'occuper maintenant, sont celles qui découlent directement et nécessairement du mandat, tellement, qu'on ne pourrait pas concevoir de mandat où elles n'existeraient pas. Elles donnaient, en droit romain, lieu à l'action *mandati directa.* D'après Pothier, je les diviserai en trois principales : 1° accomplir la mandat ; 2° y apporter tout le soin que l'affaire qui est l'objet du mandat exige; 3° rendre compte de sa gestion.

Première obligation. — La première obligation du mandataire, c'est d'accomplir le mandat qu'il a accepté, c'est-à-dire de mener à sa fin l'affaire qui lui a été confiée, à moins que le mandat ne vienne à cesser avant son entière exécution (art. 1991). Je dois ajouter même que cette obligation d'exécuter le mandat, ne cesse pas nécessairement toujours à la fin du mandat, ainsi la mort du mandant met fin au mandat, et cependant le mandataire devra continuer sa gestion, s'il y a péril en la demeure (art. 1991, 2e alin.).

Le mandataire était sans doute libre d'accepter ou non le mandat qu'on lui offrait; mais, comme je l'ai dit à l'occasion de la définition du contrat, une fois le mandat accepté, le pouvoir qu'on lui donnait se transforme pour lui en obligation d'agir, de gérer, d'accomplir le mandat. Si donc quelque préjudice résulte pour le mandant de l'inexécution du mandat, le mandataire en est responsable envers lui. Si, par exemple, ce dernier a négligé de renouveler une inscription hypothécaire, alors qu'il avait mandat à cet effet, et que, par suite de cette négligence, l'inscription se trouve périmée, il sera tenu, envers le créancier, de tous dommages-intérêts. Le mandataire pourrait soutenir, sans doute, que l'inexécution du mandat n'a causé au mandant aucun préjudice, par exemple, que, malgré le renouvellement de son inscription, il ne serait pas venu en ordre utile pour être colloqué sur le prix de l'immeuble, mais ce serait à lui à en rapporter la preuve.

Si le mandataire n'a accompli le mandat qu'en partie, il faut examiner si l'exécution partielle est ou non utile au mandant: dans la première hypothèse, le mandataire sera en faute pour tout ce qui n'aura pas été exécuté, et partant il sera tenu d'en dédommager le mandant; dans la seconde hypothèse, c'est-à-dire quand l'exécution partielle de l'affaire dont la gestion lui a été confiée n'a servi en rien à l'accomplissement du but que se proposait le mandant, il sera tenu pour inexécution du mandat, tout comme si cette exécution partielle n'avait pas eu lieu. A moins, bien entendu, que le mandataire n'ait été empêché de poursuivre l'exécution, par une circonstance indépendante de lui.

Il ne devrait certainement pas exécuter le mandat, si, après son acceptation, il s'apercevait que ce mandat a pour objet quelque chose d'illicite ou de contraire aux lois ou aux bonnes mœurs. Dans ce cas il ne serait même pas tenu de notifier au mandant sa renonciation: ce mandat, en effet, étant nul, il ne pourra pas être tenu de l'exécuter ou de payer des dommages-intérêts.

Le mandataire doit agir par les moyens indiqués dans le mandat, il doit conserver la forme du mandat, c'est-à-dire que le mandataire doit se conformer au mode d'exécution que le mandat lui a prescrit, c'est ce qu'on appelle exécuter le mandat *ad unguem*. Tel est le principe; mais les tribunaux pourront, en se déterminant d'après les circonstances, admettre des tempéraments qui en modèrent plus ou moins l'application. En général, il faut qu'il conserve à sa gestion les qualités extrinsèques fixées par le mandat. Les docteurs appellent intrinsèques, les qualités qui ont rapport à l'ordre considéré d'une manière abstraite, en lui-même et dans son objet; extrinsèques, celles qui ont rapport à l'exécution, qui doivent y présider. Pour fixer, par un exemple, la portée de cette division, dans le cas où une personne donne à une autre mandat d'acheter du vin de Médoc de telle année, et d'expédier ce vin à son mandant, par une maison de roulage désignée, les qualités intrinsèques sont l'achat du vin de l'année spécifiée et en quantité voulue; les qualités extrinsèques sont l'expédition du vin par la maison de roulage désignée dans la procuration! La réunion de ces deux qualités forment la forme du mandat. Le mandataire ne doit rien faire ni au delà, ni en deçà de cette forme.

A plus forte raison le mandataire ne doit-il pas aller contre la forme du mandat. Ainsi, il ne lui est pas permis de substituer à la chose désignée par le mandant une autre chose même meilleure : la Cour de Rennes a décidé en ce sens que l'entrepreneur de transports qui a reçu mandat d'effectuer par *un navire à voile* l'envoi de marchandises, est responsable de la perte de ces marchandises par suite d'un naufrage, s'il a fait l'envoi par un *bateau à vapeur* (M. Paul Pont, art. 1991, n° 981) (1). Chargé de vendre, il ne doit pas échanger; chargé d'acheter du vin de tel cru et de telle année, il ne doit pas en acheter d'une autre année ou d'une autre provenance; chargé d'acheter une chose dans telle ville, il ne doit pas se la procurer au marché d'une autre ville (Montpellier, 10 juillet 1829, Dall., 31, 2, 118).

Je placerai ici une question vivement discutée en droit romain entre les Proculéiens et les Sabiniens. Lorsque le mandataire a exécuté le man-

(1) M. Paul Pont cite en outre en ce sens : Rouen, 8 décembre 1856 (S.-V., 57, 2, 307; Dal., 57, 2, 96); Grenoble, 23 décembre 1854 (S.-V., 55, 2, 140; Dall., 55, 2, 203.

dat sans aller au delà de ses pouvoirs, mais à des conditions plus onéreuses, lorsque, par exemple, chargé d'acheter pour 100, trouvant l'opération impossible à ce prix, il achète pour 120, certainement il ne pourra pas forcer le mandant à prendre pour lui le marché pour ce dernier prix; mais pourra-t-il l'obliger à le prendre pour 100, c'est-à-dire pour le prix porté dans la procuration? Là était la controverse. Les Sabiniens se prononçaient pour la négative : d'après eux, le mandant n'ayant pas d'action contre le mandataire pour le contraindre à lui livrer pour 100, prix de la procuration, ce qui lui avait coûté plus cher, le mandataire ne devait pas être admis, par une juste réciprocité, à exiger, même en consentant à perdre la différence en la prenant à sa charge, que le mandant prît le marché pour lui au prix de 100, qu'il avait lui-même fixé. Suivant les Proculéiens, au contraire, il était plus équitable d'accorder au mandataire le droit d'obliger le mandant à prendre le marché, sauf, de son côté, à indemniser ce dernier de ce qu'il en doit coûter de plus que si le marché eût été fait au prix de la procuration. C'est cette dernière opinion que Justinien consacre dans ses Institutes (*Mandato*, lib. III, tit. 27, § 7). C'est aussi celle que Pothier admet dans l'ancien droit (1).

La question est aussi controversée sous le Code.

(1) Pothier, *Mandat*, n° 94.

M. Troplong, rapporte la controverse, cite l'ouinion que prône Pothier et prend aussi parti pour l'opinion des Proculéiens : « Qu'importe, dit-il, que le mandataire ait dépassé les limites de son mandat si, reconnaissant sa faute et consentant à s'exécuter, il met les choses au point où la procuration les avait mises ? Le mandant voulait une maison pour 100, elle lui est acquise pour 100. De quoi peut-il se plaindre ? Cette seconde opinion prévalut comme plus humaine. Elle est plus raisonnable. *Non debet utile per inutile vitiari.* » (*Mandat*, n° 270.) Tel est aussi l'avis de M. Clamageran. (*Louage d'industrie*, n° 314.)

Ce n'est pas le système qu'adopte M. Paul Pont (1). Quoiqu'elle ait été acceptée au nom de l'équité, il lui semble que cette opinion n'est équitable qu'en apparence : en définitive, elle inégalise les parties d'une façon ostensible, elle fait du mandataire l'arbitre souverain, le maître de la situation, elle lui donne toutes les chances favorables, en mettant du côté du mandant toutes les chances contraires. « Le mandataire, en effet, gardera pour lui l'opération, toutes les fois qu'elle sera bonne, même au prix auquel il l'a faite ; il la laissera pour le mandant toutes les fois qu'elle sera mauvaise, même pour le prix porté dans la procuration ; en s'imposant pour tout sacrifice la perte de la somme représentant la différence entre

(1) Art. 1991, n° 982.

le prix fixé par le mandant et le prix d'achat, il mettra la presque totalité du préjudice à la charge de ce dernier ! Et on prône ce système au nom de l'équité ! »

Pour moi, je me déclare, en droit romain, partisan de la théorie des Sabiniens et je crois, comme M. Paul Pont, que le système adopté par Justinien est inique au suprême degré. Mais il n'en est pas de même en droit français. Le Code a bien dit (art. 1984), que, pour qu'il y ait mandat dans le sens du législateur français, il faut que le gérant agisse au nom du mandant ; si donc le mandataire a acheté *au nom du mandant* pour 120, la maison qu'il n'avait pouvoir d'acheter que pour 100 et que le mandant ratifie l'opération, il est incontestable qu'il pourra forcer le mandataire à lui livrer pour 120, l'objet acheté. Cette inégalité entre les parties n'existe donc plus, le mandataire n'est plus l'arbitre de la situation, tous les reproches faits par M. Paul Pont à l'opinion de M. Troplong n'ont plus de raison d'être ! Mais qu'il soit bien entendu que je n'admets le système de M. Troplong que parce que j'admets, comme indispensable à l'existence du mandat, le principe de la représentation du mandant par le mandataire.

J'ai raisonné ainsi dans l'espèce telle qu'elle avait été posée, c'est-à-dire dans le cas où l'affaire n'avait pas pu être exécutée au prix porté dans la procuration. Si l'on suppose qu'elle aurait pu être traitée au prix fixé par le mandant, je dirai que celui-ci pourra toujours agir contre le mandataire pour se faire délivrer l'objet acheté, en lui remboursant tout simplement le prix fixé par la procuration, car le mandataire est en faute d'avoir acheté pour un prix plus élevé ; si le tiers avec qui le mandataire avait traité, était encore en possession de la chose achetée par celui-ci, il ne la délivrera au mandant que pour le prix pour lequel le mandataire l'a achetée, et alors le mandant aura contre le mandataire une action, pour se faire indemniser de ce que lui fait perdre le fait du mandataire de ne pas s'être conformé à la lettre du mandat, quand cela lui était possible.

La force majeure rend aussi le mandataire irresponsable de l'inexécution du mandat. Considéré indépendamment des causes dont elle procède et prise dans ses effets, la force majeure agit à des degrés divers qu'il est utile de distinguer. Quelquefois, en effet, elle retarde simplement la possibilité de l'exécution ; d'autres fois elle l'empêche *ab initio* d'une manière absolue ; elle n'empêche, en troisième lieu, l'exécution que par les moyens prévus, tandis qu'il est possible encore d'exécuter le mandat par d'autres moyens ; dans un quatrième cas, elle ne met obstacle à la consommation du mandat que lorsqu'il est en cours d'exécution ; et enfin, dans une dernière hypothèse, la force majeure survient après l'exécution du mandat, alors que le mandataire n'a plus qu'à livrer la chose, et elle le met dans l'impossibilité d'accomplir cette dernière obligation.

Je ne puis admettre comme rentrant dans le domaine de la force majeure la crainte d'une impossibilité probable d'exécution, enrayant la bonne volonté du mandataire. Je crois que ce dernier doit lutter contre les obstacles qui lui paraissent tout d'abord insurmontables, et s'obstiner à les vaincre tant qu'il lui reste une lueur d'espoir. Ce n'est qu'alors, qu'il a la certitude d'échouer, qu'il peut capituler avec honneur, et se croiser les bras devant cette fatalité qui le condamne à l'inaction.

Si l'impossibilité qui se dresse devant la volonté du mandataire n'est que provisoire ; si elle existe aujourd'hui absolue, invincible, et que demain il n'en doive rester que le souvenir, il faut distinguer entre le cas où le mandat est susceptible d'ajournement, et celui où il ne comporte aucun délai d'exécution. S'il n'est pas susceptible d'ajournement, on ne peut rien demander au mandataire ; ce qu'il eût fait aujourd'hui, il ne peut plus le faire demain ; son rôle est fini : il n'aura qu'à faire savoir au mandant l'événement qui a comprimé son zèle, et, cet avis transmis, tout est consommé pour lui. — Mais si l'affaire peut être ajournée, si, au jour où l'obstacle a disparu, elle peut encore être gérée avec fruit, le mandataire ne devra pas persévérer dans son inaction désormais injustifiable : il devra travailler à la réalisation du mandat et faire connaître à son mandant la disparition de l'obstacle, comme il avait dû en révéler l'existence. C'est ce qui a été décidé par plusieurs arrêts cités par Dalloz, v° *Mand.*, n° 196.

Il faut encore proclamer l'irresponsabilité du mandataire dans le cas où la force majeure a rendu radicalement impossible l'exécution du mandat. Je vous charge, par exemple, d'acheter telle maison : elle brûle ; tel navire : il fait naufrage. Dans ces hypothèses, ce n'est pas l'inaction du mandataire qui le constituera en faute, c'est, au contraire, tout agissement que, même de très-bonne foi, il tenterait pour exécuter approximativement le mandat qu'il ne peut accomplir d'une manière plus exacte. Ainsi eût-il acheté la maison voisine de celle qui a brûlé, un navire presque semblable à celui que la fortune de la mer a détruit, rien n'oblige le mandant à ratifier ces acquisitions faites en dehors de ses prescriptions, mais, avant d'être ratifiées, elles ne constituent pas une exécution, même partielle, du mandat. « Ce serait en vain, dit M. Troplong (1), qu'on donnerait à cet agissement la couleur d'une *negotiorum gestio* ; car cet achat était un acte que le mandant pouvait se passer de faire ; il ne rentrait pas dans le cercle de ses affaires, et rien ne le rendait nécessaire. En général, il n'est pas permis au mandataire de dénaturer le mandat. »

(1) *Mandat*, art. 1901, n° 360, 2e al.

« Cependant, ajoute M. Troplong (1), s'il se présentait un cas évident de nécessité impérieuse, le mandataire sera reçu à faire, comme *negotiorum gestor*, autre chose que ce que le mandant lui avait prescrit dans l'ignorance des graves obstacles qui s'opposaient à ses projets. » Le savant jurisconsulte donne ensuite un exemple, qui met à jour cette doctrine qu'il appuie sur l'autorité de Balde (2) et de Casaregis (3); voici cet exemple : Un négociant expédie des blés à son commissionnaire de Marseille pour les vendre à 200 francs l'hectolitre ; le chargement éprouve une avarie en route ; si le commissionnaire ne se hâte, les blés avariés seront pourris, perdus ; il les vend de son mieux, mais à un prix moindre que celui fixé dans la procuration ; sa conduite est irréprochable. En résumé, on devra admettre que le mandataire peut, sans engager de responsabilité, agir au delà de son mandat, sinon comme mandataire, du moins comme gérant d'affaires, lorsqu'il y a nécessité évidente à ne pas laisser périr l'affaire. Mais, même dans le cas où l'affaire va périr, le mandataire doit laisser cette éventualité s'accomplir, si le mandat est précis, impératif, et ne permet pas de croire que le commettant ait voulu laisser à son chargé de pouvoirs une cer-

(1) *Mandat*, n° 361.

(2) *Conseil* 334.

(3) Disc. 125, n° 23 à 24.

taine latitude pour pourvoir à des événements imprévus.

J'aborde maintenant le cas où la force majeure ne porte que sur les moyens indiqués, sans atteindre la chose même qui fait l'objet du mandat. Je mets de côté, d'abord, le cas où l'exécution du mandat peut supporter un délai : le mandataire devra alors consulter le mandant, et rester dans l'inaction jusqu'au retour des ordres de celui-ci. Si l'exécution ne supporte aucun délai, il y a encore une distinction à faire : si le mandat est limitatif et, par suite, impératif, le mandataire ne doit pas sortir du mode d'action qui lui a été tracé ; si le mandat est simplement indicatif dans ses termes, s'il est ce que M. Troplong appelle *mandatum dubium* (1), le mandant pourra alors pourvoir aux intérêts du mandant par équipollents, et suivre, en dehors de la route, les voies qui paraissent conduire plus aisément au but.

Quelquefois, ai-je dit encore, la force majeure n'entrave la consommation du mandat que lorsqu'il est en voie d'exécution. Dans cette occurrence, si le mandataire est à portée de consulter le mandant, son premier devoir serait de recourir aux intentions de ce dernier, et obtenir son sentiment sur les mesures à adopter. Mais, si les circonstances sont pressantes, si les événements menacent de se précipiter et que le temps manque,

(1) *Mandat*, n° 367.

le mandataire doit agir au mieux des intérêts du mandant, et chercher, autant que possible, à prendre le parti qui se rapproche le plus de ses instructions.

En dernier lieu, j'ai mentionné le cas où la force majeure, née après l'exécution du mandat, empêche de délivrer la chose. Cette hypothèse tombe sous l'application des art. 1302 et 1303 du Code civil, qui renferment les principes généraux en matière de perte de la chose due. Je parlerai de cette hypothèse tout à l'heure, à l'occasion de la reddition des comptes du mandataire. Je fais seulement remarquer, dès à présent, qu'en l'absence de faute de la part du mandataire, la chose périt pour le mandant, et que le mandataire est déchargé, lors même qu'il est en demeure, à la condition que la chose ait péri également chez le mandant.

La force majeure ne se présume pas. C'est donc à celui qui a besoin de l'invoquer, dans l'espèce au mandataire, à prouver sa réalité, selon la règle posée par l'art. 1315.

DEUXIÈME OBLIGATION. — *Responsabilité.* — Le mandataire doit apporter à l'affaire dont il est chargé les soins d'un bon père de famille ; sa responsabilité est limitée ainsi par l'art. 1992 : « Le mandataire répond, non-seulement du dol, mais encore des fautes qu'il commet dans sa gestion. » Cette disposition est logique : bien qu'il soit complétement désintéressé dans la gestion de l'affaire, qui fait l'objet du mandat, bien que l'acceptation de la procuration soit de sa part un acte de pure bienfaisance, le mandataire n'en doit pas moins apporter la plus entière bonne foi dans l'accomplissement de sa tâche, et donner à l'affaire dont il a consenti à être chargé, tous les soins et toute l'habileté que cette affaire réclame. Il est de son honneur et de son devoir, selon l'expression de Domat (1), de ne pas tromper la confiance du mandant que son acceptation a pu détourner de s'adresser à une autre personne; et, par conséquent, il est tenu de mettre dans sa gestion, non-seulement de la bonne foi, mais encore de la diligence et de l'exactitude.

Le mandataire répond de son dol; c'est ce que dit, en premier lieu, l'art. 1992. Que ce dol se soit manifesté par une mauvaise gestion des affaires du mandant, ou par l'abstention frauduleuse de gérer, il engagera la responsabilité du mandataire qui s'en rend coupable; et il l'engagera sans atténuation ni tempérament.

« Le mandataire répond, non-seulement du dol, mais encore des fautes qu'il commet dans sa gestion, » dit l'art. 1992. Il ne suffit donc pas que le mandataire soit de bonne foi, il faut aussi qu'il soit exempt de faute, pour ne pas encourir de responsabilité : en cela, du reste, l'art. 1992 ne fait que confirmer l'art. 1137 qui contient la

(1) *Lois civil.*, liv. I, tit. XV, sect. 3, n° 4.

théorie générale des fautes. Mais, quand est-on en faute ? C'est là une question qui a donné lieu à beaucoup et de longues controverses; « cependant, dit M. Paul Pont (1), il n'y en a pas de plus simple dès qu'on se rattache à la règle établie par le Code Napoléon. Le débiteur est en faute dès qu'il ne fait pas ce que, dans la circonstance où il s'est trouvé placé, aurait fait un homme soigneux et diligent, c'est-à-dire, pour employer l'expression consacrée, *un bon père de famille* ». Le Code, en effet, ne veut pas qu'on recherche si le débiteur est ou non soigneux dans ses propres affaires, il ne veut pas s'occuper de la vieille division en trois fautes, que Pothier avait trouvée dans le droit romain; il ne compare l'agissement d'un homme qu'au type abstrait du bon père de famille, il consacre par là l'appréciation des fautes *in abstracto*, en rejetant l'appréciation des fautes *in concreto*, sauf en un seul cas en faveur du dépositaire (art. 1927). C'est ce que laisse entendre l'art. 1137, dont les termes disent que « l'obligation de veiller à la conservation de la chose, soit que la convention n'ait pour objet que l'utilité de l'une des parties, soit qu'elle ait pour objet leur utilité commune, soumet celui qui en est chargé à y apporter tous les soins d'un bon père de famille ». L'art. 1992 se réfère purement et simplement à cette règle générale; elle n'a rien de trop rigou-

(1) Art. 1992, n° 993.

reux, bien que le mandataire rende, le plus souvent, un service gratuit au mandant; la raison en est, d'après Pothier, que celui qui se charge de la gestion d'une affaire, se charge de tout ce qui est nécessaire pour cette gestion et, par conséquent, de tout le soin et de toute l'habileté qu'elle demande.

L'affinité entre l'art. 1137 et 1992 se manifeste encore davantage dans leur seconde disposition. L'art. 1137 a, en effet, un second alinéa qui dit que l'obligation de veiller à la conservation de la chose « est plus ou moins étendue relativement à certains contrats, dont les effets, à cet égard, sont expliqués dans les titres qui les concernent » et le deuxième paragraphe de l'art. 1992 « la responsabilité relative aux fautes est appliquée moins rigoureusement à celui dont le mandat est gratuit qu'à celui qui reçoit un salaire ». Eh bien! c'est justement là une de ces exceptions dont parle la seconde partie de l'art. 1137 !

On s'est demandé si, en ce qui concerne le mandataire gratuit, la diligence sera appréciée *in concreto*. D'après M. Troplong (1) « dans le cas de mandat gratuit, ils (les magistrats) verront si le mandataire qui rend un service d'ami doit autre chose que les soins qu'il donne à ses propres affaires, et si une responsabilité plus sévère ne doit pas être réservée pour le mandataire qui

(1) *Mandat*, n° 393.

reçoit une rétribution, ou pour celui qui a fait l'officieux et, par ses promesses, a empêché le mandant de choisir un représentant plus capable; mais ce qui me paraît sûr, ajoute l'éminent jurisconsulte, c'est que lorsque les tribunaux ont déclaré en fait l'existence de la faute grave, ils ne doivent par atténuer arbitrairement l'indemnité due au mandant et prendre prétexte de la gratuité du mandat pour enlever à la personne lésée la juste et entière réparation du tort qu'il a souffert... A mon sens, comme au sens de la Cour de Rennes, dit plus loin M. Troplong, l'art. 1992 ne veut pas dire que, lorsque le mandat est gratuit, les juges seront maîtres d'abaisser la réparation au-dessous de la valeur du préjudice réel et légalement constaté; il signifie (et rien de plus) que lorsque le mandat est gratuit, la faute peut n'être pas jugée avec la même sévérité, et qu'il n'est pas toujours juste d'exiger du mandataire certains soins qu'il a pu oublier de bonne foi et sans erreur supine ». Cependant je n'admettrai pas cette opinion qui est soutenue aussi par Duranton (1) parce qu'elle a pour base plusieurs degrés de faute; or, rien n'indique, dans le texte de la loi, que le législateur ait voulu reconnaître plusieurs degrés de fautes: au contraire, il me semble que la seconde partie de l'art. 1992 a pour point de comparaison, comme la première, le type abstrait du

(1) T. 18, n° 243.

bon père de famille. Je crois avec M. Paul Pont (1) que tout ce qu'on peut voir dans la partie finale de l'art. 1992, c'est la pensée d'accorder aux juges un pouvoir discrétionnaire qui leur permette d'appliquer au mandataire gratuit une responsabilité proportionnelle aux circonstances; si on objecte à ceci, que ce même pouvoir appartient aux juges quant à l'appréciation des fautes du mandataire salarié, et qu'ainsi ce système efface la différence que le législateur a voulu établir entre le mandataire gratuit et salarié, je répondrai que l'objection manque d'exactitude, car, dans ce système, la différence est maintenue, seulement, au lieu de porter, comme dans le système contraire, sur la nature des fautes, elle porte sur l'étendue de la responsabilité; de sorte que, dans ce système, les juges pourront, sans rien craindre de la Cour de cassation, reconnaître le mandataire gratuit en faute et pourtant ne pas le condamner à l'entière réparation du dommage causé par sa faute, tandis que, s'ils reconnaissent que le mandataire salarié n'a pas fait ce qu'aurait fait à sa place un bon père de famille, ils devront le condamner en tous dommages-intérêts, sans quoi ils violeraient les art. 1137 et 1992 et encourraient la censure de la Cour de cassation. Ce système est rigoureusement logique, et conforme au texte de l'art. 1992 : d'après cet article, en effet, ce que les juges

(1) Art. 1992, n° 991.

doivent appliquer moins rigoureusement au mandataire gratuit, ce n'est pas l'*appréciation* de la faute, mais la *responsabilité* relative aux fautes.

En règle générale, le mandataire n'est pas tenu des cas fortuits, pas plus qu'il n'est tenu des cas de force majeure à moins qu'il ne soit en faute ou en demeure lorsque la chose est venue à périr par cas fortuit ou de force majeure (articles 1148 et 1302). Une autre exception à ce principe réside dans la seconde partie de l'art. 1302 ; en effet, d'après cet article, le mandataire peut prendre à sa charge les cas fortuits et même ceux de force majeure.

Il peut, à l'inverse, convenir avec le mandant qu'il ne répondra pas de ses fautes et alors, s'il cause au mandant quelque préjudice par son manque d'habileté, ce préjudice resterait à la charge du mandant, qui n'aurait droit à aucune réparation. Mais la stipulation ne saurait affranchir le mandataire de la responsabilité résultant de son dol. Une gestion dolosive ou de mauvaise foi ne pourrait être couverte par aucune convention si expresse qu'elle soit.

Les règles sur la responsabilité peuvent aussi être modifiées par d'autres circonstances qui ne touchent pas nécessairement aux stipulations du contrat. La loi elle-même voit une de ces circonstances dans la gratuité qui, aux termes de l'article 1992, permet de modérer la condamnation aux dommages dont le mandataire est passible à raison des fautes commises par lui dans la gestion de l'affaire qui fait l'objet du mandat. Ce serait, je crois, entrer dans la pensée de cet article que de dire que, même quand la gratuité n'est pas complète, il n'y a pas moins lieu de modérer la condamnation, si d'ailleurs le salaire est tellement modique qu'on n'y puisse pas voir l'apparence même d'une rémunération. Certainement, quelle que soit la modicité du salaire, elle ne peut pas autoriser le juge à affranchir le mandataire en faute de toute responsabilité, puisqu'il n'est pas permis d'aller jusque-là, même quand le mandat est absolument gratuit ; mais elle permet, sans doute, lorsque, d'ailleurs, la faute n'est pas grave, de fixer avec modération l'indemnité due pour la réparation du dommage involontairement causé.

Une autre question controversée est celle de savoir si le mandataire est responsable au cas où, se trouvant dans l'alternative prévue à propos du commodat par l'art. 1882, il a préféré sauver sa propre chose. L'art. 1882 ne peut pas fournir un argument pour établir que le mandataire est, en ce cas, en faute : la responsabilité très-sévère à laquelle cet article soumet le commodataire constitue une dérogation à la théorie générale des fautes, et dès lors sa disposition ne peut être étendue d'une espèce à l'autre. M. Troplong a proposé (1) de distinguer entre le mandataire gratuit

(1) *Mandat*, nº 409; Boileux, t. 6, p. 387.

et le mandataire salarié, mais cette distinction ne me tente pas : je ne crois pas, en effet, que le mandataire salarié soit nécessairement en faute pour avoir sauvé sa chose de préférence à celle du mandat, ni que le mandataire gratuit soit toujours exempt de responsabilité quand il a sacrifié la chose du mandant. Je préfère m'attacher à une autre distinction ; c'est la même que pour le dépositaire : elle consiste dans la valeur comparative des deux choses. Ainsi je déciderai que le mandataire est exempt de faute, et partant ne doit aucuns dommages-intérêts, s'il a sauvé la chose qui avait le plus de valeur, même si c'est sa propre chose, car c'est ainsi que doit agir un bon père de famille. Que si les choses sont d'égale valeur, il est hors l'atteinte de toute responsabilité, quelle que soit la chose qu'il a sauvée (1).

Mais comment la responsabilité devra-t-elle être appliquée lorsque d'un côté le mandataire a fait éprouver par sa faute des pertes au mandant, et que, d'un autre côté, il lui a procuré des bénéfices? Ces pertes pourront-elles être compensées avec les bénéfices? Devront-elles l'être? Pothier se prononçait pour la négative (n° 52) et, en matière de société, le Code suit cette doctrine de Pothier (art. 1850). Certains auteurs (2) étendent cette disposition au mandataire parce que « le manda-

(1) Paul Pont, *loc. cit.*, n° 998.

(2) MM. Aubry et Rau, § 413, texte et note 3, p. 643; Duranton, t. 18, n° 244; Delvincourt (t. 3, p. 241, note 7).

taire, dit M. Duranton, s'était obligé à procurer les bénéfices qu'il pourrait procurer, et à ne point commettre de fautes, il faut appliquer le principe qui a prévalu en matière de société, sauf à le modifier en raison des circonstances de la cause, et surtout en raison de ce que le mandat serait gratuit ». — Mais telle n'est pas mon opinion ; je pense que, dans l'espèce proposée, on pourra, suivant les circonstances compenser les bénéfices avec la perte, et ne pas traiter le mandataire avec trop de rigueur. Ce tempérament trouve sa raison d'être dans la loi 11, Dig., *de usuris*, qui est, je crois, plus en harmonie avec ce sujet, que l'art. 1850 du Code, article qui est puisé dans les principes du droit romain sur la société ; en effet, il ne faut pas juger le mandataire avec une rigueur outrée : on doit supposer que, puisqu'il a fait sur un point l'affaire du mandant meilleure, c'est que sa vigilance est entièrement irréprochable, et que s'il n'a pas mieux fait sur l'autre point, c'est qu'il y avait impossibilité (1). J'admettrai, toutefois avec M. Paul Pont, l'atténuation suivante de cette théorie : la compensation est simplement facultative pour les juges, de sorte que, s'ils se refusent à la prononcer, leur décision à cet égard ne pourra pas être critiquée par la Cour de cassation.

Il y a, enfin, une dernière circonstance susceptible, d'après quelques auteurs, d'atténuer, quant

(1) Voy. en ce sens : MM. Delamarre et Lepoitevin, t. 2, n° 147 ; Troplong, n° 403, 433 ; Paul Pont, art. 1992, n. 999.

à ses conséquences, la responsabilité des fautes commises dans l'exécution du mandat; c'est lorsque, au lieu d'aller au-devant du mandat et de s'offrir lui-même au mandant, le mandataire a mis plus ou moins de résistance à se charger de l'affaire: je crois, en effet, qu'il est juste et raisonnable d'introduire, par analogie, ce même tempérament dans la matière du mandat. Mais le mandataire qui aurait accepté le mandat sans avoir la capacité ou les facultés nécessaires pour gérer l'affaire dont il s'est chargé, devra au mandant entière réparation de tout dommage qu'il lui a causé par sa faute (Pothier, *Mandat*, n° 48), car en se chargeant d'une chose qu'il savait ne pas pouvoir conduire, il a empêché le mandant de gérer utilement son affaire, ou de la confier à un autre.

J'arrive maintenant à me demander quelle est, l'étendue de la responsabilité du mandataire, relativement aux actes passés par celui qu'il s'est substitué dans la gestion. Je dois commencer par examiner si le mandataire peut se substituer une personne qui gère à sa place, même au cas où le mandat ne contient aucune clause spéciale à cet égard.

L'affirmative était admise en droit romain et en droit canonique ; mais Pothier ne voulait pas l'admettre. « Il est évident, dit-il, que le mandataire, en ce cas, a excédé les bornes du mandat ; et que ce qui a été fait n'oblige pas le mandant, s'il ne juge à propos de la ratifier » (1). Il admettait toutefois la substitution : « si l'affaire qui fait l'objet du mandat, ne requiert aucune habileté pour le faire, et qu'il soit indifférent au mandant, par qui elle soit faite, le mandant doit en ce cas être présumé avoir laissé à son mandataire le pouvoir de substituer un autre pour la faire. »

M. Troplong (2) admet en principe la doctrine de Pothier, parce que le mandataire devant agir par lui-même, peut exécuter le mandat (car il a été choisi justement pour sa fidélité, son industrie, son zèle, son crédit), il ne peut se décharger sur une personne inconnue, qui n'a pas la confiance du mandant, et s'il le fait, il est en faute : qu'on ne dise pas que le mandataire use de son droit quand il se substitue quelqu'un pour la gestion, car « si le mandataire usait d'un droit, il ne serait pas responsable des faits du substitué. » Cependant M. Troplong, tout en admettant cette doctrine en principe, ne veut pas aller aussi loin que Pothier, il ne peut pas admettre que le mandant serait fondé à laisser pour le compte du mandataire une affaire que celui-ci a fait gérer par un tiers substitué, si cette affaire a été bien gérée : il admet seulement que le mandant puisse refuser de prendre pour son compte, les affaires qui n'ont pas été bien gérées par la personne que le mandataire s'est substituée.

(1) Pothier, *Mandat*, n. 99.
(2) *Mandat*, n. 446, 447.

MM. Duranton, Aubry et Rau, et Paul Pont (1) soutiennent, au contraire, que le mandataire peut toujours, à moins de convention contraire, se substituer une personne qui gère à sa place, et, partant, qu'il n'est pas en faute par cela seul qu'il fait la substitution. S'il était vrai, en effet, disent-ils, que le mandataire qui se substitue un tiers, excède en cela les limites du mandat, il faudrait dire, en acceptant les conséquences extrêmes déduites par Pothier, que les actes du substitué n'obligent pas le mandant, à moins que celui-ci ne les ratifie; car le mandataire ne représente le mandant qu'à la condition de ne pas sortir des limites du mandat. Or, disent MM. Aubry et Rau, « M. Troplong, au contraire, répudie formellement cette conséquence, qu'il n'était plus possible d'admettre en présence de l'art. 1994 et de la discussion à laquelle il a donné lieu au Conseil d'État (Locré, t. 15, p. 223, n° 7). Il reconnaît virtuellement que le mandataire n'excède pas, en substituant, les limites du mandat, ou, ce qui revient absolument au même, que, sauf la responsabilité à laquelle il se soumet, il est autorisé à se substituer. Or, nous ne dsions pas autre chose, car nous ajoutons immédiatement : mais il répond de la personne qu'il s'est substituée. » Les travaux préparatoires prouvent d'une façon irrécusable, que c'est là la théorie des rédacteurs du Code. Le

(1) Duranton, t. 18, n. 250; Aubry et Rau, § 413, note 14, tome 4, p. 645, 4e édit.; P. Pont, *Petits contrats*, t. 1, art. 1994, n. 1016.

consul Cambacérès disait, d'accord avec Pothier, qu'il lui paraissait nécessaire de défendre formellement au mandataire de substituer lorsqu'il n'y était pas autorisé par le mandant, parce que, dans ce cas, le mandant n'avait placé sa confiance que dans l'agissement du mandataire lui-même. A cela, Treilhard et Tronchet répondent que le mandant est garanti par cela que le mandataire répond de celui qu'il se substitue, et que, partant, il serait dur de refuser au mandataire le droit de faire exécuter la gestion par un tiers quand il est lui-même dans quelque impossibilité d'agir. Sur ce, insistance de la part de Cambacérès, auquel, enfin, Berlier (1) fait remarquer « que la disposition proposée aurait pour résultat beaucoup de rigueur sans utilité; que, d'abord, il ne faut pas perdre de vue que le mandat est gratuit de sa nature, et qu'en matière de bons offices il ne faut pas faire la loi trop dure à celui qui les rend; qu'en second lieu, la loi ne doit pas prescrire des obligations telles que, dans certaines circonstances, il devienne presque louable d'y déroger, comme cela arriverait si le mandataire tombait malade dans un moment où l'intérêt même du mandant exigerait quelques démarches actives; qu'enfin, il n'y a rien de mieux que la responsabilité établie par l'article (1994) : si celui que le mandataire s'est substitué fait mal, le mandataire en répondra; mais s'il

(1) Fenet, t. 14, p. 572-575.

fait bien, quelle action le mandant pourrait-il avoir, lors même que la clause prohibitive existerait? Elle serait donc au moins inutile. » Le consul Cambacérès se rendit à ces observations, et la disposition de loi fut maintenue dans les termes où elle avait été présentée. Quoi de plus décisif? Cet incident de la discussion ne montre-t-il pas dans quel esprit la loi a été rédigée? qu'on ne dise pas que le fondement de la responsabilité qui incombe au mandataire pour les actes de la personne qu'il s'est substituée, est dans la faute qui constituerait le fait même de la substitution! Le pouvoir de se substituer quelqu'un pour l'exécution du mandat est donné par le Code au mandataire, toutes les fois que le mandant ne le lui a pas défendu, or, il ne saurait y avoir de faute à faire ce que la loi autorise; le fondement de cette responsabilité réside, pour moi, dans l'acceptation du mandat, dans l'obligation d'exécuter le mandat accepté et de rendre compte de cette exécution, car il ne faut pas oublier que, si le mandataire peut se substituer quelqu'un dans l'exécution du mandat, il ne peut cependant pas, par cette substitution, se décharger du mandat et partant, il devra toujours rendre compte de sa gestion et de celle de la personne qu'il s'est substituée (art. 1384). Telle est la doctrine que j'adopte, comme la plus conforme au texte de l'art. 1994 et à l'intention formelle du législateur. Quant à l'étendue de cette responsabilité du mandataire pour les actes du préposé, je la renvoie, comme fait le Code, après l'examen de l'obligation de rendre compte, obligation d'où dérive cette responsabilité même, comme je viens de le démontrer. J'examinerai, dans les rapports avec les tiers, la disposition du Code qui donne au mandant action directe contre la personne que le mandataire s'est substituée dans la gestion.

TROISIÈME OBLIGATION. — *Rendre compte de sa gestion.* — Cette obligation du mandataire se trouve écrite principalement dans l'article 1993 du Code civil. « Tout mandataire, porte cet article, est tenu de rendre compte de sa gestion, et de faire raison au mandant de tout ce qu'il aura reçu en vertu de sa procuration. »

Cette obligation incombe, d'après cet article, à *tout mandataire*, sans distinguer si le mandat a été salarié ou gratuit, si le mandataire est ami ou parent du mandant ou si ce n'est qu'un étranger. Mais cette obligation est-elle essentielle au contrat de mandat ? Le mandant ne peut-il pas en dispenser le mandataire ? La Cour de Bruxelles, par arrêt du 15 juillet 1817 (1), a jugé qu'une telle clause est « contraire à la bonne foi et immorale, comme invitant à malverser », et par conséquent qu'elle doit être réputée non écrite. Mais M. Troplong (2) pense, au contraire, que la dispense de rendre compte est très-valable et profite au man-

(1) Dalloz, *Rép.*, v° *Mandat*, n. 237.
(2) *Mandat*, n. 415.

dataire à titre de libéralité, lorsqu'il refuse de rendre compte. C'est ainsi qu'il a été jugé que la dispense de rendre compte, portée dans le contrat de mandat, peut être invoquée par le mandataire (Rej., 24 août 1831, Dalloz, 31, 1, 293 ; S.-V., 31, 1, 316, Req., 18 janvier 1832, *J. du P.* à sa date). Telle est l'opinion que j'admettrai, en soumettant, bien entendu, cette dispense de rendre compte, à toutes les règles établies pour les actes à titre gratuit. Je dirai aussi que toutes les fois que cette dispense blesserait en fait l'ordre public ou les bonnes mœurs, toutes les fois que, par les circonstances où elle s'est présentée, elle est immorale, elle serait nécessairement réputée non écrite.

Le mandataire ne doit compte qu'à son mandant ou à ceux qui le représentent. Ainsi, lorsque le mandat a été donné par le mandant dans une qualité qu'il a perdue depuis (par exemple, un tuteur dont le pupille est devenu majeur), le compte n'en doit pas moins être rendu à celui qui a donné le mandat; car du moment où ce mandant doit lui-même un compte de son administration, le compte particulier de son mandataire formera un des éléments de son compte général (1).

La loi n'exige aucune forme particulière pour la reddition des comptes du mandataire ; par conséquent, le juge peut décider souverainement si le

(1) Conf. M. Delvincourt, t. 3, p. 241, note 8.

compte a été régulièrement rendu et s'il libère le mandataire. En vertu de son pouvoir discrétionnaire, le juge a pu, dans maint cas, prendre en sérieuse considération, pour apprécier la régularité d'un compte, les rapports de parenté et d'affection existant entre le mandataire et le mandant. (Dalloz, v° *Mand.*, n° 245.)

Le compte s'établit au moyen de pièces justificatives, registres, lettres, quittances, factures, etc. Rien ne s'oppose au surplus à ce que le mandant dispense le mandataire de la production des pièces justificatives. Telle est l'opinion de Merlin (V° *Mandat*, § 4), Troplong (n° 415) et Dalloz (V° *Mandat*, n° 244). Le mandant peut aussi stipuler dans la convention, que son fondé de pouvoirs lui rendra un compte judiciaire avec accompagnement des formalités indiquées au titre 4 du liv. V du Code de procédure, mais si une telle convention n'est pas intervenue, le mandataire ordinaire ne doit pas s'y soumettre (Voy. en ce sens Cass., 16 février 1842, Dalloz, *Rép.* V° *Succession*, n° 1670). Il est même des circonstances où le mandat doit être exécuté immédiatement sans laisser après lui aucune trace d'écriture ni aucune pièce justificative. En ce cas, on ne peut demander au mandataire la production de pièces qu'il n'a pu se procurer, et il sera présumé libéré de son obligation de rendre compte, par cela seul qu'il n'aura pas été actionné en reddition de comptes dans un bref délai. Telle est du moins l'opinion de M. Dalloz

(*Mandat*, nº 248, notes 1 et 2) qui cite plusieurs arrêts en ce sens.

En général, c'est à l'expiration du mandat, après l'accomplissement de sa tâche, que le mandataire doit rendre ses comptes. Il est de son intérêt de les soumettre le plus promptement possible à l'approbation de son mandant, car, comme je le montrerai bientôt, l'art. 1996 le condamne à payer les intérêts de toutes sommes, dont il est reliquataire, à compter de la mise en demeure.

Cette obligation de rendre compte dure trente ans, sauf les cas exceptionnels où le mandataire est censé avoir rendu un compte immédiat ou à très bref délai. Il peut être convenu que le mandataire rendra compte, au fur et à mesure de leur réalisation, de chacune des opérations dont il a été chargé.

Il faut à présent chercher à savoir ce que doit comprendre le compte que doit rendre le mandataire à son mandant.

La règle de la matière, en droit romain, était formulée ainsi : « Ex mandato, apud eum qui mandatum suscepit, nihil remanere oportet » (L. 20, Dig., *Mand.*). Le Code ne fait que copier cette formule; l'art. 1993, en effet, porte : « Le mandataire doit faire raison au mandant de tout ce qu'il a reçu en vertu de sa procuration, quand même ce qu'il aurait reçu n'eût point été dû au mandant, Ainsi, tout profit, direct ou indirect, qu'il fait avec la chose du mandant, doit être rendu par le mandataire. Ce serait s'enrichir aux dépens d'autrui que de retenir quoi que ce soit en dehors de l'honoraire. Par suite, il faut décider avec la loi 8, § 10, Dig., *Mand.*, que le mandataire qui, ayant été chargé de prêter sans intérêts une somme d'argent que le mandant lui a remise, a perçu un intérêt de l'emprunteur, en devra faire compte au mandant. La même loi veut qu'il en soit autrement quand le mandataire a prêté la somme à ses risques et périls. M. Troplong (n° 417) n'adopte pas cette manière de voir : il considère la violation du mandat comme une mise en demeure sous laquelle le mandataire s'est volontairement placé, et ne veut pas qu'il puisse argumenter de sa faute pour se créer un avantage. C'est l'avis que je crois devoir adopter.

Le mandataire, d'après l'art. 1993, devra restituer au mandant même ce qu'il a reçu pour lui sans que cela lui soit dû. La raison en est que les tiers pourront exercer contre ce mandant l'action en répétition de l'indû; il doit donc pouvoir faire verser entre ses mains ce qu'il sera forcé de rendre.

L'action directe du mandant permet-elle d'obliger le mandataire à mettre en ligne de compte, des profits illicites qu'il a obtenus dans l'exécution de son mandat? Si le mandat a été donné pour se livrer à des opérations illicites, il n'est pas douteux que le mandant sera écarté lorsqu'il demandera le profit résultant de ces opérations (v. Troplong, 420). Mais que résoudre si c'est de son chef que le mandataire, sans prendre conseil de son mandant, se sert des choses de ce dernier pour réaliser des bénéfices immoraux, fait l'usure, prête l'argent qu'on lui a confié, avec intérêts au-dessus du taux légal? Faut-il laisser ce gain honteux au mandataire, ou le mandant peut-il en réclamer le montant? M. Troplong (n° 423) admet cette seconde solution comme la plus morale, car elle fait perdre au coupable le fruit des spéculations éhontées et sera déçu dans ses détestables espérances. Puis, il ne répugne pas de faire bénéficier de cet argent mal acquis un honnête homme qui, à raison même de son honnêteté, aurait vraisemblablement souci de dédommager, par une restitution, les victimes des agissements de son mandataire. Et dût-il le garder, il serait moins immoral de le mettre entre ses mains cupides, mais qui n'ont pas trempé dans les indignes manœuvres du mandataire, que de le laisser à l'auteur du délit. C'est aussi l'opinion que j'adopte (1).

D'après l'art. 2004, le mandataire doit restituer au mandant les titres et pièces que celui-ci a confiés pour la gestion, ou qui sont parvenus en son pouvoir à l'occasion du mandat. Mais la jurisprudence n'est pas fixée sur la question de savoir si cette règle s'applique aux lettres-missives reçues par le mandataire à l'occasion du mandat : la

(1) V. *en ce sens*, MM. Domenget et de Peyronny, n° 294; Paul Pont, n° 1008; Massé et Vergé sur Zachariæ, t. 4, p. 44, note 14. — V. *contrà*, M. Clamageran, *op. cit.*, n° 318.

Cour de cassation a jugé en effet que ces lettres étaient la propriété du mandataire (Req., 19 févr. 1845), tandis qu'un arrêt de la Cour de Bordeaux en fait la propriété du mandant (1). Je suis bien plus porté à admettre, en principe, l'opinion de la Cour de cassation, mais j'accorderai toujours aux juges la latitude de voir s'il n'y a pas, dans les circonstances de l'affaire qui leur est soumise, des raisons qui fassent déroger à la règle en faveur du mandant (Troplong, 428 ; Domenget, n° 302).

Lorsque le mandataire a reçu, en vertu de sa procuration, une chose qui n'appartient pas au mandant, il doit en rendre compte à celui-ci, sans se préoccuper de rechercher le véritable propriétaire pour la lui restituer. Il ne lui appartient pas à lui, simple intermédiaire, de résoudre cette question de propriété qui ne le regarde pas. Toutefois, si le mandataire découvre que la chose remise entre ses mains est le fruit d'un vol, et qu'il aide au recel de cet objet volé, il peut et doit, au lieu de rendre cette chose à son mandant, la retenir entre ses mains et dénoncer à la justice les manœuvres coupables, qu'il a failli favoriser d'une manière inconsciente (Troplong, 426 ; Domenget, 295).

Le mandataire doit pareillement compte, non-seulement de ce qu'il a touché dûment ou indû-

(1) Bordeaux, 12 mars 1842, Dall., *Mandat*, n° 189, note 1.

ment, à l'occasion de son mandat, mais il est responsable encore de ce qu'il aurait dû percevoir et qu'il a négligé de toucher. Telle était la décision de Pothier (*Mand.*, n° 51), telle est encore celle de MM. Troplong (431) et Dalloz, v° *Mand.*, n° 255 ; V. de même Paris, 18 avril 1836 (v. Dall., v° *Mand.*, n° 306). Mais s'il n'y a pas faute du mandataire, il n'est pas tenu (Req., 21 janvier 1845).

Il ne doit certainement pas compte des choses perdues par cas fortuit ou de force majeure ; c'est là une conséquence forcée de la règle en vertu de laquelle il ne répond pas de ces événements. Mais, bien entendu, s'il s'en chargeait formellement, il en serait tenu. De même, et par une règle spéciale, si une indemnité était touchée par le mandataire à raison de la perte, le montant en serait dû au mandant et devrait figurer en recette dans le compte du mandataire. (MM. Troplong, n° 434; Pont, n° 1010.) Tout ceci ne s'applique que pour les corps certains, car *genera non pereunt*; ainsi, pour que le mandataire soit dispensé de restituer une somme d'argent qui a péri par cas fortuit, il faut que cette somme, aussitôt reçue, ait été mise dans un sac spécial, ou dans un coffre, qu'elle ait été individualisée, en un mot ! Les juges peuvent, en d'autres termes, admettre comme valables, telles excuses que le mandataire alléguera, s'ils ont la conviction que la force majeure a indubitablement atteint et anéanti la chose, qui devrait être remise au mandant.

On s'est demandé si le mandataire, astreint à rendre compte, peut compenser et retenir, sur les sommes dont il se trouve détenteur, le montant constaté des avances et déboursés auxquels l'exécution du mandat a donné lieu. Il me paraît incontestable que le mandataire peut, en se conformant aux règles de la matière (art. 1289 et suiv.) compenser ce qu'il doit à son mandant en vertu de son mandat, et ce que celui-ci doit pour la même cause pourvu que ces créances soient liquides, comme le décide souvent la jurisprudence (V. Paris, 18 avril 1836, Dalloz, v° *Mand.*, n° 306).

« Ex mandato, apud eum qui mandatum suscepit, nihil remanere oportet, » tel est le principe de l'obligation de rendre compte ! C'est sur ce fondement que repose l'art. 1993 et c'est sur ce même fondement que le législateur (art. 1996) empêche le mandataire de faire quelques bénéfices avec les sommes du mandant qu'il détient à l'occasion de l'exécution du mandat. « Le mandataire, porte cet article, doit l'intérêt des sommes qu'il a employées à son usage, à dater de cet emploi. » Cette règle est absolue et ne distingue pas ; elle sera donc applicable à tout mandataire : la femme mandataire de son mari, le mari mandataire de sa femme n'en sont point affranchis, sauf, à l'égard du mari, la disposition des art. 1539 et 1578.

Le mandataire ne doit les intérêts de ces sommes que par l'emploi qu'il en fait à son usage et il ne les doit qu'à dater de cet emploi ; donc, s'il est convenu qu'il placera les sommes qu'il aura touchées, il faut lui accorder un délai raisonnable pour qu'il puisse faire ce placement et on ne lui appliquera pas tout de suite l'art. 1996. L'emploi des sommes à l'usage du mandataire ne donnera au mandant, droit aux intérêts, qu'autant qu'il aura prouvé cet emploi (M. Troplong, 503) ; mais, une fois la preuve faite, les intérêts sont dus de plein droit à dater de l'emploi. La prescription de 5 ans établie par l'art. 2277 n'est pas applicable à ces intérêts, car cet article ne peut s'appliquer qu'aux intérêts des créances dont la quotité est déterminée : aussi je n'hésite pas à appliquer l'art. 2277 au mandataire, aussitôt que le compte de gestion a été réglé.

Certainement, si par cet emploi des sommes à l'usage du mandataire, celui-ci avait causé quelque préjudice au mandant, il devra l'en dédommager et l'art. 1153 ne peut pas recevoir d'application à cette hypothèse, car ce qui fait que le mandataire est tenu à des dommages, ce n'est pas parce qu'il est en retard dans le paiement des sommes, c'est parce qu'il devait faire quelque chose, acquitter, par exemple, la dette du mandant, et c'est parce qu'il ne le fait pas, qu'il doit dédommager le mandant.

L'art. 1996 ajoute que le mandataire devra les intérêts de sommes « dont il est reliquataire, à compter du jour qu'il est mis en demeure. » Il y a ici une grande différence avec les intérêts des sommes employées par le mandataire à son usage : pour celles dont il est reliquataire, le mandataire ne doit les intérêts qu'à compter de la mise en demeure, ces intérêts ne sont pas dus de plein droit comme les autres, et M. Troplong (n°s 508, 509) ajoute que la mise en demeure peut résulter d'une simple sommation conformément à l'art. 1139, ou même de la correspondance des parties ; mais la simple demande en reddition de compte, adressé par le mandant au mandataire, ne suffit pas pour constituer celui-ci en demeure : avant la reddition des comptes, en effet, il n'est pas reliquataire.

Si le mandataire a employé à son usage les intérêts des sommes du mandant versées par les tiers au mandataire, celui-ci devra les intérêts de ces intérêts, car ces intérêts ont constitué un capital pour lui : il en doit donc les intérêts pour les avoir indûment employés à son usage. Les intérêts *dus par le mandataire* au mandant ne produiront pas eux-mêmes des intérêts (art. 1154).

En vertu du principe posé par l'art. 1202, « la solidarité ne se présume point ; il faut qu'elle soit expressément stipulée. » L'art. 1995 fait une application de ce principe, pour le mandataire en ces termes : « quand il y a plusieurs fondés de pouvoirs ou mandataires établis par le même acte, il n'y a de solidarité entre eux qu'autant qu'elle est exprimée » ; mais cet article n'est pas inutile dans le Code: il a pour but de trancher la controverse, qui existait dans l'ancien droit, sur le point de savoir si la novelle 99 de Justinien abolissant la solidarité de plein droit, avait aboli celle que le Digeste établissait entre les co-mandataires, controverse sur laquelle je ne veux pas revenir, l'ayant examinée plus haut.

La solidarité n'existe donc pas *de plein droit* entre les co-mandataires; et cela est juste, car ils rendent au lieu de recevoir un service, ils font un acte de bienfaisance, et en mettant des obligations à la charge du mandataire « il était juste, comme disait Tarrible, de les resserrer dans les bornes naturelles. » (Fenet, t. 14, p. 599.) Mais si elle n'existe pas de plein droit, la solidarité peut exister entre co-mandataires en vertu de la convention (art. 1995); et même de plein droit, de par la loi elle-même, dans certains cas exceptionnels (art. 1033).

Quand les mandataires sont déclarés solidaires par la loi, cette solidarité est *parfaite*, et non imparfaite comme celle établie par l'art. 1734; donc, la prescription interrompue à l'égard de l'un le sera à l'égard de tous (art. 1206); la mise en demeure par laquelle l'un d'eux sera constitué débiteur des intérêts du reliquat (art. 1996), fera courir ces intérêts contre tous les autres (art. 1207); et la valeur des choses péries par la faute de l'un d'eux, pourra être demandée même à ceux qui ne seront pas en faute (art. 1205).

La situation des mandataires constitués par actes successifs est différente de celle des mandataires constitués par le même acte, mais sans stipulation de solidarité ; elle touche à la solidarité en ce sens que chaque mandataire est tenu pour le tout de l'exécution du mandat, mais elle laisse, comme de juste, les mandataires sans aucune relation entre eux.

Substitution. — En terminant la deuxième obligation du mandataire, j'ai examiné la question de savoir si le mandataire dans le silence de la convention peut se substituer quelqu'un pour la gestion de l'affaire, et j'ai admis l'affirmative. Je crois que c'est ici le moment de chercher quelle sera la responsabilité du mandataire pour les actes de celui qu'il s'est substitué.

L'art. 1994 dit que « le mandataire répond de celui qu'il s'est substitué dans la gestion, 1° quand il n'a pas reçu le pouvoir de se substituer quelqu'un ; » il se chargera donc des faits et actes de son substitué absolument comme s'il les eût accomplis personnellement ; mais, bien entendu, il ne répondra pas de la force majeure qui, atteignant le substitué, fait périr la chose du mandant entre les mains de ce substitué, et en cela je diffère d'opinion avec M. Troplong (nos 465-482), car nos points de départ s[illegible] Si le mandat confère au man[illegible] de se substituer quelqu'un da[illegible], il y a deux cas à distinguer selon que le mandat désignait ou non la personne que le mandataire pouvait mettre à sa place. Dans le cas où cette personne est spécialement désignée dans la procuration, le substitué désigné devient le mandataire direct du mandant; le mandataire primitif s'efface et n'est soumis à aucune responsabilité, à moins qu'il ne soit déclaré personnellement en faute de n'avoir pas surveillé l'exécution du mandat (Req., 10 juillet 1827; Dalloz, 27, 1, 300).

Dans le cas où la substitution est autorisée sans désignation de personne, le mandataire répond du choix qu'il a fait, mais il ne répond que de ce choix : « Le mandataire, dit l'art. 1994, répond de celui qu'il s'est substitué dans la gestion..... 2° quand ce pouvoir lui a été conféré sans désignation de personne, et que celle dont il a fait le choix était *notoirement* incapable ou insolvable. » Il ne faut donc pas que le mandataire choisisse une personne capable et solvable : pourvu que le substitué ne soit pas *notoirement* incapable ou insolvable, l'art. 1994-2° met le mandataire à couvert des actes du substitué; les différences qu'on veut établir là-dessus (1) entre le mandataire gratuit et salarié, n'ont aucune raison d'être, car le Code ne distingue pas.

Si la procuration fait au mandataire défense de se substituer quelqu'un dans la gestion, le fait, par le mandataire, de se substituer une personne,

(1) Troplong, *Mandat*, n° 454, 455.

constitue une faute qui le rend responsable des cas fortuits ou de force majeure survenus entre les mains du substitué; et le mandant ne sera pas engagé envers les tiers par les actes du substitué, à moins qu'il ne ratifie ou que la substitution ne lui ait causé aucune espèce de préjudice.

« *Dans tous les cas*, dit le deuxième alinéa de l'art. 1994, le mandant peut agir directement contre la personne que le mandataire s'est substituée. » — La loi accorde cette action directe pour éviter le circuit qui résulterait de ce que le mandant pourrait toujours, en qualité de créancier du mandataire, agir contre le substitué, conformément à l'art. 1166. C'est pour la même raison que je crois qu'il faut permettre au substitué de procéder directement contre le mandant, en passant par-dessus la personne du mandataire primitif. L'action directe a, de plus, l'avantage d'assurer à celui qui l'exerce, le montant ou le produit intégral des condamnations par lui obtenues, sans avoir à craindre le concours des créanciers du mandataire primitif ou substituant.

Mais l'exercice de cette action, quelque généraux que soient les termes de la loi, comporte des restrictions nécessaires. Si, en effet, le mandataire impose au substitué l'obligation de se conformer aux prescriptions du mandat primitif et que celui-ci accepte cette substitution, il n'y aura pas de restriction à l'exercice de l'action directe du mandant. Mais si le mandataire a laissé ignorer son mandat à la personne qu'il s'est substituée, il pourra certes arriver que le mandant soit forcé à reconnaître les actes faits par le substitué, mais il n'en aura pas moins pour obligé direct le mandataire par lui choisi, et il n'aura rien à exiger du substitué qui aura exécuté sans faute la mission que lui aura confiée son substituant.

Quant aux rapports entre le mandataire et celui qu'il s'est substitué, il n'y a pas lieu de rechercher si le substitué a été désigné ou non par le mandant, ou si la procuration était muette sur ce point; ces rapports sont à tous égards les mêmes que ceux qui existent entre un mandataire et un mandant ordinaire.

Enfin il n'y a rien de particulier à dire sur les rapports entre le substitué et les tiers avec qui il contracte ; ils sont les mêmes que ceux de tout mandataire envers les tiers ; il faut donc appliquer au substitué du mandataire, tout ce que je vais dire au paragraphe suivant sur les rapports du mandataire avec les tiers.

§ 2. — *Obligations du mandataire envers les tiers.*

En principe, le mandataire ne s'oblige pas envers les parties avec lesquelles il contracte ; « s'il n'est intervenu dans ces contrats, dit Pothier (n° 87), qu'en qualité de *mandataire* ou de *procureur*, ou de *fondé de procuration* d'un tel, son mandant, c'est, en ce cas, le mandant qui est censé contracter par son ministère, et qui s'oblige envers les personnes avec lesquelles son mandataire a contracté en cette qualité; le mandataire ne contracte aucune obligation envers les personnes avec lesquelles il contracte en cette qualité, parce que ce n'est pas lui qui est censé contracter; il ne fait qu'interposer son ministère par lequel le mandant est censé contracter ». Le mandataire ne contracte aucune obligation envers les tiers, même au cas où, en exécutant le mandat, il a excédé ses pouvoirs : dans ce cas il sera, certes, tenu (art. 1989); mais il sera tenu envers le mandant, et non envers les tiers.

Cette règle est sous-entendue par le législateur qui, dans l'art. 1997, dit que « le mandataire qui a donné à la partie avec laquelle il a contracté en cette qualité, une suffisante connaissance de ses pouvoirs, n'est tenu d'aucune garantie pour ce qui a été fait au delà, s'il ne s'y est personnellement soumis ». De cet article il faut déduire deux règles : d'une part que le mandataire qui s'est tenu dans les limites de son mandat ne contracte aucune obligation envers les tiers; d'une autre part, qu'en thèse générale, il n'est pas non plus obligé envers eux, même au cas où il aurait dépassé les limites du pouvoir que lui accordait la procuration. Le mandataire n'est donc, vis-à-vis des parties avec lesquelles il contracte en cette qualité, qu'un intermédiaire, un instrument dont se sert le mandant pour se mettre en rapport avec les tiers, un *nudus minister*. Du reste, comme je le montrerai bientôt, les tiers ne sont pas obligés non plus envers le mandataire ; de sorte que, s'il éprouve quelque perte, dans l'exécution du mandat, il ne pourra pas recourir contre le tiers avec qui il a contracté : il ne pourra se faire indemniser que par le mandant, et dans les limites posées par l'art. 2000.

Cependant, d'après l'art. 1997, le mandataire qui a excédé ses pouvoirs est responsable envers la partie avec laquelle il a contracté, dans deux cas.

Et d'abord, il sera tenu, pour tout ce qui aura été fait au-delà de ses pouvoirs, s'il n'a pas donné une connaissance suffisante de ces pouvoirs; la partie alors a pu, à juste raison, croire que le mandataire avait pouvoir de faire ce qu'il a fait, il est donc équitable de lui donner un recours contre le mandataire, si le mandant se refusait à ratifier. Je crois, avec la plupart des auteurs, que la question de savoir quand la connaissance suffisante des pouvoirs a été donnée aux tiers, et celle de savoir à qui incombe la charge de prouver qu'une connaissance suffisante des pouvoirs du mandataire a été donnée aux tiers avec lesquels celui-ci a contracté, ne pouvant se résoudre par une règle générale, il faut en abandonner la solution au pouvoir discrétionnaire des tribunaux (1).

(1) En ce sens, MM. Aubry et Rau, t. IV, § 415, note 11 ; Troplong,

En second lieu, le mandataire sera tenu pour ce qui est fait au-delà du mandat si, tout en donnant aux tiers connaissance de ses pouvoirs, il s'était porté fort ou s'était personnellement soumis à la garantie (art. 1997, *in fine*).

Quant aux rapports entre le mandataire et les tiers qui ont contracté avec son substitué, il faut faire une distinction. Si la substitution a eu lieu au nom du mandant, le mandataire originaire s'efface en ce qui concerne les tiers : c'est l'application des principes ordinaires, le mandataire ne s'obligeant pas personnellement envers les tiers. Au contraire, si la substitution est faite au nom du mandataire, il devient à son tour un mandant (il ne peut pas être mandataire puisqu'il agit *proprio nomine*), d'où il suit qu'il est obligé personnellement envers les tiers qui ont traité avec le substitué, et que ceux-ci lui sont obligés directement.

CHAPITRE III

DES OBLIGATIONS DU MANDANT

§ 1. — *Obligations envers le mandataire.*

Le mandant peut aussi être tenu envers son mandataire de certaines obligations, qui sont la

n° 892; Paul Pont, art. 1997 n° 1057; Domenget et de Peyronny n. 376. Voy. aussi Douai, 13 mai 1844 (S.-V., 44, 2, 403); Req., 26 juin 1845 (Dall., v. *Mandat*, p. 53, 5ᵉ partie). — Voy. *contrà*, Delvincourt, art. 1997, t. 3, p. 241, note 6.

suite de l'exécution du mandat par celui-ci. Ces obligations ont ceci de caractéristique, c'est qu'elles ne sont pas essentielles au contrat de mandat, qu'il peut y avoir souvent des mandats qui ne donnent pas lieu à ces obligations. On réduit généralement à trois le nombre de ces obligations, savoir : 1° rembourser au mandataire ses avances et frais avec leurs intérêts ; 2° payer le salaire qui peut lui être dû ; 3° l'indemniser des pertes qu'il a essuyées à l'occasion de la gestion.

PREMIÈRE OBLIGATION. — *Remboursement des avances et frais.* — La première obligation du mandant est, comme je viens de le dire, de tenir le mandataire indemne de tout ce qu'il a déboursé pour l'exécution du mandat. Ceci est on ne peut plus juste : le mandataire, en effet, qui rend un service au mandant, ne doit pas y être du sien, et d'un autre côté, le mandant doit supporter toutes les charges et frais de l'opération, comme il touche tous les profits qui en proviennent. Ainsi le mandant devra rembourser au mandataire le prix des choses que celui-ci lui a achetées, toutes les fois que c'est avec le prix d'une chose qui lui appartenait qu'il l'a fait ; et ce prix à rembourser sera celui que valait la chose au moment où il l'a employée dans l'intérêt du mandant (1), même si l'avance a été faite par le ministère d'un ami qui l'a avancée au mandataire. Lors même que cet ami lui en

(1) Pothier, n° 71 ; Paul Pont, n° 1086.

aurait fait don à lui personnellement, il pourrait les répéter contre le mandant si elles avaient été faites en son nom (1). Bien entendu, il faut, pour que le mandataire puisse répéter ses dépenses, que ces dépenses n'aient pas été occasionnées par sa faute. (Rouen, 16 févr. 1982, S.-V., 30, 2, 344, Dal., 31, 2, 20.)

L'art. 1999 ajoute que: « s'il n'y a aucune faute imputable au mandataire, le mandant ne peut se dispenser de faire ce remboursement, lors même que l'affaire n'aurait pas réussi, ni faire réduire le montant des frais et avances sous le prétexte qu'ils pouvaient être moindres. » C'est là une des différences qu'il y a entre la gestion d'affaires et le mandat. Cependant cette différence ne doit pas être poussée à l'excès, il faut la modérer, comme dit Domat (2) que « si les dépenses faites par le mandataire excèdent ce que le maître de la chose y aurait employé, s'il s'y était appliqué lui-même, celui-ci ne laissera pas d'être tenu de tout ce qui aura été dépensé raisonnablement et de bonne foi, quoique avec moins de précaution et de ménage. » Et ceci peut s'induire de l'art. 1999 lui-même qui, s'il a eu pour but de ne pas permettre au mandant d'élever des chicanes à propos des avances et des frais que pourrait imposer au mandataire l'exécution du mandat, a néanmoins réservé expressément le cas de faute ; or, le mandataire est en faute

(1) Pothier, n° 75 ; Troplong, n. 623 ; Pont, n° 1086.
(2) *Lois civiles*, liv. 1, tit. 15, sect. 2, n. 3.

s'il exagère la dépense : il dépasse en effet le type abstrait du bon père de famille sur lequel il doit régler sa gestion (art. 1992).

Le mandataire peut être dispensé de rendre un compte détaillé, et cela résulte par *à fortiori* de ce que j'ai établi qu'il peut être dispensé de rendre tout compte. Il peut aussi être autorisé par la convention de présenter un simple état des avances et à demander au mandant qu'il le rembourse sur ce seul document. (V. Merlin, *Rép.*, v° *Mandat*, § 4, n° 1 ; Pont, n° 1089.)

Le mandataire a aussi droit aux intérêts de ses avances; en ceci, l'art. 2001 est formel : « l'intérêt des avances faites par le mandataire, y est-il dit, lui est dû par le mandant à dater du jour des avances constatées. » Le Code déroge ici à la règle qu'il a posée dans l'art. 1153 et en vertu de laquelle les intérêts ne sont dus que du jour de la demande; ceci est juste : puisque dans l'art. 1996, la loi ne permet pas que le mandataire fasse un gain en employant indûment les sommes appartenant au mandant, de même devait-elle ordonner qu'il n'éprouve aucune perte sur les avances par lui faites. Ces avances sont d'abord les paiements réellement effectués par le mandataire pour le compte du mandant; ensuite, le mandataire peut se dire en avance par cela seul que, sans avoir effectué le paiement, il tient inactives entre ses mains des sommes à la disposition de ceux à qui elles doivent être comptées au nom du mandant et pour sa décharge. Cependant si le mandataire avait en mains des sommes liquides appartenant au mandant, et qu'il emploie à la décharge de ce dernier de ses propres fonds, il n'aurait pas à en demander les intérêts (Troplong, 678). Mais si, au lieu de sommes liquides, le mandataire n'avait entre ses mains que des valeurs appartenant au mandant, il faudra juger d'après les circonstances si les fonds employés par le mandataire à la décharge du mandant doivent produire des intérêts en application de l'article 2001.

L'action du mandataire pour réclamer l'intérêt de ses avances est soumise à la prescription de 30 ans, car l'art. 2277 n'est pas applicable ici, comme il n'est pas applicable généralement, aux intérêts des créances dont la quotité n'est pas déterminée. Mais le règlement une fois fait, le mandataire a un titre dont, désormais, il peut poursuivre l'exécution, et dès lors les intérêts, quant à la prescription, sont régis par l'art. 2277 (1). Le mandataire pourra aussi, s'il le préfère, au lieu d'agir pour obtenir la bonification des intérêts, imputer, sur les intérêts légaux des avances, les sommes par lui reçues pour le mandant, avant de les imputer sur le capital ; le mandataire, en effet, n'est pas tenu de faire le compte d'un seul jet, de manière à ce qu'il n'y ait d'imputation qu'en fin de

(1) Req., 18 févr. 1836 (S.-V., 36, 1, 940, Dall. 38, 1, 395) ; Rouen, 4 mai 1843 (S.-V., 43, 2, 494 ; Dal., 43, 2, 204).

compte et au moyen d'une balance finale. Il devra seulement éviter de faire produire intérêt aux intérêts de ses avances non éteints par la compensation. (Req., 23 nov. 1858, Dal., 59, 1. 131.)

Deuxième obligation. — *Payement du salaire.* — Cette obligation du mandant est consacrée par l'art. 1999 : « Le mandant doit..... lui payer ses salaires lorsqu'il en a été promis ». Mais la promesse formelle et expresse de payer ces salaires n'est pas nécessaire, elle peut n'être que tacite; elle peut aussi s'induire des circonstances, et notamment de la nature de la profession et qualités du mandataire; quant à ceci, le juge est souverain dans son appréciation.

Je dois remarquer pourtant, que l'art. 1999 n'autorise le mandataire, à demander son salaire, que s'il n'y a aucune faute à lui imputer; cependant, si sa gestion, mauvaise sur un point, a été bonne sur d'autres, il y aura lieu à un décompte à établir, l'équité ne permettrait pas de refuser le salaire en totalité! Mais la Cour de cassation (Req., 7 août 1837) a refusé le salaire, au mandataire qui, quoi qu'ayant administré très-bien l'affaire qui faisait l'objet du mandat, s'était rendu coupable de dol justement en vue de se faire conférer le mandat (1).

Sauf le cas de faute ou de dol, toutes les fois que le mandataire a exécuté le mandat, il a droit

(1) S.-V., 37, 1, 889; Dal., 37, 1, 438.

au salaire, et le mandant ne peut se refuser de le payer, même si le mandataire avait reçu d'une autre personne paiement pour exécuter la même chose (Lyon, 9 août 1843; S.-V., 44, 2, 346). Mais si le mandataire paraît avoir sacrifié l'intérêt de l'un des mandants, celui-ci pourra se refuser au paiement du salaire ou en faire provoquer la réduction ; sa prétention, en effet, sera fondée sur un dol, ou, tout au moins, sur une mauvaise gestion. Mais la Cour de cassation (Req., 11 nov. 1834; S.-V., 35, 1, 719) a décidé que le salaire promis pourrait à bon droit être refusé au mandataire, si l'objet du mandat venait à se réaliser sans qu'il lui eût donné ses soins, ni fait aucune démarche pour l'accomplissement du mandat. Et même, si le mandant a renouvelé la promesse du salaire malgré l'inexécution ou la mauvaise gestion du mandataire, les créanciers du mandant ne pourraient pas opposer au mandataire l'inaccomplissement du mandat pour repousser sa demande, à moins, bien entendu, que le renouvellement de la promesse n'ait été fait en fraude de leurs droits (Req., 18 juillet 1843, S.-V., 43, 1, 908; Dall., 43, 1, 435).

Les cas fortuits ou de force majeure libèrent le mandataire de l'obligation de rendre compte des choses perdues et de celle d'accomplir le mandat : je l'ai montré ailleurs. Mais en est-il de même quant au mandant ? Sera-t-il du même coup libéré de l'obligation de payer le salaire ? Je distingue.

La force majeure ou le cas fortuit, est-il survenu avant que le mandataire se soit mis à l'œuvre pour exécuter le mandat, le salaire n'est pas dû : le mandataire n'ayant rien fait, ne pourra pas y prétendre : le mandant sera dégagé. L'événement s'est-il produit quand l'exécution était déjà commencée et quand l'objet du mandat se trouvait, par les soins du mandataire, plus ou moins près de sa réalisation, la justice exige, d'une part, qu'il soit tenu compte au mandataire des services par lui rendus, et, d'autre part, que le mandant ne soit pas tenu cependant de payer en totalité le salaire qui n'avait été promis qu'en vue de l'entière consommation de l'affaire.

On peut assimiler à la force majeure qui interrompt ou empêche l'exécution du mandat, la révocation que le mandant est libre de faire à toute époque, du mandat qu'il a conféré. La Cour de Bruxelles a appliqué, en effet, les distinctions que je viens de faire, au cas de révocation (Bruxelles, 24 février 1810; S.-V. 11,2, 54) même si le mandataire a continué sa gestion d'une façon utile pour le mandant. Sans cela, en effet, si le mandant devait, malgré la révocation des pouvoirs du mandataire, lui payer le salaire, il n'aurait plus le libre exercice de ce pouvoir, qui par la volonté de la loi, et la nature même du contrat, doit, en principe, rester à sa disposition (1).

(1) Paul Pont, n° 1107; Troplong, n° 652.

Le salaire ne peut pas être refusé par le mandant, sous le prétexte que l'affaire n'aurait pas réussi; à moins que le mandataire ne se soit rendu assureur de l'affaire, car alors il est garant du succès, et n'a droit au salaire que si l'affaire réussit. En ceci le salaire est régi par les mêmes règles que les avances.

Mais, sous d'autres rapports, les salaires du mandataire diffèrent des avances par lui faites. Ainsi, j'ai dit que le mandant, à moins de faute du mandataire dans la gestion, ne peut faire réduire les avances faites par celui-ci. Or, l'art. 1999 ne dit rien de semblable en ce qui concerne le salaire, et la jurisprudence, aujourd'hui invariablement fixée, a tiré de là cette induction que les juges ont un pouvoir discrétionnaire pour mettre les honoraires promis au mandataire, en rapport avec les services rendus ou les travaux accomplis, et pour réduire les allocations stipulées si elles semblent excessives. Cependant M. Demolombe (1) n'admet pas cette induction. Je n'hésite pas à admettre l'opinion de la jurisprudence et à reconnaître, comme le fait la Cour de Paris dans les motifs de l'un de ses arrêts (2), que la réduction peut être demandée par le mandant même après qu'il a volontairement payé les honoraires, et que

(1) *Revue de législation*, t. 26, p. 447.

(1) Paris, 20 nov. 1854; S.-V., 54, 2, 648; Dall., 55, 5, 243; *J. du P.* 1855, t. II, p. 514.

dans ce cas il aura une action en répétition contre le mandataire qui aura reçu le paiement.

Le salaire promis diffère encore des avances en ce que les dispositions de l'art. 2001 ne lui sont pas applicables; l'intérêt du salaire n'est dû que dans les termes du droit commun. Et ceci est vrai même pour le cas où le mandant les aurait reconnus dans un arrêté de compte (Cass., 10 févr. 1836. S.-V. 36, 1, 512; Dall., 36, 1, 97).

TROISIÈME OBLIGATION. — *Indemnité pour les pertes essuyées à l'occasion de la gestion.* — Cette obligation est contenue dans l'art. 2000, aux termes duquel « le mandant doit aussi indemniser le mandataire des pertes que celui-ci a essuyées à l'occasion de sa gestion, sans imprudence qui lui soit imputable », et ceci est en parfaite corrélation avec la règle de l'art. 1993 qui oblige le mandataire à faire raison au mandant de tout ce qu'il a reçu en vertu de sa procuration : il est de toute justice, en effet, de mettre les pertes à la charge de celui qui doit profiter de tous les bénéfices de la gestion. Le Code tranche, par les termes de l'art. 2000, les controverses agitées dans l'ancien droit sur le point de savoir si les pertes pouvaient être réclamées non-seulement quand elles sont une suite directe et immédiate du mandat, mais encore quand le mandat n'en était que l'occasion. Aujourd'hui, sous le Code, aucune controverse n'est possible : d'après l'art. 2000 les pertes essuyées par le mandataire restent à la charge du mandant, même quand le mandat n'en a été que l'occasion. Cette théorie est en parfaite harmonie avec l'article 1852, qui accorde une indemnité à l'associé pour les risques inséparables de sa gestion, et avec l'art. 1947 d'après lequel le dépositaire doit être indemnisé de toutes les pertes que le dépôt peut lui avoir occasionnées. Ces diverses dispositions doivent être interprétées les unes par les autres. C'est ce que décident presque tous les auteurs (1). Cependant il faut chercher à ne pas exagérer cette règle, mais la maintenir avec toute sa portée. C'est, je crois, ce qu'a fait la Cour de Paris dans son arrêt du 14 août 1852 (Dall., 53, 2, 75).

Ce n'est là, du reste, qu'une application de cette règle générale que le mandataire répond des cas fortuits quand il est en faute. C'est ainsi que je résoudrai la question aussi vieille que controversée ; celle de savoir si le mandataire qui a donné tout son temps à l'exécution du mandat peut réclamer du mandant indemnité de la perte qu'il a subie en négligeant ses propres affaires. Je crois la négative certaine, parce que ce qui a causé ici le dommage ou la perte, ce n'est pas tant la gestion du mandat, que la témérité, l'*imprudence* du mandataire de se charger d'une exécution qu'il n'avait pas le loisir de gérer ; ce n'est pas tant

(1) MM. Troplong (654-660, 663, 669) ; Delvincourt (t. 3, p. 242, note 1) ; Pont, nº 1113 ; Aubry et Rau, (t. 3, p. 469, note 3 de la troisième édit.) ; Mourlon (III, p. 446) ; Req., 23 décembre 1840 (Dall., 41, 1, 57).

l'*exécution*, c'est plutôt l'*acceptation* du mandat ; or, le mandant ne répond que des pertes essuyées par le mandataire à l'occasion de l'exécution du mandat (1).

Au cas où la perte essuyée par le mandataire est arrivée par le dol, la faute, ou même le simple fait du mandant, il est incontestable que celui-ci ne pourrait par aucun moyen échapper à la nécessité de les réparer. Les juges devront, dans ce cas, se montrer plus faciles pour grossir le chiffre de l'indemnité due au mandataire, ou, en cas de doute sur le point de savoir si le mandat est ou non la cause ou l'occasion de la perte, se prononcer pour l'affirmative.

Les mêmes règles sont appliquées au mandat salarié qu'au mandat gratuit : l'art. 2000 ne distingue pas. Et c'est avec raison : le mandant n'est-il pas le seul à profiter de la gestion, soit que le mandataire touche, soit qu'il ne touche pas un salaire ? n'est-il pas juste, que les pertes occasionnées par la gestion soient à la charge de celui qui profite de cette gestion ? Ce n'est pourtant pas absolu, car il y a des cas où le salaire n'est pas seulement le prix du service du mandataire, mais aussi comme un forfait dans lequel est comprise l'indemnité des pertes que celui-ci pourrait avoir à subir : dans de tels cas la règle

(1) *En ce sens* Pothier, n° 77; Massé et Vergé, t. 5, p. 49, note 8; Boileux, t. 6, p. 607; Taulier, t. 6, p. 530.

fléchirait. C'est, du reste, là une question d'appréciation que les juges examineront (1).

§ 2. — *De l'action du mandataire et des garanties à lui accordées.*

A. Action du mandataire. — Le mandataire a une action personnelle à l'effet d'obtenir soit le remboursement de ses avances, soit le paiement des salaires promis, soit l'indemnité des pertes essuyées à l'occasion de la gestion. Cette action est, en principe, purement chirographaire; cependant le mandataire peut avoir un privilége en vertu des principes généraux, par exemple, comme ayant fait des frais pour la conservation de la chose, ou pour son transport. (Art. 2102, n°s 3 et 6.) Le mandataire peut agir contre le mandant, aussitôt qu'il a fait la dépense ou s'est constitué en perte, et réclamer son salaire dès que la gestion est terminée; le mandant n'aura pas le droit de retenir le salaire dû au mandataire jusqu'au règlement du compte de ce dernier, à moins qu'il n'y ait faute ou négligence apparente de sa part; mais le juge pourra toujours ordonner que le mandataire fournisse caution pour sauvegarder l'intérêt du mandant. (Rennes, 9 avril 1827, Dall., v° *Mand.*, n° 72).

En règle générale, l'action du mandataire est sou-

(1) MM. Duranton, t. 18, n° 269; Delamarre et Lepoitevin, t. II, n° 318.

mise, quant à la prescription, au droit commun, c'est-à-dire au délai de trente ans (art. 2262). Il y a cependant exception à cette règle, en ce qui concerne les frais et salaires des huissiers et avoués mandataires des parties. Si le mandataire est un huissier, la prescription est d'*un an* (art. 2272, 2e alin.); si c'est un avoué, elle est de « *deux ans*, à compter du jugement du procès ou de la conciliation des parties, ou depuis la révocation desdits avoués ». A l'égard des affaires non terminées, la prescription est de 5 ans (art. 2273). Bien entendu, pour que cette courte prescription leur soit applicable, il faut qu'ils agissent en leur qualité d'huissiers ou d'avoués, et non en qualité de mandataires ordinaires pour la conduite d'une affaire, en dehors de leurs fonctions spéciales. Elle devrait être appliquée, je crois, au remboursement de ce que l'avoué a payé à l'avocat, car ces sommes sont de véritables frais occasionnés par le procès dont il est chargé (1).

B. *Garantie des obligations du mandant.* — Le mandataire a une double garantie des obligations du mandant : la solidarité, s'il y a plusieurs mandants; le droit de rétention.

1° *Solidarité des comandants.* — L'art. 2002 déroge au principe qui dit qu'on ne présume pas la solidarité : « Lorsque le mandataire, porte cet

(1) MM. Vazeille, II, n° 684; Troplong, *Prescript.*, n° 979; Dijon, 20 décembre 1846. — *Contrà*, Chauveau, *Comm. du tarif*, I, n° 297; Riom, 24 mai 1838.

article, a été constitué par plusieurs personnes pour une affaire commune, chacune d'elles est tenue solidairement envers lui de tous les effets du mandat. » Par là, le Code fait aux mandants une condition essentiellement différente de celle que fait aux mandataires l'art. 1995. Cette dérogation s'explique très-naturellement, comme le fait remarquer Berlier (1), « car s'il est juste que, dans un acte officieux et souvent gratuit, celui qui rend le service ait une action solidaire contre ceux qui tirent d'un mandat un profit commun, il serait injuste de le charger envers ceux-ci du fait d'autrui sans une convention expresse : l'extrême différence de ces deux situations ne permet pas de conclure de l'une à l'autre. » Il est bien entendu, du reste, que la solidarité s'applique aussi bien au mandat salarié : l'article ne distingue pas. Mais, dans tous les cas, la solidarité est subordonnée à certaines conditions, sans lesquelles elle n'est pas applicable. Et d'abord, il faut que le mandat de tous les mandants soit donné par le même acte, sans quoi il peut se faire très-bien que chacun soit tenu *in solidum*, mais il n'y aurait pas de véritable solidarité comme celle qu'établit l'art. 2002, parce que, les mandants étant étrangers l'un à l'autre, il y a, à vrai dire, autant de mandats que d'actes différents. Il faut, de plus, pour que la solidarité de l'art. 2002 soit applicable, 1° que le man-

(1) *Exposé des motifs* (Fenet, t. 14, p. 588).

dat ait été donné par plusieurs personnes; 2° qu'il ait été donné pour une affaire commune. — Lorsque le mandataire, constitué par plusieurs mandants, a excédé les pouvoirs à lui conférés, ceux-ci ne sont plus obligés, du moins en principe, mais, s'ils ratifient les agissements du mandataire, tout est validé; et, la ratification produisant un effet rétroactif, le mandataire se trouvera investi d'une action solidaire contre tous les mandants qui ont ratifié : pourvu que la ratification soit donnée par tous les mandants, dans le même acte.

2° *Droit de rétention.* — Le droit de rétention a été admirablement défini par M. Valette (*Priv.*, n° 6), « le droit qu'a le détenteur d'en conserver la *détention* jusqu'à l'acquittement de ce qui lui est dû *à raison de cette même chose.* » Entre les parties, il a pour fondement ce principe de réciprocité, en vertu duquel on ne saurait exiger l'exécution d'une obligation, sans accomplir soi-même l'obligation corrélative. Vis-à-vis des tiers, il se justifie en ce qu'ils n'ont pas dû compter sur un objet qu'ils savaient entre les mains d'une personne tierce, et cela par suite d'une cause susceptible de créer des obligations de part et d'autre.

En outre des cas où la loi accorde expressément le droit de rétention, le plus grand nombre des auteurs (1) admettent qu'il faut l'accorder à un

(1) Pothier, *Mandat*, 59 ; Troplong, 699 ; Duranton, XVIII, 264 ; Glasson, p. 150 ; Toullier, III, 130 ; Aubry et Rau, III, § 256 *bis*, notes 4 et 7.

grand nombre de personnes où existe le *debitum cum re junctum*, c'est-à-dire quand le détenteur se trouve être créancier à raison d'impenses nécessaires ou utiles faites sur la chose même dont la restitution lui est demandée; or, l'hypothèse du mandataire remplissant bien ces conditions, je puis décider qu'il aura le droit de rétention sur les choses qu'il détient, pour le recouvrement des avances et déboursés qu'il a faits à l'occasion de cette même chose.

§ 3. — *Obligations du mandant envers les tiers.*

« Le mandant est tenu d'exécuter les engagements contractés par le mandataire, conformément au pouvoir qui lui en a été donné. » Tels sont les termes de l'art. 1998, et ce n'est là qu'une conséquence forcée du principe que le mandant, représenté qu'il est par son mandataire, est censé avoir contracté lui-même par le ministère de ce dernier; bien entendu, cela n'arrivera qu'autant que l'engagement rentre dans les pouvoirs conférés au mandataire par la procuration, ou, comme dit l'art. 1998, 2e al., que le mandant a ratifié ce qui a été fait au delà de la procuration.

Lorsque le mandataire a agi dans les limites de son mandat, les engagements qu'il prend doivent être considérés comme s'ils avaient été pris par le mandant lui-même : c'est lui qui acquiert les droits qui en dérivent, et c'est à sa charge que passent les obligations qui en naissent, tout comme s'il avait agi en personne.

La Cour de Bordeaux (1) a décidé, en application de cette règle, que les contre-lettres entre le mandataire et les tiers font pleine foi de leur date et de leur contenu contre le mandant, qui, étant représenté par son mandataire, ne doit pas être considéré comme tiers dans le sens de l'article 1321, et cela toutes les fois que la passation des contre-lettres rentre dans les pouvoirs du mandataire.

Donc, le mandataire ne représente son mandant qu'autant qu'il agit dans la limite de ses pouvoirs. Mais la question de savoir si le mandataire est resté dans les termes de son mandat, se résout, à l'égard des tiers, d'après le contenu apparent de la procuration : il suffira donc, pour obliger le mandant envers les tiers, que le mandataire *paraisse* se renfermer dans les limites de la procuration (Pothier, *Mand.*, 89; *Oblig.*, 79). Cependant je crois qu'il faut mitiger cette règle, si dure pour le mandant en cas d'insolvabilité du mandataire, en sous-entendant dans l'art. 1998 la condition exigée par les art. 2005 et 2009, c'est-à-dire admettre que, si tout acte fait par le mandataire au nom du mandant oblige celui-ci dès que l'acte *est ou paraît* renfermé dans les termes de la procuration, c'est à la condition que les tiers qui ont

(1) Bordeaux, 25 juill. 1826 (Dalloz, 27, 2, 43).

traité avec le mandataire aient été de bonne foi. Je dirai même plus : l'erreur imputable aux tiers devrait, sous ce rapport, être assimilée à leur mauvaise foi (Req., 20 nov. 1839 ; Dall., 40, 1,38).

En règle générale, je puis donc dire que le mandant n'est pas tenu de ce qui a été fait par le mandataire au delà des pouvoirs qui lui ont été donnés : tous les actes faits en dehors de ces pouvoirs, sont considérés comme non avenus à l'égard du mandant : ce sont, pour lui, des *res inter alios actæ.* Cependant, ces actes peuvent devenir siens et obligatoires pour le mandant par l'assentiment et l'approbation qu'il leur donnerait après coup, comme le dit l'art. 1998, 2e al. : « il n'est tenu de ce qui a pu être fait au-delà (des pouvoirs conférés), qu'autant qu'il l'a ratifié expressément ou tacitement. »

Ce n'est là que la proclamation du principe, très-connu en droit romain, que : *ratihabitio mandati æquiparatur.* Il ne faut pas confondre cette ratification, avec celle dont parle l'art. 1338 relative aux actes récognitifs et confirmatifs : dans l'espèce de ce dernier article, la loi suppose un acte contre lequel on donne une action en nullité ou en rescision ; dans l'art. 1998, au contraire, il s'agit d'actes qui ne sont sujets à aucune nullité ni rescision, mais seulement entachés d'excès en ce que celui de qui ils émanent n'avait pas de pouvoirs suffisants pour les consentir : donc, pour que le vice soit réparé, il suffit que celui dont la volonté a été méconnue, venant à connaître l'acte, se l'approprie comme s'il l'avait fait lui-même; et cette ratification n'aura nullement besoin, pour produire son effet, d'être accompagnée des mentions et énonciations exigées par l'art. 1338 (1). La ratification dont parle l'art. 1998, 2ᵉ al., est possible quels que soient les excès commis par le mandataire dans l'exécution du mandat; elle peut même confirmer et rendre valables, les actes d'un mandataire purement apparent, ou ceux d'un mandataire dont le mandat serait nul. La ratification peut aussi s'appliquer à des actes faits par une personne qui n'avait aucun mandat de celui au nom de qui elle a agi; elle aura alors de l'utilité surtout quand les actes consentis ne pourraient pas se soutenir à titre de gestion d'affaires; mais, même si les actes sont susceptibles de valoir à ce titre, la ratification aura son utilité dans la mesure des différences qui existent entre le mandat et le quasi-contrat de gestion d'affaires.

D'après les termes de l'art. 1998, 2ᵉ al., la ratification peut être faite soit expressément, soit tacitement, et elle aura la même valeur dans l'une et l'autre forme. Elle est expresse, quand elle est faite par déclaration écrite ou même purement verbale du mandant, seulement la preuve de cette déclaration devra toujours être faite conformément à

(1) En ce sens, MM. Aubry et Rau, t. IV, § 415, note 4; Toullier, VIII, 491 et 502; Pont, nº 1071; Duranton, t. 18, 255; Troplong, nº 609; Cass., 26 décembre 1815 (S.-V., 16, 1, 243).

l'art. 1341. Elle est tacite, quand elle résulte d'un fait impliquant nécessairement l'idée, de la part du mandant, d'approuver les agissements de son représentant; comme les circonstances d'où la ratification tacite peut s'induire sont susceptibles de varier à l'infini, il appartient aux tribunaux, en les appréciant, de décider si la ratification est ou n'est pas intervenue, et leur décision échappe au contrôle de la Cour de cassation.

L'effet de la ratification est de mettre les actes abusifs ou excessifs du mandataire sur la même ligne que les actes faits dans les conditions de la procuration : elle produit ainsi un effet rétroactif. Donc, l'intérêt des avances du représentant lui sera dû du jour où ces avances auront été faites, et non du jour de la ratification; la perte arrivée avant la ratification reste à la charge du mandant, même si celui-ci ne la connaissait pas au moment où il ratifiait la gestion : c'est une conséquence de l'effet rétroactif de la ratification; cependant, dans le cas où la perte serait telle que le mandant, s'il en eût connu l'importance, aurait pu ne pas ratifier, la ratification serait susceptible d'être rétractée, comme n'ayant pas été faite en connaissance de cause. Je dois cependant faire remarquer que cet effet rétroactif de la ratification ne doit pas préjudicier aux droits acquis aux tiers (Riom, 31 juillet 1851; Dall., 52, 2, 222).

La ratification est un acte purement volontaire de la part du mandant, et complétement abandonné à sa discrétion, de sorte qu'il dépend de lui d'être obligé envers les tiers qui ont contracté avec le mandataire, tandis qu'il ne dépend pas de ceux-ci d'être ou n'être pas obligés envers lui : c'est là une peine de leur imprudence. Cependant, quelque maître qu'il soit de la situation, le mandant n'en est pas moins tenu à une certaine réserve; il ne pourrait pas, par exemple, scinder l'opération pour accepter celles des conditions qui lui seraient profitables, et rejeter celles qu'il trouverait onéreuses; les agissements du mandataire doivent être pris dans leur ensemble; répudiés ou ratifiés, ils doivent l'être pour le tout! Mais, bien entendu, le mandant pourra toujours proposer aux tiers d'abandonner quelques-uns des avantages stipulés en leur faveur, comme condition de la ratification qu'il consentirait quant au surplus.

CHAPITRE IV

DES DIFFÉRENTES MANIÈRES DONT LE MANDAT FINIT

Le mandat peut finir par diverses causes dont quelques-unes seulement sont indiquées dans le chapitre IV du titre 13 du livre 3 du Code. L'article 2003 par lequel s'ouvre la série des dispositions de ce chapitre n'en contient que trois : 1° la révocation du mandataire; 2° la renonciation de celui-ci au mandat; 3° la mort du mandant ou du mandataire, changement d'état de l'un d'eux, déconfiture de l'un d'eux ou leur faillite. A ces causes, il faut encore en ajouter d'autres. Le mandat, en effet, peut finir aussi par : 4° l'expiration du temps fixé pour sa durée; 5° l'événement de la condition à laquelle il serait subordonné; 5° la consommation de l'affaire qui fait l'objet du contrat; 7° la cessation des pouvoirs en vertu desquels il avait été conféré. Je vais essayer de passer brièvement en revue chacune de ces 7 causes d'extinction du mandat.

§ 1. — *Mort du mandant ou du mandataire.*

Il est naturel que, sous le Code civil, le mandat finisse par la mort de l'une des parties. En effet, le mandant n'est-il pas censé faire par lui-même ce qu'il fait par l'entremise du mandataire qui le représente? Or, du moment que l'une des personnes cesse d'exister, la fiction ne peut plus avoir lieu! Comment, en effet, le mandataire représenterait-il le mandant décédé? Comment, surtout, le mandant pourrait-il être forcé de se laisser représenter par les héritiers du mandataire? Est-il prouvé qu'il aurait confiance dans la probité, le zèle, la capacité de ceux-ci?

La mort de l'une des parties met fin au mandat de plein droit, sans qu'il soit besoin d'aucun acte postérieur, d'aucune notification. Aucune notification n'est nécessaire, mais souvent une notification sera utile : si, par exemple, le mandant vient à mourir, la notification du décès au mandataire, fournira la preuve que ce dernier avait connaissance de la cessation de ses pouvoirs. Cependant il y a un cas où la mort du mandant n'entraîne pas de plein droit extinction du mandat : l'art. 344 du Code de Procédure dit, en effet, qu'il n'y a que les actes de procédure faits après la notification du décès de l'une des parties, qui sont nuls, d'où l'on a conclu que les actes faits par l'avoué, qui est un mandataire, dans la connaissance de la mort de son mandant, mais avant la notification de cette mort, sont faits en vertu du mandat et ne sont pas nuls; donc, dans ce cas, le mandat survit au mandant (1).

Si le mandant ou le mandataire est une personne morale, le mandat prend fin par la dissolution de la société, ou par la suppression de la corporation ou de l'établissement public. C'est ce qui a fait l'objet de nombreux arrêts rendus par plusieurs Cours (v. Dalloz).

Lorsqu'un mandat a été donné par plusieurs, la mort de l'un d'eux met fin au mandat en ce qui concerne le mandant prédécédé. De même, si plusieurs mandataires sont constitués conjointement, la mort de l'un d'eux fera cesser le mandat quant à lui seulement, à moins que les circonstances

(1) V. cependant M. Paul Pont qui cite (n° 1136, note 3) plusieurs arrêts en sens contraire.

n'indiquent que, dans l'intention du mandant, tous les mandataires devaient concourir et procéder d'un commun accord à la gestion de l'affaire (Pothier, n° 102).

Cependant il y a des exceptions à la règle que le mandat prend fin par la mort de l'une des parties. Ainsi, il arrivera quelquefois que, le mandant mort, le mandat subsistera, de même que, d'autres fois, les héritiers du mandataire ou du mandant remplaceront leur auteur décédé. J'essayerai de passer rapidement en revue quelques cas, où le mandat survit à l'une des parties.

Et d'abord, si l'on suppose un mandat donné dans l'intérêt commun du mandant et du mandataire, ou dans l'intérêt du mandant et un tiers, il pourra être considéré comme participant à la fois de la nature des contrats synallagmatiques et de la nature du contrat de mandat. Alors il subsistera même après le décès de l'une des parties. Tel est, d'après M. Demolombe (I, 375), le mandat implicitement contenu dans toute élection de domicile. La Cour de Bourges, dans un arrêt du 6 mars 1840 (S. V., 40, 2, 269) décida que le pouvoir donné par un débiteur à son créancier de faire procéder à la vente amiable d'un immeuble, sans suivre les formalités de la saisie immobilière, devait être considéré comme subsistant même après ce décès, la faillite ou changement d'état des parties, en supposant, d'ailleurs, que la légalité, si gravement contestée de la clause, dût être reconnue. Aujourd'hui cette clause (qu'on appelle clause de voie parée) est formellement proscrite par l'art. 742 du Code de procédure, tel qu'il a été révisé par la loi du 2 juin 1841. Cependant on peut encore invoquer cet arrêt quant à la vente des meubles, à l'égard de laquelle la clause peut encore être stipulée avec effet. De même le mandat de l'*adjectus solutionis gratiâ* ne s'éteint pas par une cause d'extinction survenant en la personne du mandant ; mais il est clair qu'il prendra fin par toute cause d'extinction survenue dans la personne du mandataire qui est l'*adjectus* (1).

Il y a aussi des hypothèses où, quoique le mandat prenne fin par la mort du mandataire, il survit au mandant. Tel est le mandat d'ériger un monument à la mémoire du mandant, d'acheter un immeuble aux héritiers et le mandat donné aux exécuteurs testamentaires (Pothier, n° 108 ; Duranton, t. 18, n° 283 ; Troplong, n° 721). — Le mandat survit encore au décès du mandant en ce sens que le mandataire est tenu d'achever la chose commencée, s'il y a péril en la demeure (art. 1991, § 1). Ainsi, l'affaire est commencée et tout à coup le mandat s'éteint ; mais il y a une telle urgence à suivre sans désemparer qu'il ne serait pas possible, à moins de compromettre les intérêts du mandant ou de ses héritiers, de surseoir et d'attendre des ordres ;

(1) M. Duranton, t. 18, n° 284.

le mandataire devra continuer et achever l'affaire, bien que la cessation du mandat ait mis fin à ses pouvoirs : le péril qu'il y aurait pour le mandant est ici la raison décisive ; c'est encore un point par lequel le mandat diffère de la gestion d'affaires, où le gérant est obligé, quoi qu'il arrive, qu'il y ait ou non urgence, de continuer sa gestion jusqu'à ce que le maître ou son représentant ait pu prendre la direction de l'affaire commencée par le gérant (art. 1373).

§ 2. — *Changement d'état du mandant ou du mandataire.*

L'art. 2003 ne parle, en termes exprès, que de l'interdiction comme cause d'extinction du mandat ; cependant personne ne conteste qu'il faut étendre la disposition de cet article, par identité de motifs, à tout changement d'état qui, comme l'interdiction, rend incapable de s'obliger, et, par conséquent, soit de conférer, soit d'accepter un mandat (1).

Le motif pour lequel on a admis dans le Code que le mandat prend fin par le changement d'état du mandant ou du mandataire, se trouve dans le principe que, pour que le mandat soit valable, il faut que le mandant soit capable de faire par lui-même ce qu'il fait faire par le mandataire ; or si l'on entend par

(1) MM. Troplong, n° 744 ; Pothier, n° 111, Delvincourt, t. 3, p. 246, notes ; Duranton, t. 18, n° 285-286.

changement d'état tout événement par suite duquel une personne perd, en tout ou en partie, l'exercice de ses droits (Troplong, *loc. cit.*), on se rend facilement compte de l'extension faite à cette disposition de l'art. 2003, et de la raison d'être de cette extension. L'interdiction du mandant, en effet, atteste qu'il est incapable d'avoir désormais une volonté saine ; le mandat qu'il avait donné manque donc, pour l'avenir, de son fondement : il s'évanouit. Mais ce raisonnement s'applique à tout changement d'état aussi bien qu'à l'interdiction.

Mais le changement d'état intervenu en la personne du mandant, n'affecte le mandat que dans la mesure même où le mandant perd l'exercice de ses droits. Ainsi, le mandat donné par une femme qui se marie ensuite, cesse pour les actes qu'elle devient incapable de faire sans autorisation maritale ; mais il continue et subsiste quant aux actes qu'elle aurait, dans le contrat de mariage, stipulé pouvoir faire par elle-même. De même, quand une personne jouissant de sa pleine capacité a donné un mandat, et qu'elle vienne ensuite à être pourvue d'un conseil judiciaire, le mandat cesse seulement quant aux actes que l'art. 513 du Code civil lui défend de faire seule, mais il subsiste à l'égard de tout autre acte (Duranton, t. 18, n° 286).

La raison que j'ai donnée ci-dessus pour justifier la décision de la loi en ce qui concerne l'extinction du mandat par la mort du mandant, ne peut pas s'appliquer en ce qui concerne l'extinction provenue de la mort du mandataire : le mandataire, en effet, n'a pas besoin, d'après le Code civil, d'être capable. Aussi, n'est-ce pas là le motif que je donnerai pour justifier cette décision, mais un autre tiré de la nécessité de garantir le mandant. En effet, si le mandat devait subsister même après l'incapacité survenue du mandataire, le madant perdrait tout recours contre celui-ci, ce qui serait injuste : c'est pourquoi on a vu dans ce changement d'état une cause d'extinction du mandat, une espèce de révocation tacite et de plein droit. Si on conçoit qu'un mandat puisse être donné à un incapable, c'est parce qu'on suppose que le mandant a considéré cet incapable comme suffisamment apte à faire ses affaires, supposition qu'on n'est pas en droit de faire à l'endroit de celui qui, ayant nommé une personne *sui juris*, se trouve, après son choix fait, en présence d'une personne privée de tout ou partie de ses droits.

Du reste, il n'est pas douteux que le mandataire qui agit après l'expiration de ses pouvoirs par suite d'un changement d'état qui l'affecte, n'est pas recevable à exciper de son incapacité pour refuser au mandant le bénéfice de l'acte qu'il aura ainsi fait. La raison en est que c'est l'intérêt du mandant que la loi a entendu sauvegarder, et qu'une disposition faite en faveur de celui-ci, ne doit pas être retournée contre lui (1).

(1) Cass., 24 août 1847, Dall., 47, 1, 329.

§ 3. — *Faillite ou déconfiture du mandant ou du mandataire.*

L'art. 2003 mentionne encore la déconfiture comme cause extinctive du contrat de mandat. Le motif de cette disposition est le même que celui qui fait cesser le mandat par le changement d'état de l'une des parties. « Toutefois, dit M. Paul Pont (1), il est vrai de dire que la déconfiture du mandataire se comprend surtout comme cause extinctive, le mauvais état de celui-ci étant propre à lui faire perdre la confiance qui avait déterminé le choix du mandant. »

La jurisprudence étend, généralement, à la faillite la disposition de l'art. 2003 relative à la déconfiture, et décide que la faillite, de même que la déconfiture, est une cause d'extinction du contrat de mandat. Qu'est-ce, en effet, que la faillite, sinon la déconfiture d'une classe spéciale de personnes, les commerçants? Et, de plus, la faillite emporte dessaisissement: comment donc concevoir le maintien et la continuation du mandat?

§ 4. — *Expiration du temps.*

L'expiration du temps pendant lequel le mandat devait durer, met également fin au contrat, et, par conséquent, aux pouvoirs du mandataire: le

(1) *Petits contrats*, t. 1, art. 2003, n° 1148.

mandat ne saurait se prolonger au delà du terme que les parties lui ont assigné.

Quand le mandat est expiré, le mandataire ne peut plus faire aucun acte qui oblige le mandant. Telle est la règle générale ; mais, si un mandant, dans l'intention de ne pas exécuter les engagements pris pour lui par le mandataire, prétend que celui-ci a antidaté un acte, la jurisprudence décide que c'est à lui, mandant, qui articule une fraude, à la prouver : il ne pourra pas se prétendre tiers, dans le sens de l'art. 1328, par rapport à son mandataire auquel il a donné les pouvoirs et qu'il a préposé à la gestion de ses affaires (Bordeaux, 22 janvier 1827, S., 27, 2,65; Paris, 7 janvier 1834; S., 34, 2, 239; Req., 19 nov. 1834, S., 34, 1, 666, Bourges, 17 mai 1842 ; S., 43, 2, 100).

Il n'y a pas de temps fixe, à part celui que les parties peuvent fixer, après lequel le mandat doive cesser fatalement, par le seul laps de temps, ce laps fût-il de dix ans, ou d'un an. Cependant, l'ordonnance du 1er mai 1816, art. 4, a introduit le cas de surannation d'après lequel les procurations pour toucher les arrérages des rentes et pensions de l'État ne sont valables que pendant dix ans. Dans l'ancien droit, il y avait beaucoup d'autres cas de surannation et les notaires et praticiens avaient de là pris l'habitude d'insérer, pour empêcher l'extinction, la clause que la procuration vaudra nonobstant surannation, même dans les cas où la clause n'était pas nécessaire. C'est ce qui a fait dire à Pothier (n° 35) : « Lorsque je n'ai limité aucun temps, ni apposé à la durée de ma procuration aucune condition, elle vaut *in perpetuum*, c'est-à-dire tant que je vis et que je ne la révoque pas. Quelques praticiens ignorants disent qu'il faut en ce cas renouveler la procuration tous les ans; mais c'est une erreur qui ne mérite pas d'être réfutée. » — Il ne faut pas croire que l'art. 121 du Code civil, d'après lequel les héritiers présomptifs de l'absent qui a laissé une procuration peuvent, après dix ans révolus, poursuivre la déclaration d'absence et l'envoi en possession provisoire, constitue un autre cas de surannation. Ce serait plutôt là une autre cause d'extinction du mandat, cause spéciale à l'hypothèse de l'art. 121. La simple déclaration d'absence n'a pas ce même effet extinctif du mandat (1).

§ 5. — *Réalisation de la condition.*

Quand le mandat a été donné sous condition résolutoire, la réalisation de cette condition fait cesser les pouvoirs du mandataire. C'est, du reste, là une cause ordinaire d'extinction des obligations, cause qui s'applique à toute espèce de contrats et qui n'a aucune raison spéciale de ne pas s'appliquer au contrat du mandat. Du reste le mandat conditionnel est si rare, qu'on peut

(1) Paris, 25 nov. 1811 (S.-V., *Coll. nouv.*, 3, 2, 580).

vraiment dire que cette cause d'extinction ne saurait être d'un grand intérêt pratique.

§ 6. — *Accomplissement du mandat.*

L'accomplissement du mandat, c'est-à-dire la consommation de l'affaire qui fait l'objet du mandat, met naturellement fin aux pouvoirs du mandataire : donc, le mandat se trouve éteint. « *Peracto negotio*, dit M. Troplong (1), *finitur officium; functus est mandatarius officio* ». Après la consommation de l'affaire qu'il avait pouvoir de gérer, que reste-t-il à faire au mandataire ? Rien, c'est pourquoi, je le répète, le mandat finit alors *naturellement*.

§ 7. — *Cessation des pouvoirs du mandant.*

Le mandat peut aussi prendre fin par la cessation des pouvoirs du mandant, pouvoirs en vertu desquels le mandat avait été conféré. Le mandant, en effet, peut n'être lui-même qu'un mandataire par rapport à un mandant originaire : alors la révocation de ce mandat entraîne révocation du sous-mandat : c'est ce qui arrive en cas de révocation d'un mandataire, lequel s'est substitué une personne qui gère en son lieu et place, le mandat que ce mandataire aura lui-même donné à son substitué, se trouve éteint par la ces-

(1) *Mandat*, n° 760.

sation des pouvoirs de son mandant. — Il ne faut pas croire que la révocation du mandat originaire soit la seule cause d'extinction du mandat par la cessation des pouvoirs du mandant : toute cause qui met fin au premier mandat, éteint par cela seul le second, et ceci arrive en vertu de la règle : *resoluto jure dantis, resolvitur jus accipientis.* Ceci arrive souvent en matière de tutelle : le tuteur donne des mandats pour la gestion des affaires du mineur, si les fonctions du tuteur viennent à cesser pendant que les mandats subsistent encore, ces mandats s'éteindront par la cessation des pouvoirs du mandant.

Mais si les causes d'extinction surviennent, non pas en la personne du mandant originaire, mais en celle du substituant, comment opéreront-elles? Pothier (n° 105) établit des distinctions très-justes: «Lorsqu'un procureur, dit-il, a substitué quelqu'un pour la gestion d'une affaire dont il s'était chargé, le mandat de ce substitué s'éteint et finit par la mort du procureur qui l'a substitué ; car le procureur étant comptable de la gestion de son substitué, c'est pour lui et en sa place que ce substitué gère ; il est le mandant de ce substitué. Il faudrait décider autrement, si la procuration que j'ai donnée à mon mandataire, portait qu'au cas qu'il ne pût pas faire l'affaire, il pourrait se substituer *un tel* ; ce tel, n'étant pas du choix du procureur, mais du mien, c'est moi qui suis censé l'avoir directement établi mon mandataire; mon procureur n'est censé avoir fait autre chose, que de m'avoir prêté son ministère pour l'établir mon mandataire; il n'est pas le mandataire de mon procureur, qui n'est pas comptable de la gestion de ce substitué; il est directement mon mandataire, et c'est moi qui suis le mandant ; et par conséquent le mandat de ce substitué ne finit pas par la mort de mon procureur. »

§ 8. — *Révocation par le mandant*

« Le mandant peut révoquer sa procuration quand bon lui semble, » telle est la règle posée par l'art. 2004. « Comme il est donné dans l'intérêt du mandant, et que c'est un acte de confiance de la part de celui-ci envers le mandataire, il est naturel que, lorsque cette confiance n'existe plus, ou que le mandant juge que l'opération lui serait désavantageuse, ou même simplement inutile, il puisse révoquer les pouvoirs qu'il avait conférés à cet effet ; aussi peut-il les révoquer quand bon lui semble. » Voilà comment M. Duranton expose les motifs de cette règle établie par l'art. 2004 (1).

Le droit, pour le mandant, de révoquer le mandat, existe soit que le mandat ait été conféré *in perpetuum*, ou à temps, soit qu'il se forme entre un seul mandant et un seul mandataire ou que plusieurs mandants l'aient constitué pour une affaire commune ou qu'il ait été donné à plu-

(1) Duranton, t. 18, n° 272.

sieurs mandataires : seulement, dans ces derniers cas, le droit de révocation appartient à chacun des mandants et à l'égard de chacun des mandataires individuellement.

Cependant, les motifs mêmes sur lesquels repose le droit de révocation, montrent qu'il n'existe réellement que dans le cas où le mandat est constitué dans l'intérêt exclusif du mandant. Que, s'il est donné dans l'intérêt du mandataire ou d'un tiers, il participe des contrats synallagmatiques, et, par conséquent, il ne peut être révoqué par la seule volonté du mandant; la révocation ne pourra résulter que du consentement de toutes les parties contractantes (1). Le mandat sera donc irrévocable lorsqu'il se présente comme condition d'un autre contrat (par exemple, le mandataire d'une société), ou bien dans le cas tout spécial de la *procuratio in rem suam* (par exemple la délégation d'un débiteur). Dans ce dernier cas, le mandataire agit bien au nom, mais non plus pour le compte du mandant ; il est tout simple dès lors que le mandat soit irrévocable (Clamageran, 332).

On peut se demander si le Code a suivi, en cette matière, une autre doctrine que celle du droit romain : en effet, il y a une différence notable entre la rédaction de l'art. 2004 et le § 9 des Institutes de Justinien au titre *de Mandato* : tandis que l'art. 2004 proclame pour le mandant le droit de révoquer le mandat *quand bon lui semble*, les

(1) Bruxelles, 22 juin 1820 (S.-V., *Coll. nouv.*, 6, 2, 275).

Institutes (*loc. cit.*) ne le lui accordent que *si adhuc integra res sit*; on peut, en face de cette différence de rédaction des deux textes, se demander si, à la différence du droit français, la volonté du mandant en droit romain n'avait pas le privilége d'être perpétuellement ambulatoire. M. Troplong (n° 764) explique très-bien que le sens de ce passage des Institutes n'est autre que celui de l'art. 2004. « Ce qu'il veut dire, dit M. Troplong, c'est que, lorsque les choses sont entières, le mandat est effacé (*evanescit*), et est censé n'avoir jamais existé, de telle sorte que le mandataire n'a aucune action contre le mandant ; et par là le texte fait ressortir la différence qui existe entre le cas où les choses sont entières et le cas où elles ne le sont pas ; le premier, qui exclut l'action *mandati contraria*, le second, qui la renferme pour tout le passé. »

Il en est de même de la stipulation du salaire; cette stipulation n'enlève pas au contrat son caractère de mandat, et, par conséquent, même après cette stipulation, le mandant reste libre de révoquer sa procuration, s'il juge à propos de le faire : seulement il pourrait alors être contraint à indemniser le mandataire révoqué. Si, par exemple, lors de la constitution du mandat, il a été convenu entre les parties, que le mandant ne pourrait user de son droit de révocation que sous la condition de désintéresser le mandataire et de l'indemniser du préjudice que la révocation pourrait lui causer, une telle convention est on ne peut plus valable ; cette convention pourra même être sous-entendue dans certaines hypothèses, et les juges auront à chercher, suivant les circonstances, si elle n'a pas été tacitement entendue entre les parties. C'est ce que décide la jurisprudence.

La révocation n'a besoin d'être faite avec aucunes formes sacramentelles : elle peut être expresse ou tacite : expresse, par une notification verbale ou écrite ; tacite, par un acte quelconque dont l'esprit ne saurait se concilier avec la permanence du mandat. L'art. 2006 donne un exemple de révocation tacite, cité par Pothier qui, lui-même, l'avait emprunté à Ulpien (1) : « la constitution d'un nouveau mandataire pour la même affaire, dit cet article, vaut révocation du premier, à compter du jour où elle a été notifiée à celui-ci. » Ce n'est certainement là qu'un exemple de révocation tacite : les juges peuvent toujours induire la révocation de toutes autres circonstances susceptibles de faire présumer le changement de volonté, pourvu que ce changement de volonté résulte sans équivoque de l'acte révocatoire ; ainsi la constitution d'un nouveau mandataire pour la même affaire n'emportera pas révocation du premier, s'il est prouvé que le mandant n'a pas voulu remplacer le mandataire primitif, mais simple-

(1) Pothier, n° 114; Ulpien, L. 31, § 2, Dig., *Procur. et defensor.*

ment lui adjoindre un collaborateur. Pour que cette constitution d'un nouveau mandataire vaille révocation du premier, il faut nécessairement qu'il y ait incompatibilité entre les deux mandats, et que le second soit la négation du premier.

Pothier fait remarquer en outre que l'effet révocatoire qui s'attache à la constitution d'un nouveau mandataire, a lieu quand même ce dernier serait nul et sans effet, soit parce que le mandataire nommé en dernier lieu serait mort, soit parce qu'il aurait refusé d'accepter; toute nulle qu'elle soit, en effet, cette constitution du nouveau mandataire n'en contient pas moins indication de la volonté du mandant de donner la gestion de l'affaire qui en ferait l'objet à un autre que celui à qui il l'avait d'abord confié.

La révocation du mandat n'aura son effet extinctif que du moment où l'acte portant révocation du mandat, ou les faits qui la font présumer. sont parvenus ou ont pu être parvenus à la connaissance du mandataire; autrement, ce que le mandataire a fait avant d'avoir eu connaissance de la révocation oblige le mandant (Pothier, n° 121). C'est pour cela que le Code suppose que la révocation doit être portée à la connaissance du mandataire, ou comme dit le texte de l'art. 2006, à lui *notifiée*, et cette connaissance ou notification est inséparable de la révocation, soit que cette révocation soit expresse, soit qu'elle soit tacite. Quand cette révocation est expresse, c'est naturellement la notification qui en est faite au mandataire qui lui donne son énergie : cette notification est même un des deux termes de l'acte qui met fin au contrat ; c'est au mandataire que le mandat a été remis formellement, c'est de ses mains qu'il faut le retirer (arg. de l'art. 2004). Même quand la révocation est tacite, sa puissance effective ne peut se passer de la notification au mandataire ; il faut que la notification intervienne pour arrêter les pouvoirs du mandataire. Cependant, comme, en définitive, le but de cette notification est de faire connaître au mandataire la révocation qu'il ignore, elle devient inutile quand, par un moyen quelconque, il connaît la révocation de ses pouvoirs : dans une matière telle que le mandat, où tout est de bonne foi, où tout doit marcher sans formalités embarrassantes ou vaines, on ne demande pas de précautions redondantes.

§ 9. — *Renonciation du mandataire.*

La faculté qu'a le mandant de révoquer les pouvoirs qu'il a donnés au mandataire, entraîne, comme corollaire, la faculté pour le mandataire de renoncer aux pouvoirs à lui conférés par le mandant ; si le mandat est un acte de confiance de la part du mandant, il est un acte de bon vouloir et d'amitié de la part du mandataire ; mais ce sentiment est aussi susceptible de s'éteindre, que l'est la confiance du mandant ; voilà le fondement de la faculté accordée au mandataire de se décharger de l'exécution du mandat, par une renonciation aux pouvoirs à lui conférés par le mandant. Toutefois, il faut remarquer que, si absolu que soit ce droit de renonciation, il ne pourra s'exercer qu'à la condition qu'elle ne soit pas intempestive, importune, qu'en d'autres termes, elle ne soit pas préjudiciable au mandant (art. 2007).

On dit assez généralement que la faculté de renoncer est subordonnée à la condition que les choses soient entières : si les choses ne sont plus entières, le mandataire devra des dommages et intérêts au mandant, disent quelques jurisconsultes. Mais je crois que cette distinction, entre le cas où les choses sont ou ne sont plus entières, ne doit avoir aucune influence sur la faculté de renoncer accordée au mandataire : la loi ne distingue pas entre ces deux cas, pourquoi distinguerait-on ? La seule distinction que l'art. 2007 fasse en cette matière, c'est la distinction entre le cas où la renonciation est préjudiciable au mandant et celui où elle ne lui cause aucun préjudice. Aussi, je pose en principe que le mandataire a *toujours* le droit de renoncer, à moins que cette renonciation ne soit susceptible de causer un préjudice au mandant : alors, en effet, le mandataire n'est pas libre de renoncer ; la renonciation qu'il ferait en ce cas, équivaudrait à l'inexécution du mandat : à ce titre, elle engagerait la responsabilité du mandataire ; si la renonciation cause préjudice au mandant, il devra être indemnisé par le mandataire, même si les choses sont encore entières, que le mandataire se soit mis déjà à l'œuvre pour l'exécution du mandat ou qu'il ne se soit aucunement immiscé dans les affaires du mandant, on n'a pas à examiner ces conditions. L'art. 2007 est clair ; tout ce qu'il demande au mandataire qui veut renoncer, c'est ceci : le mandant en souffrira-t-il quelque préjudice ? Alors, le mandataire ne peut pas renoncer : il devrait indemnité pour tout le préjudice que sa renonciation cause au mandant.

Mais, si le mandataire se trouve dans des circonstances telles qu'il soit dans l'impossibilité de continuer le mandat sans en éprouver lui-même un préjudice considérable, il serait libre alors de renoncer sans qu'il lui en doive rien coûter, et ceci par cette raison décisive qu'il ne saurait être obligé à rendre à autrui un service qui lui serait préjudiciable à lui-même. L'art. 2007 ne se contente même pas d'un préjudice quelconque : il faut, d'après cet article, pour autoriser le mandataire à renoncer au mandat, un préjudice *considérable* qui le menace dans ses propres affaires s'il continue à gérer. Mais il ne faut pas exagérer la portée du mot « considérable » employé par l'art. 2007 : il doit être pris dans un sens relatif plutôt qu'absolu. Ainsi il faudra décider que, si le préjudice que causerait au mandataire la continuation de la gestion est supérieur à celui que cause au mandant la renonciation du mandataire, quoique le préjudice de celui-ci ne soit pas, à proprement parler, considérable, il pourra renoncer sans indemnité; je crois aussi qu'il pourrait renoncer sans indemnité quand le préjudice que lui causerait la continuation du mandat, est égal à celui que cause au mandant la renonciation; mais je ne crois pas qu'on doive en dire autant au cas où son préjudice serait moindre que celui auquel il exposerait le mandant : alors il devrait exécuter le mandat, sauf à invoquer, par la suite, l'art. 2000 pour se faire indemniser par le mandant de tout le préjudice qu'il aurait eu à supporter.

On s'est demandé si les mêmes causes qu'en droit romain autorisaient le mandataire à renoncer au mandat. MM. Troplong (n°s 800-805) et Duranton (t. 18, n° 282) se prononcent pour l'affirmative et ils invoquent Pothier (n°s 39 à 42) qui se prononce dans le même sens; il permet, en effet, au mandataire de renoncer au mandat, pour cause de maladie, d'inimitié grave entre lui et le mandant, insolvabilité de ce dernier, ou toute autre juste cause. Peut-être cette solution est-elle trop absolue : tout ici dépend, en effet, des circonstances. Le législateur n'a fait que donner un exemple; et il a bien fait. Les tribunaux pourront, ainsi, apprécier, en se guidant sur cet exemple, si le mandataire est ou non dans l'impossibilité de gérer pour le mandant, et, en conséquence, s'ils doivent ou non autoriser une renonciation sans indemnité.

L'art 2007 exige pour la renonciation du mandataire, la même condition qui a été exigée pour la révocation par le mandant : il ne suffit pas que le mandataire renonce, il faut que sa volonté à cet égard soit manifestée par une notification. Ceci est très-logique : on comprend en effet que le mandant dont la procuration a été acceptée, soit mis en demeure, lorsque celui en qui il s'était confié renonce à exécuter le mandat, de choisir un autre mandataire ou de faire par lui-même ce qui était l'objet du mandat. Donc, qu'il renonce avec ou sans motifs, qu'il cause ou non préjudice par sa renonciation, le mandataire devra toujours, sous peine de dommages-intérêts, notifier la renonciation au mandant. Mais, bien entendu, il faut réserver le cas où il serait empêché de faire la notification, ou de la faire utilement, parce qu'on ne saurait l'obliger à l'impossible(1). Il faut aussi ajouter que si le défaut de notification ou la tardiveté de celle-ci n'avait pas été préjudiciable au mandant, le mandataire ne devrait aucuns dommages-intérêts.

Parmi les mandats irrévocables, il y en a qui peuvent prendre fin par la renonciation du mandataire; les autres ne sont pas susceptibles de finir ainsi. Quand la cause de la révocabilité tient uniquement à ce que le mandataire est in-

(1) Pothier, n° 43; Domat, *Lois civiles*, liv. I, tit. XV, sect. 4, n° 5.

téressé à l'exécution du mandat, la renonciation est possible et reste soumise aux règles ordinaires, en vertu du principe général : « *unicuique licet his quæ pro se introducta sunt, renunciare* », Si, au contraire, l'irrévocabilité du mandat tient à ce qu'il a été donné comme condition d'une convention synallagmatique passée avec le mandant, la renonciation n'est pas possible ; ou, du moins, elle ne peut pas être faite par le mandataire unilatéralement.

TABLE DES MATIÈRES

DROIT ROMAIN

DU MANDAT

CHAPITRE I

CHAPITRE II

CHAPITRE III

CHAPITRE IV

CHAPITRE V

CHAPITRE VI

DROIT CIVIL FRANÇAIS

CHAPITRE I

CHAPITRE II

CHAPITRE III

CHAPITRE IV

Paris. — Typographie N. Blanpain, rue Jeanne, 7.

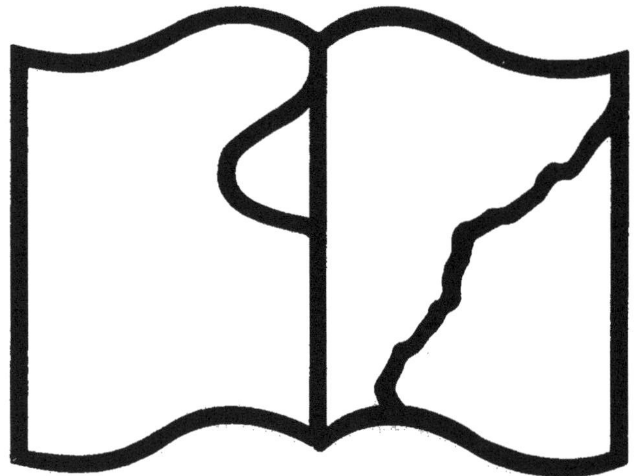

www.ingramcontent.com/pod-product-compliance
Ingram Content Group UK Ltd.
Pitfield, Milton Keynes, MK11 3LW, UK
UKHW020258230726
13925UKWH00001B/117

9 782013 584647